中共陕西省委党校(陕西行政学院)资助出版

石颖 著

歧视的
法治化
治理

Legalized Governance of Discrimination

中国社会科学出版社

图书在版编目（CIP）数据

歧视的法治化治理 / 石颖著． -- 北京 ：中国社会科学出版社，2024.9． -- ISBN 978-7-5227-4007-2

Ⅰ．D911.04

中国国家版本馆 CIP 数据核字第 2024YA6252 号

出 版 人	赵剑英
责任编辑	许　琳
责任校对	苏　颖
责任印制	郝美娜

出　　版	中国社会科学出版社
社　　址	北京鼓楼西大街甲 158 号
邮　　编	100720
网　　址	http://www.csspw.cn
发 行 部	010－84083685
门 市 部	010－84029450
经　　销	新华书店及其他书店

印　　刷	北京君升印刷有限公司
装　　订	廊坊市广阳区广增装订厂
版　　次	2024 年 9 月第 1 版
印　　次	2024 年 9 月第 1 次印刷

开　　本	710×1000　1/16
印　　张	18.5
插　　页	2
字　　数	263 千字
定　　价	108.00 元

凡购买中国社会科学出版社图书，如有质量问题请与本社营销中心联系调换
电话：010－84083683
版权所有　侵权必究

前 言

平等和反歧视是一种极具朴素性的认知常识，但是在现实社会中，这种越朴素的常识却越难以尽数落实。实践中我们仍然能够看到各式各样的歧视形态，并且随着社会时代的发展变迁而出现许多新型歧视类型，如"基因歧视""网络数字歧视""电子支付歧视""算法歧视"等。这一方面使得反歧视具有了实践性，即反歧视是为了应对和消解实践中的歧视问题；另一方面，也呈现出歧视的多样性，而这无疑增加了反歧视的难度。歧视的产生不乏人们根深蒂固的刻板印象，有既得利益的无形支配，更有文化和制度的刻意或无意建构，尤其是在具有某种"历史合法性"的制度依赖下，歧视甚至被固化，滋生出制度性歧视，并产生更加严重的社会对立，侵犯个人平等权。对此，迫切需要运用法律来实现社会公平正义，保障公民的劳动就业、教育和公共服务等基本权利，对歧视进行法治化治理亦是法学理论界的共识。有基于此，着力消除歧视，推动平等，重新审视和检讨既存制度规定，促进制度规定的改良与完善，对歧视进行法治化治理，真正做到尊重、保障和实现每一位社会成员的生存权和发展权，进一步缩小群体间差距，实现人与人之间的平等，理应成为新时代我国人权保障事业的目标，此亦构成本书的问题意识。而如何立足学术，通过实际可行的技术方案将平等和反歧视这一认知常识真正落到实处，就成为本书的价值所在。一直以来，我国反歧视阶段性制度政策成果频出，反歧视司法实践也以个案正义的方式保障了公民平等和不受歧视的权利，当然，这也对反歧视理论提出了更高层次和更细致的要求。

本书主要采用历史分析法、比较分析法以及实证分析法，对歧视及其法治化治理进行了较为全面和深入的探究。对"歧视"的基本概念作出了法学分析；探讨了歧视的法律判断标准，提出系统综合的、具备实操性的歧视的法律判断标准；分析了歧视的历史变迁、现实表现及其原因，指出歧视具有多样的现实表现和不同的形成原因。在对歧视的基本理论研究的基础上，专门针对当前我国反歧视领域的突出问题——"算法歧视"（新技术时代下的歧视问题的最新表现）和"制度性歧视"（国家或者社会制度中暗含的较为隐蔽存在的、对社会影响更加深远复杂的制度化社会歧视问题）的法治化治理进行了探究。最后，通过对翔实的案例和数据材料进行分析，并在总结歧视的制度基础和司法实践的基础上，对歧视的法治化治理作出理念、制度上的省思，以期为当下中国推动人权事业发展提供一定的参考和思路，助推实现中国式现代化。

时代在前进，人们的认知也在进步，消除歧视，推动平等之路也定会愈加光明。希望本书能为平等和反歧视提供进一步反思的动力，通过切实可行的消解歧视的方案，让每一位社会成员都能在当前和未来获得平等和公正对待，让我们共同迈向一个更加公正包容的世界。

目录
CONTENTS

导 论 ·· (1)

第一章 "歧视"概念的法学分析 ······································ (28)
第一节 "歧视":一个复杂的问题 ································ (28)
第二节 歧视的法律本质 ·· (58)

第二章 歧视的法律判断标准 ·· (63)
第一节 规范性判断:立法文本中的标准 ······················ (64)
第二节 理论性判断:基于歧视分类的标准 ··················· (65)
第三节 相对性判断:歧视相对方角度上的标准 ············ (72)
第四节 排除性判断:歧视的正当性抗辩 ······················ (74)

第三章 歧视的历史变迁、现实表现及其原因 ···················· (80)
第一节 歧视的历史变迁 ·· (80)
第二节 歧视的现实表现 ·· (94)
第三节 歧视的发生原因 ·· (124)

第四章 算法歧视的法律治理 ·· (140)
第一节 算法歧视的基本要义 ······································ (140)
第二节 算法歧视的现实表现 ······································ (144)

第三节　算法歧视的挑战 …………………………………（146）
　　第四节　算法歧视的发生逻辑 ……………………………（152）
　　第五节　算法歧视的法律治理 ……………………………（161）

第五章　制度性歧视的法律消解 ………………………………（167）
　　第一节　制度性歧视的基本要义 …………………………（167）
　　第二节　制度性歧视的现实表现 …………………………（176）
　　第三节　制度性歧视的成因分析 …………………………（201）
　　第四节　制度性歧视的法律破解路径 ……………………（211）

第六章　歧视的法治化治理的理念、制度与省思 ……………（235）
　　第一节　歧视的法治化治理的基本理念 …………………（235）
　　第二节　歧视的法治化治理的制度再造 …………………（246）
　　第三节　歧视的法治化治理的省思 ………………………（255）

结　　语 …………………………………………………………（262）

参考文献 …………………………………………………………（265）

后　　记 …………………………………………………………（287）

导 论

一 选题背景与研究意义

（一）选题背景

在多元文化与制度建构中，人们不可避免地会对人或群体作出区分：男人与女人、城市人与农村人、健全人士与残障人士，很多区分往往代表着不同的身份、地位以及利益的差异与不平等。而社会中存在的这些差异与不平等，则逐渐在人们心中滋生出各种各样的歧视。如公务员招考中的"学历歧视"，岗位招聘时的"容貌歧视"，农村人口与城市人口人身损害赔偿时"同命不同价"的"户籍歧视"，随着互联网、人工智能、大数据的发展运用而出现的"算法歧视"，等等。而新冠疫情发生以来，针对某某地域籍人的"地域歧视"、解聘或拒招"新冠肺炎治愈者"的"就业歧视"以及非裔男子乔治·弗洛伊德遭美国警察暴力执法致死事件所暴露出的"种族歧视"等现象表明，歧视长期以来都一直存在，是一个较难克服的社会现象，而且是一个在全球范围内较为普遍存在的现象。这是传统文化与制度结构对人类生产生活所产生的负面影响。即使在近现代以来，身份和等级的传统观念已经被打破，平等与反歧视成为国际社会与世界各国社会所认定的基本理念与所追寻的价值目标，甚至内化为人类精神的一部分，不平等与歧视也依然存在，并渗透在各领域当中。

歧视这种"区别"与"不利对待"是一种非正义的存在，违背了人类对于平等的价值追求，侵害了人所享有的基本权利，是对人权的根本否定，而不平等的社会也缺乏最基本的公平、正义，社会秩序也被严重扰乱，因此，歧视通常会为人类社会所摒弃。但由于歧视具有相应的经济根源、政治根源、思想根源、社会文化根源等，导致人类社会长久以来都无法彻底消除歧视，只能通过接续不断的人权斗争，以尽可能地降低歧视的危害性。

平等与反歧视是实现人权的重要目标，是现代法治的基本价值取向，是现代国家政治体制中最基本的公民权利，也是对现代法治国家提出的必然要求，更是法理学者需要认真对待的时代问题和法律难题。平等与反歧视关系到整个社会文化观念的转变、公民权利与平等意识的提升以及社会整合的进一步推进，而这一切最终还是需要法律、制度以及体制、机制上的明确和保障。歧视不仅存在于个体之间，还存在于国家与个体之间，甚至国家与国家之间；不仅存在行为性歧视，还存在制度性歧视。这正说明了歧视的复杂性。中华人民共和国成立以来，创造了人类尊重和保障人权的奇迹。第一，在经济社会文化权利方面，以发展促人权，实现了更加充分的就业，受教育权利得到了更好保障，社会保障体系得以覆盖全民。第二，在公民权利政治权利方面，以良法促善治，依法充分保障了公民享有的人身权利和自由，持续推进户籍制度改革，实行城乡统一的户口登记制度，更好地保障了民生权利。并健全以公平为核心原则的产权保护制度。第三，在特定弱势群体权益保障方面，以公平保权益，对处于社会弱势地位的"老""残""幼"以及妇女等特定群体予以高度重视，为其提供公平、平等的机会参与社会生活，保障其合法权益，实现社会公平。虽然在促进平等方面取得了重大成就，但由于歧视问题的复杂性，因而歧视问题在我国或隐或现地在不同领域存在着，甚至还有部分制度性歧视。而以法治手段来改变社会固有态度或歧视性的制度安排，实现实质平等，则是最基本也是最重要的方式。除了各国国内法律对反歧视采取的各种法治化治理措施以外，国际社会对消除歧视、实现平等也做出了很多努力，包括制定国际人权公约等，以促进人类平等享有一切权利和自由，实现对人权整体而全面的保护。

目前，虽然国内法律和国际公约均有对禁止歧视的相关规定，使得禁止歧视或反歧视有了基本的规范依据，但歧视仍然存在，难以得到完全治理。随着社会的发展和时代的变迁，还演变出依托大数据、算法等新兴技术而生成的算法歧视等新型歧视类型。传统歧视与新型歧视、制度性歧视与行为性歧视共存的现状，加大了歧视法治化治理的难度。

总之，作为法律人，在面对日益复杂的社会现实以及从未在人类社会消失过的歧视与不平等，亟须我们对其进行深入的研究和分析。描述歧视的现实表现，解释歧视的发生原因，对我国当前反歧视的重点任务进行分析和论证，实现对歧视的法治化治理，并对歧视的法治化治理的理念、制度与省思作出论述，以用于指导后续的反歧视理论研究与反歧视实践，这是法律人应当肩负的时代使命。

(二) 研究意义

社会在发展，时代在进步，随着现代化社会经济水平的提升，人们越发强烈地热衷于追求效率、追求规模，而在一定程度上忽略了对平等、非歧视等基本人权的保障。一般来说，社会越发展，现代化程度越高，越要注重对平等、非歧视等基本人权的保障。对歧视的法治化治理问题的研究，具有重要的理论意义和实践意义，具体表现为以下几点。

1. 理论意义：(1) 有助于在法理学视域内，建立起对歧视的法治化治理这一问题研究的基本理论体系。本书对法学视域下的歧视的基本概念、歧视的法律判断标准、歧视的历史变迁、现实表现及原因等问题进行了深入探究，这些基本理论问题是研究歧视的法治化治理的起点和关键，从而搭建起了对歧视的法治化治理研究的基本理论体系，以便于在此基础上开展更宽领域的歧视问题的研究。(2) 有助于厘清反歧视的理论、制度与实践的逻辑，深化对歧视的法治化治理方案的理解，为歧视的法治化治理和对平等、非歧视基本人权的保障机制提供学理支撑。(3) 对"算法歧视""制度性歧视"等具体歧视问题的法治化治理研究为本书的落脚点，其有助于丰富反歧视理论的内容。不论是"算法歧视"这一新技术时代下的歧视问题的最新表现，还是"制度性歧视"这一国家或者社会制度中暗含的较为隐蔽存在的制度化社会歧视问题，本书对其的关注都属于对中国反歧视问题的正视，尤其是当歧视以各种制度性的形态出现的情况下，通过歧视的法治化治理来消除歧视，实现平等，就显得尤为重要了，这也是本书较为重要的理论贡献。

2. 实践意义：（1）本书提出歧视的法律判断标准，为实践中认定是否属于法律上的歧视提供可实操的判断标准。目前，我国不论是在理论界还是实务界都尚未形成统一公认的歧视的法律判断标准，而歧视的法律判断标准是对歧视进行法治化治理的重要前提，这就为实践中认定或判断法律上的歧视造成一定的困难，因此，本书结合立法、理论与实践，提出的四个歧视的法律判断标准，能够为实践提供可实操的方案。（2）为"算法歧视"这一新型歧视类型提供治理与破解方案。算法歧视问题源于实践，主要是随着时代的发展和数字技术的应用而产生的技术副作用，是新技术时代下形成的新的歧视类型，作为数字科技带来的歧视挑战，其进一步加重了不公正和不平等，并引发新的伦理问题，势必需要法律作出回应，给予法治化治理，本书即对此提供了具体的治理方案。（3）消解制度性歧视是我国反歧视的时代使命之一。研究制度性歧视的法律消解的问题，有助于为实践中的反歧视指出重点治理的方向，并提供有益的实践参考，如从立法中的合宪性审查、备案审查等法律监督入手，并提供相应的救济，以实现对制度性歧视的法治化治理。从而进一步促进社会公平正义，实现经济社会健康发展。（4）有助于实现社会治理现代化。党的十九大报告明确将"加强和创新社会治理"列为"完善和发展中国特色社会主义制度、推进国家治理体系和治理能力现代化"的一项重要内容，而大会报告提及"加强国家治理体系和治理能力"所遇到的主要挑战也大部分来自社会治理领域，它们既包括在就业、教育、医疗、居住、养老、脱贫等民生领域面临着的一定的短板问题，也包括城乡区域发展平衡、收入分配差距缩小、社会文明水平提升、社会矛盾冲突化解等重点方面亟待破解的现实困境。法治化是社会治理的主要路径和重要环节，歧视的法治化治理正契合了社会治理现代化的目标，同时也是消除歧视，实现平等的根本治理方式。平等与反歧视是人权的重要目标，反映着对人的关怀和保障，本书对歧视的法治化治理的研究即践行着"以人民为中心"的社会治理理念，以妥善调适社会关系，化解社会矛盾，维护社会公平正义为价值取向，帮助弱势群体实现在教育、医疗、就业、社会保障等领域的公平分配，促进社会治理现代化。

二 国内外研究现状

歧视是一个传统问题，但随着社会的发展，又滋生出了许多新的问题，可以说是一个较为复杂的问题，也是一个从未"冷却"下来的社会话题和学术议题。歧视具有多样的表现形式，而这也凸显了其理论研究的必要性。国内外对该问题也有一定的研究，取得了相应的研究成果。

在论文方面，在中国学术期刊网（CNKI）（中文）上，以"反歧视"为主题进行检索，可以得到151条结果。对此问题，很多学科都取得了一定的研究成果。现有的关于歧视问题的研究中，排名前五的学科为法理、法史学，行政法及地方法制，医药卫生方针政策，社会学及统计学，政治学。

法理、法史学科下仅有29条结果，其关于反歧视的研究主题，主要集中在"就业歧视""反就业歧视""反歧视立法""法理制度研究""基因歧视""性别歧视""反性别歧视"等方面。[①]

而以"歧视的法治化治理"为主题进行搜索，则未得到研究成果的

---

① 如周伟《从身高到基因：中国反歧视的法律发展》，《清华法学》2012年第2期；艾琳《老龄化背景下反就业年龄歧视的法律规制》，《吉林大学社会科学学报》2021年第4期。

数据，也就是说，至少"对歧视的法治化治理"的研究成果尚未见于中国知网。

在著作方面，有关反歧视的研究也重点围绕具体的歧视类型，如就业、种族等就属于频发的歧视类型的研究。国内著作研究的重点在传统歧视类型上，如针对就业歧视这一典型的歧视类型，从现状、原理、案例、国外经验、举措等不同层面入手撰写了不同的专著。① 在一定程度上讲，既有成果更倾向于专题性研究，热衷于研究传统意义上的反歧视类型，而从法治化治理的角度对反歧视进行整体性的研究不足，且未结合歧视类型的发展与最新反歧视热点进行相应的理论制度更新和再造。

具体研究现状，介绍如下。

（一）国内研究现状

1. 在研究视角上，呈现出多学科视角的反歧视研究。目前，国内理论界对于歧视问题的研究存在着较宽的学科研究视角。包括社会学、经济学、法学等学科都对此有所涉猎，不同学科运用各自的研究方法，按照不同的研究路径，从不同的角度对歧视进行了多方面的研究，并取得了一定的研究成果。如关于是否应当反歧视的问题。吴忠民（社会学学者）提出，歧视是典型的社会不公现象，歧视会影响社会的整体发展质量，会让社会失去健康和活力，因此，需要引起社会的重视，包括制定合理有效的反歧视政策等。② 薛兆丰（经济学学者）认为，"歧视不是问题，如何歧视才是问题。歧视有时候也是非常有建设性的"，③ 也就是说，在经济学中，歧视是中性的，并不必然需要法律介入。法学中对歧视的研究主要是将反对歧视、争取平等列在人权保护的范畴内，在法学

---

① 如蔡定剑主编《中国就业歧视现状及反歧视对策》，中国社会科学出版社 2007 年版；蔡定剑、刘小楠主编《反就业歧视法专家建议稿及海外经验》，社会科学文献出版社 2010 年版；刘小楠主编，王理万副主编《反就业歧视的机制与原理》，法律出版社 2013 年版；林燕玲、刘小楠、何霞《反就业歧视的案例与评析——来自亚洲若干国家和地区的启示》，社会科学文献出版社 2013 年版。

② 参见吴忠民《歧视与中国现阶段的歧视》，《江海学刊》2003 年第 1 期。

③ 薛兆丰：《薛兆丰经济学讲义》，中信出版集团 2018 年版，第 37—43 页。

视域内，歧视经历了很长时间的发展，学者也围绕该问题进行了一定的理论研究。① 中国法律史上对歧视问题的理解也基本表现为对平等的理念诉求与制度理想，并在此基础上进一步发展了关于歧视与平等的理论。如周伟指出，歧视滋生出社会的紧张、排斥和对立，导致社会不和谐，引发严重的社会问题，为了给全体社会成员实现平等参与和发展的权利提供法律保障，应当加快反歧视立法，以维护社会公正。② 胡玉鸿提出，国家必须扮演维护公正、消除歧视的重要角色，这样才能正确引导人们的行为，为铲除社会歧视奠定良好的社会基础。③

2. 在研究内容上，既有的研究内容大致分为以下几个方面。（1）从平等权这一宪法基本权利入手研究反歧视的必要性的成果。如朱应平将反歧视归入平等权这一宪法性基本权利范畴内，认为反歧视就意味着追求平等，强调反歧视的必要性和平等原则的重要性。④ （2）研究特定歧视的构成要件的成果。如谢增毅认为构成要件是反就业歧视法的核心问题，对此，他详细对比了美、英两国的就业歧视构成要件理论之间的差异以及差异的形成原因。⑤ （3）有关注歧视的法律规制的研究。如艾琳

---

① 以下列举近年来部分法学者研究的代表作品，以供参阅：（1）朱应平：《论平等权的宪法保护》，北京大学出版社 2004 年版。（2）李薇薇、Lisa Stearns 主编：《禁止就业歧视：国际标准和国内实践》，法律出版社 2006 年版。（3）蔡定剑主编：《中国就业歧视现状及反歧视对策》，中国社会科学出版社 2007 年版。（4）余少祥：《弱者的权利——社会弱势群体保护的法理研究》，社会科学文献出版社 2008 年版。（5）周伟等编著：《法庭上的宪法：平等、自由与反歧视的公益诉讼》，山东人民出版社 2011 年版。（6）李薇薇：《反歧视法原理》，法律出版社 2012 年版。（7）李敏：《制度如何制造不平等——一个北方城市贫困女性社会排斥的制度分析》，中国社会科学出版社 2015 年版。（8）刘小楠主编：《反歧视法讲义 文本与案例》，法律出版社 2016 年版。（9）任喜荣、周隆基：《制度性歧视的类型化研究》，孙笑侠主编《复旦大学法律评论》（第五辑），法律出版社 2017 年版。（10）李子瑾：《禁止歧视：理念、制度和实践》，北京大学出版社 2018 年版。（11）李子瑾：《应对基于健康状况的歧视：理论、经验和挑战》，法律出版社 2019 年版。（12）周伟：《禁止歧视：法理与立法》，法律出版社 2020 年版。（13）胡玉鸿：《弱者权利保护基础理论研究》，商务印书馆 2021 年版。（14）张爱宁：《平等和不歧视：弱势群体人权保护国际标准研究》，世界知识出版社 2021 年版。

② 参见周伟《禁止歧视：法理与立法》，法律出版社 2020 年版，第 64 页。

③ 参见胡玉鸿《弱者权利保护基础理论研究》，商务印书馆 2021 年版，第 409 页。

④ 参见朱应平《论平等权的宪法保护》，北京大学出版社 2004 年版，第 36—49 页。

⑤ 参见谢增毅《美英两国就业歧视构成要件比较——兼论反就业歧视法发展趋势及我国立法选择》，《中外法学》2008 年第 4 期。

研究了超龄者就业中年龄歧视的法律规制，在分析原因和理论依据的基础上，提出要修改和完善相关立法，发挥行政救济的作用，以规制就业中的各类歧视。① （4）有关注国际反歧视经验的研究，如阎天编译的《反就业歧视法国际前沿读本》探讨的就是在外国语境下的反就业歧视问题，对反就业歧视法是什么、为什么、怎么办这三个基本问题进行了编译。②

3. 在研究思路上，既有研究大多单纯是以专题性的研究思路开展的。如学术界先后针对种族歧视、算法歧视、基因歧视、制度性歧视等具体领域的歧视问题进行了专题化、专门化研究，但对歧视的整体性的理论研究尚不够深入，也没有对其进行有机结合。如（1）对"种族歧视"的专题研究。种族歧视以美国最为典型，主要表现为白人对少数族裔的歧视。即使经过美国《民权法案》明确禁止在公共场所实行种族隔离和歧视后，美国种族歧视也依然留存至今。具体而言，一是对美国种族歧视的特征或表现形式的研究。如袁兆霆、徐荣指出，当今的美国种族歧视已不再是法律性和政治性的，而是文化心理性的和社会关系性的。美国国家认同建构中的最大挑战就是种族歧视问题。③ 卢杰锋指出，种族歧视既可以表现为差别对待的形式，也可以表现为差别影响的形式，还可以表现为对特定种族人群的能力、特性或刻板印象等。④ 二是对美国种族歧视发生原因的研究。如林怀艺、张进军指出，美国种族歧视的根本原因在于美国的社会制度，直接原因在

---

① 参见艾琳《老龄化背景下反就业年龄歧视的法律规制》，《吉林大学社会科学学报》2021年第4期。

② 参见阎天编译《反就业歧视法国际前沿读本》，北京大学出版社2009年版，第1—5页。

③ 参见袁兆霆、徐荣《种族歧视：对美国国家认同的影响》，中国社会科学出版社2019年版，第218页。

④ 参见卢杰锋《美国反就业歧视法律制度研究：原理与案例》，法律出版社2021年版，第105页。

于政府不作为等。① （2）对"算法歧视"的专题研究。一是对算法歧视的负面影响的研究。如徐琳认为，算法歧视对人类社会制度与经济、政治、文化发展的影响越来越深远，已不仅限于传统的种族、性别等因素，还涉及人类的日常生活和社会事务。② 洪丹娜认为，算法所建构起来的预测模型是基于过去而面向未来的，这种模型是不符合超验的伦理价值的。③ 二是对算法歧视的形成原因的研究。如崔靖梓认为，算法建构的逻辑基础势必存有瑕疵，所得出的结论也只能是在既有知识范围基础上的经验事物，这就使得算法继承了"类人"的认知，从而产生与人类相似的歧视根源，导致算法歧视。④ 郑智航、徐昭曦认为，算法决策之所以会产生歧视，一项重要的原因即在于"冗余编码"，其将本应受到保护的群体敏感性数据，通过其他可合法获得的数据进行编码与关联性应用。⑤ 三是对算法歧视的法律规制的研究。如王凤从技术设计方面提出了规制措施，要求基于功能模块化的方式分步骤地进行编程，并对各程序模块的设计、应用过程、策略以及比例等予以严格准确的记录。⑥ 丁晓东认为，算法要能够通过"有针对性的决策解释"，而非仅对算法架构或源代码进行的一般性解释来实现公开透明。⑦ 张凌寒提出政府在规制算法歧视时应秉持权力克制的理念，更好地运用行业自律等软法手段。⑧ 虽然学术界对算法歧视有着一定的研究，但

---

① 参见林怀艺、张进军《当前美国的种族歧视问题探析》，《思想理论教育导刊》2015年第9期。
② 参见徐琳《人工智能推算技术中的平等权问题之探讨》，《法学评论》2019年第3期。
③ 参见洪丹娜《算法歧视的宪法价值调适：基于人的尊严》，《政治与法律》2020年第8期。
④ 参见崔靖梓《算法歧视挑战下平等权保护的危机与应对》，《法律科学（西北政法大学学报）》2019年第3期。
⑤ 参见郑智航、徐昭曦《大数据时代算法歧视的法律规制与司法审查——以美国法律实践为例》，《比较法研究》2019年第4期。
⑥ 参见王凤《人工智能发展中的"算法公开"能否解决"算法歧视"？》，《机器人产业》2019年第3期。
⑦ 参见丁晓东《论算法的法律规制》，《中国社会科学》2020年第12期。
⑧ 参见张凌寒《风险防范下算法的监管路径研究》，《交大法学》2018年第4期。

总体上研究得还不够系统、深入，缺乏对算法歧视的核心要义、现实性表现的研究，对算法歧视的发生原因和法律治理的研究也有待深入。算法歧视是新时代下歧视问题的具体表现，更是典型表现，这展现出对算法歧视问题研究的重要性，因此，研究歧视的法治化治理问题势必需要对算法歧视问题作以回应，并开展深入探究。（3）对"基因歧视"的专题研究。一是关于基因歧视概念的研究。如王迁提出，基因歧视是按照基因推测某个体可能患病的情况，从而根据这种可能患病的基因情况而实施的歧视。① 二是对规制基因歧视的原因的研究。如李成提出，用人单位以某种基因携带为由而拒绝雇用，是一种严重侵害对方平等权利的做法。② 三是对基因歧视的法律规制的研究。在对基因歧视的文献研究中，大多数学者是从保障基因隐私的角度来实现对基因歧视的法律规制的。如刘小楠提出，基因信息的隐私权具有立法上的必要性，基因信息不仅是个人隐私，而且属于个人隐私中私密性最高的个人数据范畴。③ 何建志提出，以道德主义思维要求私部门（非公权力主体）产业承担扶助带因者（基因携带者）的任务是不切实际的，需要借由公部门提供制度化的保障机制等。④ （4）对"制度性歧视"的专题研究。如任喜荣认为，个人对制度性歧视的反抗需要相应的权利保障机制，对此可以设立专门机构来负责。⑤ 周隆基提出，"制度非中性"是制度不可避免的问题，对制度性歧视的规制要逐步从维护客观法律秩序转向对公民基本权利的保障。⑥ 陈宇光认为，制度性歧视使得特定个体或群体无法平等获得资源，而处于弱势地位。学术界已经关注到了制度性歧视问题的严重性，但一直以来制度性歧视都没能完

---

① 参见王迁《论"基因歧视"的概念——"基因歧视"法律问题专题研究之二》，《科技与法律》2003年第4期。
② 参见李成《我国就业中基因歧视的宪法问题》，《法学》2011年第1期。
③ 参见刘小楠主编《反歧视法讲义　文本与案例》，法律出版社2016年版，第288页。
④ 参见何建志《基因歧视与法律对策之研究》，北京大学出版社2006年版，第122页。
⑤ 参见任喜荣《制度性歧视与平等权利保障机构的功能——以农民权利保障为视角》，《当代法学》2007年第2期。
⑥ 参见周隆基《制度性歧视的法律规制研究》，博士学位论文，吉林大学，2014年。

全避免，而在有意无意地剥夺着特定群体的合法权益。① 总体而言，学术界对制度性歧视的法治化治理的研究也不够，尚未引起对此更广泛的关注。

国内对于反歧视问题的研究，主要取得了以下成果。

其一，对歧视问题作出定性。认定歧视是典型的社会不公现象，歧视是平等的天敌，②违背了宪法规定的公民所享有的平等的基本权利。将反对歧视、争取平等列为人权保护的重要范畴，并指出消除歧视最重要的是倡导宪法平等原则。③

其二，针对具体领域下的特定歧视（如就业歧视）作出了深刻的理论分析。就业歧视在一定时期内成为我国社会实践中的热点问题，对此，学者也进行了大量的研究，取得了不错的成果。如中国政法大学宪政研究所反就业歧视研究组起草的《反就业歧视法专家建议稿》，针对就业歧视的突出问题提出了各类反就业歧视的措施及救济机制。④ 又如周伟从国家公务员录用条件、体检标准以及对劳动就业中设置的年龄、容貌、身高等条件的限制上，呈现出中国劳动就业的歧视现状，并提出国家劳动就业立法歧视问题以及劳动就业反歧视法律措施等。⑤ 而王理万则指出，反就业歧视应当回归常识，诉诸内心良知和对平等的期待，从而捍卫法律、更新制度。⑥

其三，提出了许多反歧视规制措施的方案。如提出制定反歧视法是实现反歧视的关键，要通过反歧视法来保障公民平等享有法律权利，构建社会主义和谐社会。对此，有学者专门起草了《中华人民共和国反歧

---

① 陈宇光：《论制度性弱势群体及其保障》，《学术界》2006年第6期。
② 参见胡玉鸿《弱者权利保护基础理论研究》，商务印书馆2021年版，第408页。
③ 参见周伟《禁止歧视：法理与立法》，法律出版社2020年版，第5页。
④ 参见蔡定剑、刘小楠主编《反就业歧视法专家建议稿及海外经验》，社会科学文献出版社2010年版，第1—22页。
⑤ 参见周伟等《中国的劳动就业歧视：法律与现实》，法律出版社2006年版，第4—8页。
⑥ 参见王理万《反对就业歧视需要回归常识》，刘小楠主编《反就业歧视的理论与实践》，法律出版社2012年版，第252—253页。

视法学术建议稿》。[1] 还有从行政的角度，建议建立一个独立的法律实施机构，专门负责反歧视法的实施。并从司法的角度，提出要改进当前的司法制度等。[2]

既有研究虽然取得了不小成就，但总的来说，尚存在以下问题或缺憾。

（1）缺乏成果对歧视问题的法律证成，或歧视的法律判断标准多为宏观的、系统化的标准，实操性的逻辑分析不足。对歧视进行法律证成，或明确歧视的法律判断标准是反歧视或对歧视的法治化治理的基本前提。既有理论研究中，有的学者是给出了原则性的判断标准或应秉持的价值或原则。如张艳提出，不同类型就业歧视有不同的判断规则，秉持不同的原则，包括普遍性原则、自获性原则以及保障社会公共利益最大化等。[3] 林善栋提出，歧视行为的认定标准是进行价值判断的过程，主要涉及平等权与合理性问题，要根据具体情况来判断行为是否属于歧视。[4] 有的学者给出了具体歧视类型项下的判断标准。如郭延军提出，我国反就业性别歧视法律制度建设可以建立具体的判断就业性别歧视的法律标准，按照直接性别歧视和间接性别歧视的区分，分别划定判断标准。[5] 另外有个别学位论文，也是对就业歧视或就业性别歧视这些具体歧视类型给出的判断标准。[6] 在对歧视进行治理与破解时，也因标准的不确定性或争议性而产生了理论和实践方面的难题。

（2）缺少对歧视概括性的类型化分析。即使有对歧视类型的介绍，也只是简单罗列歧视的种类有什么，没有按照一定的逻辑进行归纳整合，

---

[1] 参见周伟《禁止歧视：法理与立法》，法律出版社2020年版，第295—312页。
[2] 参见李子瑾《应对基于健康状况的歧视：理论、经验和挑战》，法律出版社2019年版，第204页。
[3] 参见张艳《反就业歧视及其法律建构》，《西南政法大学学报》2006年第1期。
[4] 参见林善栋《公务员招录歧视行为的法律规制探析》，硕士学位论文，福州大学，2017年。
[5] 参见郭延军《就业性别歧视的法律判断标准——基于美国法律实践的考察》，《环球法律评论》2011年第6期。
[6] 张晓洁：《就业歧视判断标准的研究》，硕士学位论文，北京化工大学，2016年；王璐：《就业性别歧视的法律判断标准研究》，硕士学位论文，西南政法大学，2015年。

也没能做到与时俱进，将社会中新出现的歧视类型融入进去，进行系统全面的理论分析。如刘小楠在《反歧视法讲义　文本与案例》一书中即对歧视类型进行了介绍，包括种族、民族、性别、宗教信仰、残障、健康、户籍、性倾向等类型，①并在书中对各个歧视类型的概念特征等进行了论述，但该书对歧视类型的论述只是较为中规中矩的罗列，没能进一步按照各个歧视类型彼此间的内在联系或发生原因来归纳整合，做出系统全面的类型化分析。因此，还有进一步对歧视做出全面的类型化分析的研究必要。

（3）既有研究没能做到"整体出发""具体落脚"以及"理念、制度与省思"相结合。歧视是一个理论问题，更是一个实践问题，对歧视的研究要做到理论、制度和实践的有机呼应，并按照这个逻辑进行研究与省思。首先，歧视的基本理论问题是出发点和基础。对歧视概念的法学分析、歧视的法律判断标准、歧视的历史变迁、现实表现及其原因等问题的探究构成了反歧视的基本理论体系。其次，则要落脚到具体的歧视问题，尝试探究基本理论在具体歧视问题中的实践应用和制度转化。也即我们除了要直面传统歧视问题，还要高度重视算法歧视、制度性歧视等新型歧视类型。因此，要在整体理论分析完成后，进行具体歧视问题的专题研究，做到"整体出发"与"具体落脚"相结合。而在"具体落脚"完成后，还需要对歧视的法治化治理的"理念、制度与省思"作出论述，从而给予适当的理念与制度再造，明晰歧视的法治化治理的不足和综合治理正当性，以用于指导后续的反歧视理论研究与反歧视实践。

（4）在歧视的法律应对方面，除了上述部分学者的关注并提出相应的规制方案以外，较少有学者提出更新颖的论述角度，如从立法中的合宪性审查角度入手，在保障了法制的统一性，纠正不符合宪法平等权的立法或制度安排的基础上，实现对歧视，尤其是制度性歧视的法律消解。又如从备案审查的角度入手，对各类规范中存在的制度性歧视进行审查

---

① 参见刘小楠主编《反歧视法讲义　文本与案例》，法律出版社2016年版，第85—288页。

和矫正。

总体上说,从宏观视角对歧视问题进行较为全面的分析和探究的成果还较为有限,需要进一步完善整体的理论分析,并在此基础上进行具体的歧视问题的治理与破解。

(二) 国外研究现状

20 世纪以来,尤其是第二次世界大战之后,平等与反歧视逐渐成为国际社会关注的重点,自由主义者、批判主义者、女权主义者等,均对平等问题进行了不同的论证。如罗尔斯提出,一个良序社会是一个由它的公共的正义观念来调节的社会;正义是社会制度的首要价值等。罗尔斯往往从最少受惠者的地位来看待和衡量不平等。[①] 总体而言,国外研究的视角也呈现出多学科视角的研究。

在内容上,国外研究集中在以下两点:(1) 对歧视的内涵或产生根源的研究。如黛博拉·赫尔曼从伦理学的角度提出,歧视使得受歧视者感受到强烈的羞愧、耻辱,是对受歧视者的贬抑。[②] 戴维·波普诺从社会学中社会态度和心理结构的角度出发,提出歧视是由刻板印象产生偏见进而形成的,仅仅由于归属于某类群体,而被不平等对待。[③] 社会学学者安·韦伯亦指出,歧视通常被用来指不同利益群体之间所发生的情感反应,对本利益群体之外的个人或群体,因其自身的缺陷、能力或出身等因素而予以不平等的眼光对待,并使其受到相应的利益侵害。[④] 英国社会心理学学者鲁珀特·布朗论述了偏见的内涵,指出偏见是一种倾向,是"对于一个群体的成员的态度、情感或行为,它们直接或间接地

---

① 参见 [美] 约翰·罗尔斯《正义论》(修订版),何怀宏等译,中国社会科学出版社 2009 年版,第 6、359 页。

② See Deborah Hellman, *When is Discrimination Wrong*? Cambridge, MA: Harvard University Press, 2008, pp. 33 – 36.

③ 参见 [美] 戴维·波普诺《社会学》,李强等译,中国人民大学出版社 2004 年版,第 306 页。

④ 参见 [美] 安·韦伯《社会心理学》,赵居莲译,桂冠图书出版公司(台北)1997 年版,第 203 页。

包含对那个群体的一些否定或是反感"。① 法学视域下的歧视主要指，对归属于某少数群体的成员所做出的"不利对待"的行为，美国后续还将"不利对待"进一步扩展为"不利影响"。②（2）对歧视的法律规制的研究。一是从立法规制的角度开展歧视的法律规制的研究，如美国社会心理学家戈登·奥尔波特认为，立法行动是减少公共歧视及个人偏见的主要手段之一，但"立法的目的在于平衡优劣条件，减少歧视。立法不在于控制偏见的态度，而只是限制偏见的公开表达"。③ 牛津大学桑德拉·弗里德曼教授提出，反歧视法是对特定不平等现象的必要回应。反歧视法的建构只有着眼于各种不平等现象形成的社会背景才能行之有效。法律的制定既要有足够的敏感性，禁止恶劣的歧视行为，但同时也要容许甚至支持具有积极影响的差别对待。④ 二是通过梳理国际人权公约中的反歧视规定，揭示国际法规制的重要意义。如玛莎·A. 弗里曼、克莉丝蒂娜·钦金、贝亚特·鲁道夫指出，《消除对妇女一切形式歧视公约》为国家、人权组织、政府间机构、民间社会，特别是妇女团体提供了非常重要的维权工具。⑤ 曼弗雷德·诺瓦克在全面总结了冷战结束以后国际人权保护运动新发展、新趋势后指出，禁止歧视是平等人权（The human right of equality），《公民权利和政治权利国际公约》（第 26 条）的一部分，但与此同时，它又是适用于所有人权的一项原则。⑥ 三是从经济学理论出发，主张无须规制歧视，否则会侵犯个人自由。⑦ 美国学者理

---

① [英] 鲁珀特·布朗：《偏见》，张彦彦译，中国人民大学出版社 2021 年版，第 7 页。
② See George Rutherglen, "Disparate Impact Under Title VII: An Objective Theory of Discrimination", *Virginia Law Review*, Vol. 73, No. 7, 1987.
③ [美] 戈登·奥尔波特：《偏见的本质》，凌晨译，九州出版社 2020 年版，第 507 页。
④ 参见 [南非] 桑德拉·弗里德曼《反歧视法》（第二版），杨雅云译，中国法制出版社 2019 年版，第 109 页。
⑤ 参见 [美] 玛莎·A. 弗里曼等主编《〈消除对妇女一切形式歧视公约〉评注》（上），戴瑞君译，社会科学文献出版社 2020 年版，第 2 页。
⑥ 参见 [奥] 曼弗雷德·诺瓦克《国际人权制度导论》，柳华文译，北京大学出版社 2010 年版，第 58 页。
⑦ See Milton Freidmen, *Capitalism and Freedom*, Chicago: University of Chicago Press, 1962, p. 109.

查德·易普斯坦恩教授从自由主义理论出发,提出了对反歧视法的批评,认为歧视是可以接受和容忍的,受歧视的雇员可以自由地再去寻找别的工作。① 又如保罗·萨缪尔森、威廉·诺德豪斯指出,经济学视域下的歧视符合经济运行规律,带有一定合理性,也有助于市场经济的竞争性发展,是一种具有建设性意义的制度遗存。罗伯特·J.巴罗从经济学理性市场的角度出发,提出市场会按照效率原则和客观规律进行资源分配,因此在未造成国民总收入的损失时,政府不应对当前的资源分配有所干预。而且政府的裁决不一定比市场的判断更为公正。同时按照弗里德曼的观点,对市场歧视只能通过讨论与说服的方式,而不适宜使用会干涉公民自由的法律来干预。反歧视最好的方式方法是通过市场的力量,而不是通过制定反歧视法律法规来强力规制。因此,劳动关系中应充分尊重市场规律,先由市场进行自主调节,而非由政府直接干预。② 实际上,对歧视问题的解决并不是绝对化的,是需要有机结合市场和政府,充分发挥双方的作用的,尤其是需要对歧视进行法治化治理。当然,还有一些不需要法律进行规制的歧视,如与公共领域无涉的私人事务,法律是不需要进行过度规制的,否则会侵犯个人自由。③

在研究思路上,国外研究同样侧重于对专题或具体领域的歧视问题的研究,注重实用性,即对实践的指导意义。如(1)对"种族歧视"问题的研究。迈克尔·J.克拉曼指出,美国在当今时代并没有实现种族融合。④ 伊莎贝尔·威尔克森指出,在资源稀缺的情况下,种姓制度采

---

① See Richard A Epstein, *Forbidden Grounds*, *The Case Against Employment Discrimination Laws*, Cambridge: Harvard University, 1992, p. 34.

② 参见[美]罗伯特·J.巴罗《不再神圣的经济学》,苏旭霞、仇焕广译,中信出版社2013年版,第68—72页。

③ See Matt Zwolinski, "Why Not Regulate Private Discrimination"? *San Diego Law Review*, Vol. 43, 2006.

④ 参见[美]迈克尔·J.克拉曼《平等之路:美国走向种族平等的曲折历程》,石雨晴译,中信出版社2019年版,第183页。

用变通的方式,制定各种规则,维护社会中的等级。① 理查德·罗斯坦认为,奴隶制是种族歧视的根源,到了20世纪,美国又实施了旨在强化种族居住隔离的持续性政府政策等"违宪行为"。这种"法律上的"种族隔离造成了严重而持久的影响。② 伊布拉·肯迪认为,种族歧视的观念并非因为物质或仇恨而生,而是被每个时代某些最出色的人物催生琢磨出来的,并加以正当化。③ (2) 对"算法歧视"的研究。劳拉·卡迈克尔提出,算法决策是由智能机器自动化决策后的产物,是一种自动化歧视(Automated Discrimination)。④ 根据《人工智能手册》可知,算法的底层逻辑是从现有的样例特征中提取、归纳、总结出可以普遍适用的规则来指导实践。⑤ 弗兰克·帕斯奎尔认为,算法的运算程序会将某些负面假设转变为偏见。⑥ 凯伦·杨、马丁·洛奇提出,规避歧视的方式有三类,即修改问题模型、对算法训练数据进行预处理、修改算法。⑦ 珍娜·伯瑞尔提出,算法歧视不容易被察觉,因为发生在算法技术中的歧视具有相当强的专业性,社会大众无法轻易跨越技术门槛找到算法代码中的歧视因果关系。⑧ (3) 对"制度性歧视"的研究。凯斯·R.孙斯坦(Cass R. Sunstein)提出:平等原则意味着要反抗等级,因此,不能

---

① 参见[美]伊莎贝尔·威尔克森《美国不平等的起源》,姚向辉、顾冰珂译,湖南文艺出版社2021年版,第217页。

② 参见[美]理查德·罗斯坦《法律的颜色:一段被遗忘的美国政府种族隔离史》,王志欣译,上海社会科学院出版社2019年版,第3—4页。

③ 参见[美]伊布拉·肯迪《生而被标签:美国种族歧视思想的历史溯源》,张玉芬等译,(中国台湾)马可孛罗文化出版社2019年版,第6页。

④ See Laura Carmichael, Sophie Stalla, Steffen Stab, "Data Mining and Automated Discrimination: A Mixed Legal/Technical Perspective", *IEEE Intelligent Systems*, Vol. 31, No. 6, 2016.

⑤ See Paul R. Cohen & Edward A. Feigenbaum eds., *The Handbook of Artificial Intelligence*, Volume Ⅲ, Stanford, California: Heuris Tech Press; Los Altos, California: William Kaufmann, Inc., 1982, p. 360.

⑥ 参见[美]弗兰克·帕斯奎尔《黑箱社会:控制金钱和信息的数据法则》,赵亚男译,中信出版社2015年版,第55页。

⑦ [英]凯伦·杨、马丁·洛奇编:《驯服算法:数字歧视与算法规制》,林少伟、唐林垚译,上海人民出版社2020年版,第97页。

⑧ See Jenna Burrell, "How the Machine 'Thinks': Understanding Opacity in Machine Learning Algorithms", *Big Data & Society*, No. 1, 2016, pp. 1–12.

基于与个人道德无关的差异而作出制度性歧视,并让其处于社会弱势。①塞缪尔·巴根斯托斯(Samuel Bagenstos)认为,就业不平等现象主要源于工作场所结构导致的对特定群体的排斥不易被察觉,甚至是由于无意识的偏见而助推了这些障碍与排斥。②并进一步指出制度性歧视,或者说结构性歧视,是无意识的,是人们的潜意识的信念和态度,不容易被察觉。③

国外对于反歧视问题的研究,取得了以下成果。

其一,认定消除身份歧视与偏见是平等的内涵,而法律的核心目的就是减少不平等现象,也即歧视是违反法律规定的。④国外对歧视的界定基本已经形成以下共识:(1)故意并不构成歧视的成立要件;(2)歧视既包含不合理的区别对待(直接歧视),也包含不合理的同种对待(间接歧视);(3)在歧视诉讼中,法院逐渐将举证责任转变为当事人双方共同承担,从而尽可能地保护受歧视群体的合法权益;(4)新出现的歧视类型也逐渐被法律承认。⑤

其二,从司法实践的角度给出歧视的判定标准。如美国联邦最高法院在1971年的格里戈斯诉杜克电力公司案(*Griggs v. Duke Power Co.*)中提出了间接歧视(差别影响歧视),伯格法官则明确判断歧视的标准是"业务必要性",即雇用标准与工作之间的关联性。⑥

其三,在对歧视的规制方案中,提出了立法和司法规制的方案。如乔伊·沃尔特马斯对《美国残疾人法修正案》与《禁止基因信息歧视

---

① See Cass R. Sunstein, "The Anticaste Principle", *Michigan Law Review*, Vol. 92, Issue 8, 1994.

② See Samuel Bagenstos, "The Stuctural Turn and the Limits of Antidiscrimination Law", *California Law Review*, Vol. 94, No. 1, 2006.

③ See "'Trading Action For Access': The Myth of Meritocracy and The Failure to Remedy Structural Discrimination", *Harvard Law Review*, Vol. 121, 2008.

④ 参见[英]鲍勃·赫普尔《平等法》(第二版),李满奎译,法律出版社2020年版,第39—42页。

⑤ 参见李薇薇、Lisa Stearns主编《禁止就业歧视:国际标准和国内实践》,法律出版社2006年版,第19页。

⑥ *Griggs v. Duke Power Co.* 401 U. S. 424 (1971).

法》这两部美国反歧视的重要立法进行了解读（这两部法是美国对歧视进行立法规制的重要依据）。又如鲍勃·赫普尔基于英国《平等法》开展了论述分析，认为平等法意义重大，因为它试图用法律来改变社会固有态度、行为和机制，以实现平等这一基本人权。① 而在司法规制中，美国的司法规制方案采取的是在案件中附带进行违宪审查的模式，即由具体案件的当事人提起违宪审查的请求，再按照不同的歧视类型划定三重审查标准，即"严格审查基准""中度审查基准""合理性审查基准"。该模式既可以给予当事人以司法救济，又得以对相关立法进行废止或撤销，实现立法变革。德国则采用抽象审查和具体审查相结合的方式对制度性歧视进行法律规制，运用比例原则，从适当性、必要性和均衡性三方面审查带有歧视性的立法，指出法律并非追求无差别对待，而是要有合法和合理的界限，防止目的的非法或结果的不合理。②

但国外对于反歧视问题的研究还存在以下不足。

一是对中国问题的关注不足。国外关于反歧视问题的研究基本是从本国实践情况出发，对本国内棘手的歧视问题或热点的歧视问题加以论述（如种族歧视、算法歧视等），而较少关注中国问题，或开展比较研究。

二是对结果研究多，对理论前提研究少。对于社会中出现的歧视问题，更多学者是从实践应对的思路出发，在提出对策的同时顺带进行少量的理论前提分析，因此，专门对理论前提的研究较少，有待于增强这部分研究。

三是对一些具体歧视问题的研究尚不够深入，没有进行体系化、系统化的论证，有待于在此基础上作出更深入、细化的理论研究。

四是所提出的应对歧视的策略并不具有普适性，不适宜我国现实国

---

① 参见［英］鲍勃·赫普尔《平等法》（第二版），李满奎译，法律出版社2020年版，第2页。

② See Jonathan Swift, "Justifying Age Discrimination", *Industrial Law Journal*, Vol. 35, 2006.

情和文化传统,因此,还需要以中国立场,对中国问题加以深入研究。

五是未在整体研究后进行理念、制度与省思的论述,缺乏分别从理论中探究、从实践中汲取好的理念和制度,进行歧视的法治化治理的理念与制度再造的研究。

综上所述,虽然歧视问题并不是一个新鲜的问题,目前国内外对歧视的研究已有了一定的基础,取得了一定的成果,但歧视是一个非常复杂而又庞大的论题,不仅传统歧视问题未被妥善解决,新的歧视问题还在随着社会时代的发展而不断出现。不同阶段面临着不同的反歧视时代使命,整体而言,我国当前反歧视的时代使命,包括消除社会生活中的歧视现象,也包括消除制度性歧视问题。从一定意义上来说,制度性歧视会更严重地侵害公民的基本权利,影响社会的和谐稳定,损及法制的统一,因而对制度性歧视的法律消解更具有深远的社会价值。对此,需要从制度性歧视产生的制度根源入手,实施相应的法律监督和救济机制等,但目前学术界对该问题的法治化治理研究还较为薄弱,存在研究缺憾。从反歧视理论研究整体来看,当前的法理学研究对歧视的概念、歧视的判断标准等的一些基本理论问题都还未能形成统一的认定,对歧视的类型化分析尚不够系统全面;既有研究中,多趋向于对歧视问题的介绍性或描述性的研究,从法治化理论建构、监督的研究成果较为薄弱。而且一些新兴歧视类型的问题,如算法歧视等,也需要我们从理论上加强对反歧视法治理论问题的研究,以继续深化反歧视的法律理论,不断优化反歧视的法律制度,从而在反歧视的执法和司法实践中取得更好的法治效果。此外,对于歧视的法治化治理而言,还需要分别从理论中探究治理原理、从实践中汲取好的理念和制度,梳理歧视的法治化治理的理念,完善歧视的法治化治理的制度再造,为未来的反歧视提供合理的法律理论指导,为法律实践提供良好的制度支持,真正破解歧视的法治化治理难题。

三 研究思路

学术界对于歧视问题的研究主要分为两种模式，即"理论型研究模式"和"应用型研究模式"。其中，"理论型研究模式"是法学领域基础性的学术研究，而"应用型研究模式"主要是对法律实践中出现的具体领域的歧视进行介绍，并提出对策建议。对此，本书综合"理论型研究"和"应用型研究"两种模式，按照"歧视"和"法治化治理"两个基本要素和基本出发点，对歧视问题进行深入的理论、制度和实践的剖析。本书的主要内容共分为六部分，在明确歧视的概念和法律判断标准的基础上，论述分析歧视的历史变迁、现实表现以及歧视的发生原因等基本理论，以"算法歧视""制度性歧视"这两个需要高度重视的歧视现象为落脚点，进行相应的法治化治理的探究和论证。最后则进行歧视的法治化治理的理念、制度与省思的论述，作出歧视的法治化治理的理念与制度再造，为未来的反歧视提供合理的法律理论指导，为法律实践提供良好的制度支持。以理论指导实践，以实践反哺理论，最终以营造更加公平正义、平等、非歧视的人类社会为本书研究的理论努力方向。

具体思路如下。

导论部分对歧视的法治化治理问题的研究作出概述，分别对选题背景、选题意义、国内外研究现状、研究思路、研究难点、创新点、研究方法进行论述。揭示了歧视问题的复杂性，尤其是其基于一定的经济根源、政治根源、思想根源、社会文化根源等使得人类社会长久以来均无法彻底消除歧视。而平等和反歧视又是实现人权的重要目标，是现代法治的基本价值取向，更是法理学者需要认真对待的时代问题和法律难题。国内外对歧视问题虽然已有了一定的研究，但是还存在许多不足或缺憾，如对歧视问题的法律证成或判断标准缺乏系统综合的论证；对歧视的类型化分析不足；缺少整体性的理论论述与具体化的歧视问题相结合的论证；对中国问题的关注不足；缺少对歧视的法治化治理的理念、制度与省思的研究；等等。本书也由此开展相应的研究，探究对歧视进行法治化治理的方案。

第一章主要是对歧视概念进行论证，由于歧视问题长期存在于人类文明当中，给人们带来了不平等，但是至今都没能彻底解决歧视问题，而且我国法律中也缺乏对歧视概念的明确界定，这就会导致在对歧视进行法治化治理的过程中，因基础概念的不确定而产生争议，无法有效实施治理方案。歧视本身是一个复杂的问题，在语义学、伦理学、社会学、经济学等的不同学科视域下，有着不同的概念界定，包括在法学视域下，中外法律史、国际公约、不同国家和地区的法律以及法学学者观点都有不同的界定，本章要做的就是在各个不同学科视域的比较下，梳理分析出法学视域下的歧视的概念，作为本书研究的起点。

第二章对歧视的法律判断标准进行了论证。歧视的法律判断标准是反歧视或对歧视进行法治化治理的前提，当前我国的理论界和实务界均未能提炼出可以普遍适用的实操标准，既有研究对此也存有缺憾。因此，本章结合国家立法、学术界理论、法律实践以及生活经验，提出采用"规范性判断""理论性判断""排除性判断""相对性判断"四者结合，作为歧视的法律判断标准，其分别对应的是立法文本中的标准、基于歧视分类的标准、歧视相对方角度上的标准以及歧视的正当性抗辩标准。以此得出符合立法意旨的妥当性的判断结论，并得以在具体的案例情境中全面准确地判断歧视。

第三章是对歧视的历史变迁、现实表现及其原因进行了论证。作为一个世界性的社会问题，歧视有着漫长的演进史，发生了巨大的历史变迁，有着多样的现实表现和不同的形成原因。从历史变迁上看，按照自然状态到现代社会的发展历程，其包含生存权利上的不平等、身份和政治权利上的不平等、经济社会发展上的不平等以及普遍意义上的不平等。通过对国内外反歧视典型案例的审视，可以归纳总结出歧视的类型，并作出相应的类型化分析，即包括基于生理特征或状况的歧视、基于经济与科技的歧视、基于身份的歧视、基于制度的歧视、基于宗教信仰的歧视、基于国际社会差异的国际歧视。而不同类型的歧视也有着不同的发生原因，其中既包括先天禀赋差异和心理因素等的内在原因，也包括经济、政治、制度、社会文化、技术等的外在原因。

第四章专门针对"算法歧视"这一新技术时代下的歧视问题的最新表现进行了论证。歧视会随着文化的发展和时代的变迁而演化出新的歧视理由和种类，算法歧视即在数字社会中所演化出来的新的歧视类型，对这一问题，法律势必要予以回应。具体而言，要在明晰算法歧视的基本要义，尤其是算法歧视的核心要义的基础上，对算法歧视的现实表现作出类型化分析，本书以算法歧视所产生的不同层级的危害为标准，将现实中的算法歧视划分为扰乱市场经济秩序的算法歧视、危害社会公平正义的算法歧视以及侵害公民平等权利的算法歧视三种类型。并对实践中算法歧视所带来的挑战进行总结，对算法歧视的发生逻辑作出提炼，从而据此提出有针对性的法律治理方案。

第五章专门针对"制度性歧视"进行了论证。制度性歧视是国家或者社会制度中暗含的较为隐蔽存在的制度化社会歧视问题，它对社会的影响更加深远、复杂。其会涉及很多现实的制度性问题，在各种法律规范、政策文件和社会规范中都有可能存在歧视性安排。本章先是提出了制度性歧视的基本要义作为基础，接着对制度性歧视的现实表现进行了梳理和总结，按照不同的规范基础，作出"法律文件中的制度性歧视"和"社会规范中的制度性歧视"的区分。其中，"法律文件中的制度性歧视"是以法律规范、政策文件等为规范基础的，如制度性的身份歧视、制度性的公务员招录歧视、制度性的男女退休年龄歧视、制度性的"非全日制"学历歧视、制度性的权利保障缺失的歧视、制度性的实践行为上的歧视，等等。而"社会规范中的制度性歧视"则主要以社会规范为规范基础，如村规民约、企事业单位规章制度以及社会实践的实际运作情况，等等。进而对制度性歧视的成因作出分析，着重对制度政策设计和实施、法律制度与实施监督制度、反制度性歧视的法律体系和救济机制等方面进行了论证，并提出相对应的法律消解方案。

第六章是对歧视的法治化治理的理念、制度与省思的论证。在前文对歧视的基本理论、制度与实践的探究基础上，汲取并总结出好的理念和制度，作出歧视的法治化治理的理念与制度再造。在进行深度省思后，提出法律介入歧视的必要性往往源自现实需要，反歧视法律制度要随着社会文明同步发展，要承认歧视的法治化治理的不足和综合治理正当性，从而为未来的反歧视提供合理的法律理论指导，为法律实践提供良好的制度支持。推动反歧视从实践到理论的提升，以及从理论到制度完善和制度的严格实践，真正破解歧视的法治化治理难题。

四 研究难点及创新点

（一）研究难点

1. 本书注意到了歧视的历史延续性问题：歧视作为历史现象，有着漫长的发展演进史。但究竟歧视经历了什么样的历史变迁？较少有人进行深入研究。本书即对此开展研究，全面梳理了从生存权利的歧视；到身份政治权利的歧视；再到基于经济社会发展的歧视；最后到普遍意义上的歧视，这一歧视演进史。对此，不仅需要关注到诸如种族歧视等传统歧视类型，还需要关注到随着人类社会的发展进步而出现的算法歧视等新型歧视类型；既需要关注到行为性歧视，又需要关注到凭借合法、合理外衣得以隐藏起来的制度性歧视。这些研究的作出需要大量文献的阅读积累和深入的思考，为本书的研究难点之一。

2. 本书对制度性歧视的法律消解进行了系统论述。提出"法律文件中的制度性歧视"和"社会规范中的制度性歧视"两大制度性歧视的类型，期望能够充实学术研究中对制度性歧视类型化的分析。并较为全面地论述了制度性歧视的成因，有针对性地提出了具体的法律破解路径，同时强调制度性歧视消解的核心作用力乃是在立法和制度的设计与法律监督方面。从而为理论界的研究抛砖引玉，为实务界提供可能的思维启发。制度性歧视等问题，是一个复杂的问题，对它的研究，既需要深厚的理论基础，又需要对实践有较为深刻的观察，可能此问题亦是本书研究的难点问题之一。

3. 对歧视的法治化治理进行理念、制度与省思的论述是本书的另一研究难点。歧视是一个复杂的问题，对歧视的应对与治理也具有相当的难度，是否树立了正确的歧视的法治化治理的基本理念，是否构造了完善的歧视的法治化治理的制度等都成为衡量是否能有效应对歧视的关键，因此，要在对理论、制度与实践进行充分探究和论证的基础上，才能作出相应的理念、制度与省思，以用于指导未来的反歧视法律理论研究和实践，而这部分的论证也构成本书的一个升华。故对此问题的论证十分考验笔者的总结反思和分析能力，是本书的另一个研究难点。

(二) 创新点

本书的研究可能的创新之处在于以下方面。

1. 本书对歧视的基础理论问题作了相对系统的考察和论述。在对跨学科学者与思想家们观点汇聚的基础上，结合实践需求，归纳、分析了歧视的概念和本质，并提出了判断歧视的法律标准，即按照规范性判断（立法文本中的标准）、理论性判断（基于歧视类型的标准）、相对性判断（歧视相对方角度上的标准）、排除性判断（歧视的正当性抗辩）的标准，为歧视问题的法律证成进行了一定的分析，具有一定的学术创新性与学理价值。

2. 本书将实践案例与立法理论相结合，对歧视按照现实表现内在联系的逻辑进行系统全面的类型化分析，即按照生理特征或状况（年龄歧视、性别歧视、种族歧视、容貌歧视、残疾歧视、基因歧视、健康状况歧视等）；经济与科技（经济歧视、就业歧视、网络数字歧视、电子支付歧视、算法歧视等）；身份；制度；宗教信仰（信仰或不信仰某种宗教的歧视等）；国际社会的差异（不同发展水平下的国家歧视、不同意识形态下的国家歧视、不同政治利益目的下的国际组织之间的歧视）的逻辑，对各个歧视类型进行归纳整合，并作出系统全面的理论分析，具有一定的创新性，期望能够弥补学术研究中对歧视问题类型化分析的不足。而且按照现实表现对歧视问题进行分析，有助于将社会中新出现的歧视类型融入进去，为新出现的歧视类型的法治化治理提供学理支撑。

3. 本书对算法歧视这一新技术时代下的歧视问题的最新表现进行了专门的分析论述。作为数字社会下新出现的歧视类型，算法歧视带来了更普遍意义上的歧视，扩大了受歧视范围，人人都可能受到算法歧视，成为数字社会的弱势群体，这也彰显了对算法歧视进行治理与破解的紧迫性和必要性。而本书分别从技术性纠偏和法治化治理入手，对算法歧视的法律治理进行了系统的论述。

五　研究方法

面对歧视这一复杂的社会问题，需要采用多种、多样化的研究方法来进行研究。本书根据研究内容、研究特点等基本情况主要采用了以下研究方法，即历史分析法、比较分析法以及实证分析法。希冀运用这些研究方法来对歧视的法治化治理作出系统全面的论证。

（一）历史分析法

历史分析法主要是从历史的视角分析现象和问题，是一种传统上较为常见的研究方法，适用于受时间性影响较大的学术研究问题或社会问题。歧视是一种长久且较难以克服的社会现象，有着漫长的历史发展过程，在不同历史时期具有不同的表现，从一定意义上讲，人类社会的整个发展历程，就是一部为自由和平等而不断抗争的历程，因此可以说歧视是一个具有历史性的社会问题。本书全面梳理了歧视的全球发展线索，对歧视的历史变迁进行了系统回顾。反歧视始终是一种进行时，需要通过反歧视的法律制度和社会政策来不断实现。我国反歧视也取得了很大的成就，但由于歧视的复杂性，使得当前时期仍然需要加强对歧视的治理。对此，本书提出了当前历史时期需要重点关注和治理的两种歧视类型，即"算法歧视"这一新技术时代下的歧视问题的最新表现，和"制度性歧视"这一国家或者社会制度中暗含的较为隐蔽存在的制度化社会歧视问题。

（二）比较分析法

比较分析法亦是学术研究中非常重要的一种研究方法。具体可以分两种情况来运用。(1) 通常情况下，比较分析法是要比较不同地区在处理相同或类似问题时的做法，对其中的经验、教训进行梳理总结，从而为本地区在处理相同或类似问题时提供镜鉴。本书在论述法学视域下的歧视的概念时，重点选取美国、韩国、中国香港等的法律为研究对象，对这些国家和地区法律中"歧视"的概念进行了分析和对比，从而为我国界定法学视域下的歧视的概念提供参考和借鉴。(2) 比较分析法还可以运用在对客观事物或概念等的对比分析上，以充分展现其间相互区别、相互联系的地方，或者相似、相异之处。本书即对语义学视域下的"歧视"的概念、伦理学视域下的"歧视"的概念、社会学视域下的"歧视"的概念、经济学视域下的"歧视"的概念、法学视域下的"歧视"的概念进行了对比分析，从而论证出法学视域下"歧视"概念的独特性。

（三）实证分析法

实证分析法是通过案例、经验等方式对当前社会实践或目前的学科理论现实作出的分析推理和论证方法，因此，是一种经验主义的，主要以经验或观察为依据。实证分析方法在法学研究中日趋重要，是对相关法学问题或现象所进行的实地调查或观察、资料收集，并在对资料进行深度分析的基础上，对一定的法学理论或规律作出梳理和总结。本书收集整理了国内 2011—2021 年发生的典型案例，并选取了 25 例进行审视分析；收集整理了国外从 1857 年起到 2021 年这一超长时间跨度的典型案例，并选取了 22 例进行审视分析。对国内这 11 年间的反歧视诉讼的变化作出总结，并对国外反歧视诉讼所采取的附带违宪审查模式作出介绍。同时，还分别分析论述了国内外反歧视诉讼的主要特点。从这些反歧视诉讼的真实案例出发，对歧视的现实表现作以呈现，并进一步作出了歧视的类型化分析。

第一章

"歧视"概念的法学分析

歧视长期存在于人类文明当中。从"种族歧视""性别歧视"到现今的"基因歧视""算法歧视",歧视给人们带来了不平等,影响着社会的和谐稳定,但时至今日,人们都没能彻底解决歧视问题。我国法律中没有对"歧视"一词给出概念界定,"歧视"这一概念也缺乏立法"自我概念化"的能力,[①] 至今理论界和实务界均未能形成权威公认的歧视概念。在对歧视进行法治化治理时,也因概念和标准的不确定性或争议性而产生了诸多理论困境与实践难题。因此,对歧视的法治化治理的研究,首先是要明确歧视的概念和本质。

第一节 "歧视":一个复杂的问题

很显然,并非所有的社会差异都构成法律上的歧视,也并非所有的歧视都需要法律的干预。原因在于,歧视是一个复杂的问题,有着多样的表现形式与不同的形成原因。比如从单纯的歧视性的语言交往、社会行为(如对他人的丑化、侮辱、排斥、隔离),到极端暴力的宗教屠杀、种族灭绝……要想判定某种社会现象是否构成歧视,并由法律介入和调整,首先就需要准确地理解歧视的概念。按照一般理解,歧视更广泛的

[①] 参见《就业性别歧视的制度根源及其破解之道——专访西北工业大学郭慧敏教授》,刘小楠、王理万主编《反歧视评论》(第5辑),法律出版社2018年版,第128页。

含义主要指的是辨别人与事物的品质差异，从而以此作出选择的能力；而在狭义或更为常用的含义上，指的是基于对待特定族群或性别的个人的任意好恶，充满敌意或消极地对待他们，这种歧视带来的是反歧视的法律和政策。①

不同学科视域下，对歧视有着不同的概念界定。

一　语义学视域下"歧视"的概念

从语义学的视域来看，"歧"的基本字义为："走叉道、走岔路""足多指""叉开，事物出错""不同，不一致，有差别"等。②"视"的基本字义为：作动词，为"考察，察看，审察""治理，处理""看待"，通"示""向……表示""比照""效法""接纳""照顾，照看""发令"之意；作名词，意为"眼""眼力""视线"等。③结合在一起的"歧视"，指的是基于某个个体或群体的能力、出身或某方面的缺陷等因素而作出不平等看待，并施加不合理的区别对待，使该个体或群体受到不同程度的心理伤害或利益损失。《现代汉语词典》将"歧视"解释为一种不合理的区别对待或差别待遇，可以表现为制度或行为，是人为地对社会弱势群体施加区分、排斥与约束，致使其无法行使或无法完全行使平等的社会权利。④根据汉语语言习惯，不论是口头用语还是书面用语，也都未以"不公正歧视""不公平歧视"或"不平等歧视"作为表述方式，也就是说，汉语是将"不公正""不公平"与"不平等"的贬义词含义解读在"歧视"的本身词义当中的，因此，汉语语义下的"歧视"一词本身即贬义词，蕴含着消极否定之意。主要因其不具有道义理

---

① 参见［美］托马斯·索威尔《歧视与不平等》，刘军译，中信出版集团2021年版，第36页。

② "歧"，百度百科，https://baike.baidu.com/item/歧/5472458？fr＝ge_ala，2022年4月9日。

③ "视"，百度百科，https://baike.baidu.com/item/视？fromModule＝lemma_search—box，2022年4月9日。

④ 参见中国社会科学院语言研究所词典编辑室编《现代汉语词典》（第5版），商务印书馆2008年版，第1071页。

解上的正当性而应受到谴责与制止。如对残疾人、妇女等弱势群体的歧视，蕴含着一种不公正、不公平、不平等的对待。

英国《朗文法律词典》将"歧视"定义为，基于相同地位的个体或群体而实施不相同的待遇。① 美国《布莱克法律词典》指出，歧视是一种基于种族、性别等天赋因素而施加的不平等对待，包括以立法或惯例的形式赋予特定个体或群体相应的特权或优惠，而这种特权或优惠的作出并不存在合理的区分标准。② 总体而言，英语语义中的"歧视"（Discrimination）一词既含有中性词义，也含有贬性词义。当以中性词义使用时，表示的是"通过不同方式对待"（Treat Differently, Make Distinctions）。③ 而当以贬性词义出现时，则意为"不公平的区分"，④ 表现为一种违背了公平原则的不合理区别对待或差别待遇。国外在定义歧视时，通常将歧视认定为基于外部原因所导致的不合理、不平等对待，而国内往往认为歧视是社会地位低下的表现，是一件羞耻的事情，在一定程度上忽略了歧视本身是一种受侵害的个人权利，需要运用法律武器来保护自己。

总之，语义学视域下的"歧视"就是不平等地看待，是指某个个体或群体对另一个个体或群体的某个或某些特征、缺陷、能力或出身等，作出不平等的眼光看待。比如在日常生活中，人们常会因疾病、残疾、丑陋、贫穷等外在特征而歧视（不平等地看待）特定群体或个人。

二 伦理学视域下"歧视"的概念

伦理学，⑤ 是哲学体系下的一项分支。伦理学在对歧视进行分析时，是以人之为人的基本尊严的角度来进行的。认为歧视的惯用表现方式之

---

① 参见［英］L. B. 科尔森《朗文法律词典》（第6版），法律出版社2003年版，第135页。
② See Henry Campbell Black, *Black Law Dictionary*, 6th ed, p. 467.
③ 参见［英］A. S. 霍恩比《牛津现代高级英汉双解词典》，商务印书馆、牛津大学出版社1988年版，第333页。
④ 参见陆谷孙主编《英汉大词典》，上海译文出版社1989年版，第891页。
⑤ 西方文化体系中，将研究个人行为规范的道德问题的哲学称为伦理学。

一是"污名化",是通过贴标签的方式,对受歧视者进行侮辱、贬低,让受歧视者感受到强烈的羞愧、耻辱,从而对其施加不平等对待。之所以如此,是因为这些被贴上标签的个体或群体具有其所归属的文化或所在社会主流文化中所不能接受的状态、属性、特征或行为。这种不公正待遇常常与人们消极的刻板印象相联系,并与当时之社会经济、政治权力等密切相关,在这样的情境下使得主流群体与被贴标签的特殊群体相分离,产生差异化的歧视。因此,污名会发生在一个允许污名显露的社会情境中,使得贴标签、刻板印象、地位丧失、歧视等同时发生。[①] 如对艾滋病病毒携带者或感染者的歧视来说,人们大多会忽视或无视因无辜遭到母体垂直感染或因不洁净针头感染的情形,而普遍认为感染者都是性行为混乱、生活不检点的人,从而以污名化的方式贬低其人格,对其施加不公正待遇。在道德和疾病的双重压力下、在社会大众与社会环境的歧视与排斥下,传染病病毒携带者或感染者经受着异于常人的内心煎熬与社会压力,根本无法平等享有各类社会资源与机会,因此处于非常不利的生存状态当中,并逐渐沦为社会弱势群体。

总的来说,歧视对个体心理的影响非常强烈,被污名化的受歧视群体会产生严重的不良心理,如自尊心遭受强烈的打击,从而加深内心的羞耻感;逐渐丧失对国家或社会的共同体意识,失去特定群体的身份认同感与归属感等。对传染病病毒携带者或感染者的歧视,主要是源于人内心对传染病病毒的传播与感染的恐惧,同时,也与无知和狭隘的道德心态紧密相连。而传染病与传染病病毒携带者或感染者也是在这样的认知下被污名化的。由此可见,传染病等疾病问题并不单纯是公共卫生问题,还是一个囊括了社会、文化、法治以及生物学等因素在内的极具复杂性和综合性的社会问题。

---

① See Link B. G., Phelan J. C.,"Conceptualizing Stigma", *Annual Review of Sociology*, Vol. 27, 2001.

三 社会学视域下"歧视"的概念

社会学视域下的歧视,本质上体现为社会态度与心理结构,① 产生于不合理的社会认知与社会偏见,以不公正、不平等为基本表现形式和核心内涵。美国社会学家戴维·波普诺曾把歧视定义为,基于特定个体归属于某一群体而施加不公平、不平等的对待。② 在社会心理学中,歧视通常被用来指不同利益群体之间所发生的情感反应,对本利益群体之外的个人或群体,因其自身的缺陷、能力或出身等而被施加不平等的对待,并使其受到相应的利益侵害。也即社会心理学中的歧视是指,基于群体身份的不当划分,而由不公正的、具有否定与排斥性倾向的社会态度及心理结构所引发的对特定群体实施的排斥、隔离的行为、制度等不利对待。社会学通常认为歧视是与该群体的社会经济地位紧密相关的,并习惯从文化习俗、社会结构等方面对歧视进行相应的社会定位,将歧视视为一种合乎逻辑的自然结果。如在我国城乡二元制结构下,进城务工的农民工与城市劳动者就有着巨大的内群体和外群体差别,农民工作为"外来群体",被部分人视为游离于城市的群体,其受教育程度、劳动技能、社会关系以及所从事的工种、所享有的工资收入水平、社会保障水平等都大不如城市劳动者,处于社会弱势群体地位,遭受着严重的社会歧视。

社会学中的歧视可以划分为三种歧视程度逐次递增的类型:(1)以先入为主的否定性观念引起的社会偏见;(2)被区别对待的行为性歧视;(3)不公正的制度安排导致的制度性歧视。社会学对偏见与歧视进行了详细区分,认为社会偏见是存在于人们头脑中主观的否定性社会态度,偏见的产生可以基于很多原因,并且可以发生在处于

---

① See Robin Stryker, "Disparate Impact and the Quota Debates: Law, Labor market Sociology, and Equal Employment Policies", *The Sociological Quarterly*, Vol. 42, No. 1 (Winter 2001), p. 15.

② 参见[美]戴维·波普诺《社会学》,李强等译,中国人民大学出版社2004年版,第306页。

任何社会地位的社会群体之间，不一定必须是强势群体对弱势群体。美国社会学家安·韦伯指出，歧视是基于偏见而形成的对特定群体的差别对待，① 其中"隐含着'刻板印象产生偏见进而产生歧视行为'的因果逻辑链"。② 如在"男强女弱""男主外女主内"的性别刻板印象作用下，女性劳动者往往承受很大的社会偏见，在就业机会获取、就业待遇享有等方面常常受到性别上的不平等对待。也就是说，歧视是基于偏见而外化为对特定群体差别对待的行为。偏见并不必然会导致歧视，绝大多数只是一种歧视倾向，当偏见外化为行为或被固定为一种不公平的制度安排时，才可能转变为歧视。实际上，社会学中的偏见与歧视遵循着从"偏见到制度性歧视"的行进轨迹，即先产生个体头脑中的个人偏见，再形成社会偏见，进而转化为行为性歧视，最后上升为制度性歧视。③ 而如果头脑中的偏见并没有外化于行为时，偏见便不可成为一种歧视。

社会学认为歧视并不是一种个体行为，而是一种社会关系，歧视也并不必然具有故意的主观恶性，而是有着多样的主观心理因素。④ 首先，有的歧视行为是一种制度化的行为模式，是在歧视性社会结构之下的无意识行为；其次，有的歧视行为也可以是由于过失而导致的，这种具有很强社会属性的偏见往往是一种针对特定社会群体的预先判断；最后，不排除还有些歧视行为是具有主观故意的心理，如通过实施种族歧视来实现相应的政治利益、经济利益与社会利益；通过垄断稀缺资源来获取高额利润；以及出于自身的仇恨或偏见心理而实施的歧视行为。歧视在社会中会持续存在，歧视一旦形成便很难消除，即

---

① 参见［美］安·韦伯《社会心理学》，赵居莲译，桂冠图书出版公司（台北）1997年版，第203页。
② 俞国良等：《社会心理学前沿》（第3版），北京师范大学出版社2016年版，第271页。
③ 参见黄家亮《论社会歧视及其治理——一个社会学视角的理论分析》，《华东理工大学学报》（社会科学版）2008年第3期。
④ 参见李昊《美国反歧视法治实践中的社会学理论与方法——兼论反歧视诉讼中的统计证据规则》，刘小楠、王理万主编《反歧视评论》（第6辑），社会科学文献出版社2019年版，第56页。

便起初产生歧视的社会基础已经发生改变，歧视也不会立即消失。① 保持社会公平与稳定是维持社会发展的前提，而一个公平正义的社会应该对每一位社会成员都予以应有的尊重和保护，维护社会成员的尊严，保障社会成员的自由、平等与社会参与的机会。歧视构成了社会不稳定的根源之一，在一定程度上会导致社会强势群体与弱势群体之间的分化、对立，影响社会的和谐稳定与可持续发展，是典型的社会不公现象，会影响社会的整体发展质量，逐渐形成动荡的、缺乏活力的病态社会，这种非正义性的歧视迫切需要予以治理和矫正，包括制定合理有效的反歧视政策等。②

总之，社会学视域下的歧视指的是一种社会态度与心理结构，往往蕴含着基于刻板印象产生偏见，进而形成歧视的因果逻辑链，以不公正、不平等为基本表现形式和核心内涵。

四 经济学视域下"歧视"的概念

当代经济学家对歧视问题的分析起源于加里·贝克尔（BeCker）的"歧视偏好"理论（Hobby Discrimination Theory）模型，是一种将个体理性的假设引入社会科学来分析社会问题的方法。贝克尔在考察了歧视的经济后果之后，提出了"歧视偏好"理论，其假定个体的歧视偏好是发生实际行为最重要、最直接的缘由，从而构造出了一个解释歧视的经济影响的经济学模型来分析市场中的歧视。也即贝克尔将歧视看作歧视行为者的一种偏爱或爱好，创设了"歧视系数"（Discrimination Coefficient，DC）的概念用于衡量歧视行为者的非货币成本值，从而对不同生产要素、雇主、雇员及消费者的歧视偏好进行了定义，并指出歧视通常是由接触了某些人而产生的负效应所引起的。在歧视的情形下，歧视系数对雇主来说，表示非货币的生产成本，对雇员来说表示的是非货币的就业成本；而在非歧

---

① See George Eaton Simpson and J. Milton Yinger, *Racial and Cultural Minorities: An Analysis of Prejudice and Discrimination* (5th Edition), Plenum Press, 1985, p.157.
② 参见吴忠民《歧视与中国现阶段的歧视》，《江海学刊》2003年第1期。

视的情形下，该系数则变成生产、就业中的非货币收益。① 歧视者宁愿付出相应的代价或机会成本，通过放弃即使是最大产出和利润也要满足歧视偏好。如市场会根据不同职业对外貌的重视程度而做出最优配置，将外表漂亮的人分配在影视、模特儿等行业，而将外表普通的人分配在工厂生产线等工作中，② 而且在现实中，外表漂亮的人与丑陋的人之间也确实存在工资分配方面的差异。就像对商品或劳务的消费取决于收入与价格这些变量一样，歧视偏好者的歧视行为，往往是需要支付相应的购买费用的，若"歧视购买者"收入过低，或歧视偏好所带来的成本过高，歧视行为者因为没有实现利润最大化，自然会减少或避免歧视，防止被市场竞争淘汰掉。反之，则会不断强化歧视、满足偏好，以实现效用最大化。

在经济学视域下，"歧视"是中性的词汇，是为个人利益最大化而进行的选择，这种选择产生的歧视只是基于偏好或信息不对称。资源总是稀缺的，而人在利用稀缺的资源时，势必需要按照一定的标准做选择，经济学中习惯将"稀缺""选择""区别对待"与"歧视"结合在一起，认为只要有"稀缺"，势必会存在"歧视"，只要有"选择"，就意味着区别对待，而区别对待即"歧视"。③ 人是具有经济属性的动物，人的所有行为都会事先做一个价值判断与利益衡量，并选择利益最大化的方案，在这种情况下，不可避免地会产生歧视，因此，歧视完全是一种选择的结果。至于那些未被选择的群体，只是因为偏好或资源稀缺甚至信息不对称、筛选成本过高而未被选择，是市场根据代价的大小而予以灵活应对的结果。竞争的自由市场也是完全符合效率与实际要求的，在自由市场竞争中，会自动惩罚歧视行为来调适市场的平衡，迫使其基于成本与

---

① 参见［美］加里·贝克尔《歧视经济学》，于占杰译，商务印书馆2019年版，第16—18页。

② 参见［美］罗伯特·J. 巴罗《不再神圣的经济学》，苏旭霞、仇焕广译，中信出版社2013年版，第69页。

③ 参见薛兆丰《薛兆丰经济学讲义》，中信出版社2018年版，第35页。

利润的因素来修正或避免歧视偏好，从而作出合乎经济学逻辑的预测——"市场力量会驱逐歧视"。因此，如果对歧视进行干预（包括政府制定反歧视法律法规），将会抑制生产力，破坏原本的经济秩序与生产效率，产生阻碍市场竞争的不良影响。

对于是否应当干预根据外貌特征来确定雇用与否以及工资待遇的问题，经济学者认为"只有当把外表漂亮的人力资源重新分配给外表普通的人所产生的收益大于整个国民总收入的损失时，干预市场对外貌的重视才是正当且合理的"[①]。如航空公司招聘空乘人员时往往会提出外貌形体要求，在市场经济逻辑中，这属于雇主的自由选择偏好，对航空公司经济利润的提高是有所助益的。因此，虽然就传统歧视的认定逻辑来看，这种招聘条件是带有歧视性的，但在经济学看来，政府的判断不一定比市场更公正，市场对外貌的重视是一种客观规律，并认为"目前没有理由能够确定根据外貌决定雇用与否和工资水平的行为带有歧视性质"[②]。由此可见，在经济学视域中，歧视是一种符合经济运行规律的，带有一定合理性，有助于市场经济的竞争性发展，具有建设性意义的制度遗存。在经济学看来，市场主体都是理性的，而政府立法只是对市场失灵的补充，市场在追求效率的作用下会自动根据用工行为的成本、收益比例来决定雇主是否在雇用时采取歧视。因此，在劳动关系中应充分尊重市场规律，发挥市场的作用，先由市场进行自主调节，而非由政府直接干预。

总之，经济学视域下的歧视，是个人在资源稀缺的社会现实下，为实现利益最大化而进行的选择，这种选择产生的歧视只是基于偏好或信息不对称。[③]

[①] [美]罗伯特·J. 巴罗：《不再神圣的经济学》，苏旭霞、仇焕广译，中信出版社2013年版，第68页。

[②] [美]罗伯特·J. 巴罗：《不再神圣的经济学》，苏旭霞、仇焕广译，中信出版社2013年版，第68页。

[③] 参见薛兆丰《薛兆丰经济学讲义》，中信出版社2018年版，第35—39页。

五 法学视域下"歧视"的概念

在法学视域内,歧视经历了很长时间的发展。中外法律史中对歧视的界定,往往是以平等、正义来表现的。国际公约中同样以反歧视、追求平等为基本原则。此外,在各主要国家或地区的法律体系中,也可以看到许多关于反歧视的规定。从学理和实践上看,当前也通常将反对歧视、争取平等列在人权保护的范畴内,认为平等与反歧视相伴而生,追求平等也就意味着要反歧视。可以看到,歧视在法律上被禁止,往往是基于不合理的区别,违反了相同的人应得到相同对待的平等与非歧视原则。但需要注意的是,并不是所有的区别对待都构成歧视,要以行为目的或效果造成对他人平等享有、行使权利与自由的损害或妨碍为考量依据。对于我国而言,我国并没有专门的反歧视法,学者在意识到反歧视的重要性后,纷纷提出了自己关于歧视的界定的观点。这些对于理解和阐释法学视域下的歧视的概念有很强的借鉴意义。具体而言,通过对中外法律史、国际公约、典型的国家或地区法律以及法学学者观点的梳理分析和论证,可以得出法学视域下歧视的概念和其所具有的独特性以及歧视的本质。

(一)法律史中的"歧视"的概念

1. 中国法律史中的"歧视"的概念

历史上对歧视问题的理解基本表现为对平等的理念诉求与制度理想。早在春秋战国(公元前770年—前221年)"百花齐放""百家争鸣"的学术时代,儒家、道家、法家、墨家等的思想流派就对平等问题纷纷发表了自己的观点,这些滋生于奴隶社会中朴素的平等观构成了中国早期的平等与反歧视理论。

第一,儒家学派创始人孔子在治国理政中提出"不患寡而患不均",这一当时社会较为先进的、具备现实主义的平等理念。认为平等平均分配是治国理政的重要方面。不平等比人口稀少、国家贫困的危害性还要大。平等平均分配有利于社会稳定、国家久安。同时,孔子还在教育领域提出"有教无类"的观点,即在教书育人的过程中,不以家境、天资作为选拔学生的标准,而是平等、非歧视地因材施教。孔子朴素的均等对待思想,可称得上是我国古代最早的关于平等和反歧视的思想理念。此外,《荀子·王制》《荀子·王霸》中,也记录了荀子所提出的古代早期的公平理念,如"公平者,职之衡也;中和者,听之绳也""天下莫不平均,莫不治辨,是百王之所同也,而礼法之大分也"等。

第二,道家老子则以"天道论"的方式为平等进行了正当性论证,提出相对理想主义的平等观。认为"天之道,损有余而补不足",即人世是夺取穷困人的东西来补足富足的人;圣贤之人会将自己富余的部分分享补充给别人;而天道则按照自然原理,做到贫困与富足的平衡,以富足来补充贫困。在以富压贫的奴隶制社会中,老子能够提出天道论思想,实属不易,也体现了该思想的先进性,是一种理想化的平等的社会境况。虽然在当时的社会中难以实现,但有着重要的启迪作用,后世的许多福利政策中都隐含着老子的这一平等思想,如为实现实质平等而利用税收杠杆原理来缩小收入差距等。

庄子进一步提出"天地并生、万物为一"的人格平等观,他指出,"在人世中,贫富贵贱很明显,人与牛、马也不同;但在自然之道的面前,人与人、人与万物却是平等的"。① 也就是说,庄子认为,"以道观之,物无贵贱"(《秋水》),人与人之间并没有高贵卑贱和贫富之别,这些都深刻表现出庄子对实现天下平等的美好愿景。

第三,墨家墨子更是秉持着激进的平等思想,讲求功利和平等对待,对人提出了很高的"爱人"的要求。如针对春秋战国"礼崩乐坏"的混乱社会局面而提出"兼爱",此处的"兼"已经含有平等、普遍之意。② 墨子希望国与国不相攻,家与家不相乱,天下人皆相爱,而实现天下治。

---

① 段秋关:《中国现代法治及其历史根基》,商务印书馆 2018 年版,第 429 页。
② 参见段秋关《中国现代法治及其历史根基》,商务印书馆 2018 年版,第 280 页。

秉持"一同天下之义",将体现公正与利益的"义"视为法律所追求的目标,将平等、非歧视思想进行了拔高。

第四,法家乃从法的角度,对平等适用法律提出要求,将"法"与公、正、平视为同义,推崇重"平"求"直"的价值论,"具体表现为'公正''平直''齐一''明分'……'平直'指平等相待、不偏不倚"。① 也就是说,法家将"公正""平直"视为正义,"齐一""明分"视为秩序,这些都是与平等相关联的。② 李悝曾提出"赏必行,罚必当"的激进的社会平等观念。商鞅则提出"刑无等级"的统一刑罚理论,打破了"刑不上大夫"的不合理等级特权制度,为法律的平等适用开了先河。韩非子进一步总结性地提出执法平等:"法不阿贵,绳不绕曲……刑过不避大臣,赏善不遗匹夫",③ 以及"不别亲属、不殊贵贱,一断于法"④ 的平等思想。法家的这些主张获得了一定程度的实施,有效推进了当时的社会改革。虽然此处的平等与现今我们理解的平等享有权利并不完全相同,此处的"法"也仍是在维护君主集权与官僚等级,但却为后世"法律面前人人平等"的形式平等与反歧视理论奠定了坚实的基础。

封建王朝时代,儒家思想经过统治阶级改造,更加适应了封建王朝等级制度的需求。西汉董仲舒在探讨天与人的关系时,提出"天人合一""唯天子受命于天,天下受命于天子,一国则受命于君",⑤ 使封建君主专制合法化,基本否定了平等原则,更无从谈起权利和自由,这样的封建等级观也在两千多年的封建社会中得以延续。

此外,从秦末陈胜吴广起义,到晚清太平天国运动,历代的农民起义彰显了对封建统治的抗争和对平等的追求。如太平天国运动作为晚清

---

① 段秋关:《中国现代法治及其历史根基》,商务印书馆2018年版,第367页。
② 参见赵馥洁《论先秦法家的价值体系》,《法律科学》(西北政法大学学报)2013年第4期。
③ (战国)韩非子:《韩非子·饰邪》。
④ (汉)司马谈:《论六家要旨》,《史记·太史公自序第七十》。
⑤ (汉)董仲舒撰,袁长江主编:《董仲舒集》,学苑出版社2003年版,第242—243页。

最大的农民起义,其领袖洪秀全在受西方基督教上帝权威的影响下提出:"开辟真神为上帝,无分贵贱拜宜虔;天父上帝人人共,天下一家自古传。"① 其以权力来源的角度分析论证了人在自然中的平等,从而成为反封建等级制度的有力武器(虽然没能成功取代封建传统等级思想)。从最初质疑统治阶级的固有地位,到主张"均贫富",再到平均分配土地,农民起义运动中的禁止歧视理念逐渐从朴素单一的平等思想转变为较为系统全面的平等理论。②

"中国人自古以来便将法律视为公平正义的标志。"③ 自近代以来,平等与反歧视理念愈加受到关注。1891年,晚清的光绪帝向意大利国王发送的国书中写道"中外一家,罔有歧视",④ 这可能是中国最早正式使用"歧视"一词的官方记载。这里的"歧视"被恰当地认为是中国与其他国家间的不平等对待。⑤ 以康有为为代表的资产阶级改良派,秉持先进的反封建理念,却提出"大同世界"的复古平等思想;而以孙中山为代表的资产阶级革命派,则顺应时代发展变化,结合西方的国家主义、民主、社会均等与中国传统的民生理论提出"三民主义",主张在"民族""民权""民生"三个不同范畴上的平等,即分别对应"全人类种族平等""每个人都应享有人权""实现贫富均等",建立起民主、自由、平等的中华民国。⑥

基于社会发展实况、汲取马克思主义的平等理念、借鉴国外的先进思想,我国追求平等、反对歧视的理念和制度获得了相应的发展。历次党代会也都对平等问题予以了极大的关注。党和国家领导人纷纷在社会

---

① 扬州师范学院中文系编:《洪秀全选集》,中华书局1976年版,第14—15页。
② 参见李子瑾《禁止歧视:理念、制度和实践》,北京大学出版社2018年版,第179页。
③ 段秋关:《中国现代法治及其历史根基》,商务印书馆2018年版,第74页。
④ 参见钟叔河主编《薛福成:出使英法义比四国日记》,岳麓书社1985年版,第331页;转引自李子瑾《应对基于健康状况的歧视:理论、经验和挑战》,法律出版社2019年版,第13页。
⑤ 参见李子瑾《应对基于健康状况的歧视:理论、经验和挑战》,法律出版社2019年版,第13页。
⑥ 参见孙中山《孙中山选集》,人民出版社2011年版,第903页。

主义原则下阐发了平等和非歧视的观念。如邓小平同志在阐发社会主义的目的时指出，"社会主义的目的就是要全国人民共同富裕，不是两极分化。"① 对此，他提出了分"两步走"的战略，先让一部分人富起来，先富带后富，最终实现共同富裕，以此来协调效率与公平、发展富裕与利益均衡的关系，并在这一过程中，强调了机会平等与结果平等对平衡生产力发展与社会公正的重要性。习近平总书记也高度重视平等问题，从社会主义社会内在要求的角度，阐释了平等的重要性，并提出要实现人的全面发展，让全体人民共享发展成果。其中不乏权利与机会的平等和非歧视、分配的平等和非歧视等的理念内涵。② 在立法层面，国内宪法性文件与其他类型法律法规，也对保障公民平等权利与禁止歧视作出了相关规定。

2. 外国法律史中的"歧视"的概念

古希腊、古罗马时期的哲学家就已经对平等理论进行了相应的阐释。苏格拉底认为法律应致力于建设和维护公平、正义的事业。公平地给个人应得的，不给个人不该得的。如柏拉图提出平等包含两类，一类是"数量相等"，另一类是"比值相等"。③ 亚里士多德在对公正问题进行讨论的时候，提出了平等的观念，在不均等的事物中寻求一个公正的中点，即均等。同时，将平等又划分为互补的"数目上的平等"与"比例上的平等"，前者是一种绝对意义上的平等，通常应用在救济权利受侵害者的场合，强调数目或规模上的平等；后者则是一种相对意义上的平等，应用在公共福利的分配上。④ 亚里士多德的平等观念与现今的平等观念还是存在不同的，毕竟当时的奴隶与妇女并不属于自由人的范畴，并不能享有与自由人同样的权利与自由。这种基于"形而上"的自然法意义的

---

① 参见邓小平《邓小平文选》第三卷，人民出版社1993年版，第110—111页。
② 参见秦书生、王一《习近平的平等观探析》，《理论学刊》2017年第1期。
③ 参见［古希腊］柏拉图《法律篇》（第二版），张智仁、何勤华译，商务印书馆2016年版，第167页。
④ See Aristotle, *The Complete Works of Aristotle (the Revised Oxford Translation)*, Vol. 2, New Jersey: Princeton University Press, 1991, pp. 70–100.

平等，体现了人的终极价值。

欧洲中世纪，基督教哲学占正统地位，奥古斯丁、阿奎那将平等理论解读为上帝面前的平等。启蒙时期，思想家的平等与反歧视思想开始挑战基督教的正统地位与过往君权神授论的合法性，从基督教神学戒律中独立出来，并进一步发展了作为人的平等、自由理论，将平等视为一种自然权利。如卢梭认为平等是天赋的权利，人类有两种不平等，一种是人生理上的不平等，表现在年龄、体质、精神素质或心理方面；另一种则是政治上或伦理上的不平等，表现在权势、财富等方面。国家在社会状态下必须重视人与人的平等、对自由的权利保护，以维护社会的公平。①

到了19世纪，经历了工业革命后的资本主义获得了快速发展，社会中出现新的不平等。功利主义者对资本自由下的不平等作出了自己的论述，指出追求和享受幸福的权利，对每个人来说都是平等的，对于因意外或公共利益而产生的对追求和享受幸福的权利的限制，应当作出严格解释。② 20世纪以来，尤其是二战之后，平等与反歧视逐渐成为社会关注的重点，国际法与国内法对此都作出了相关规定。社会思潮愈加多元，平等与反歧视理论的内涵也愈加丰富，自由主义者、批判主义者以及女权主义者也都对平等进行了不同的论证。如罗尔斯提出了"公平正义理论"，就"正义的两个原则"展开论述，③ 德沃金提出了"资源平等原则"，希冀能够通过平等分配资源，做到平等待人。④

（二）国际公约中"歧视"的概念

歧视问题是全球性的问题，具有极强的广泛性，很多国际公约中都

---

① 参见[法]让-雅克·卢梭《论人类不平等的起源和基础》，邓冰艳译，浙江文艺出版社2015年版，第27—28页。
② See Warnock, M., *Utilitarianism and On Liberty, Including Mill's "Essay on Bentham" and Selection from the Writings of Jeremy Bentham and John Austin*, 2nd edition, New Jersey: Blackwell Publishing, 2003, pp. 233–234.
③ 参见[美]约翰·罗尔斯《正义论》（修订版），何怀宏等译，中国社会科学出版社2009年版，第47页。
④ 参见[美]罗纳德·德沃金《至上的美德：平等的理论与实践》，冯克利译，江苏人民出版社2012年版，第4页。

有对歧视的相关规定，这些规定也主要是基于违反平等原则而作出的。近现代以来，禁止背离公平原则或不合理差别对待，逐渐成为国际公约的重要法律原则。反对违反平等原则的不合理的歧视性对待越来越成为具有普适性的理念。《联合国宪章》《世界人权宣言》等国际公约都有对平等与非歧视原则的相关规定。《消除就业和职业歧视公约》（1958 年）在第 1 条给出了包含三个层面的歧视的界定：（1）歧视是作出了相应的区别、排斥或优惠；（2）作出这些区别、排斥或优惠的原因是种族、宗教、肤色、民族血统、性别、政治见解或者是社会出身等；（3）这些区别、排斥或优惠造成了就业和职业的损害，包括平等的机会和待遇等方面的损害。《经济、社会及文化权利国际公约》[①] 在第 2 条第 2 款也对平等和非歧视作出了包含三个层面的规定：（1）歧视是作出了不当区分；（2）这种不当区分是基于种族、性别、肤色、宗教、语言、财产、国籍或社会出身、政治或其他见解等因素而作出的；（3）这种不当区分造成特定个体或群体在经济、社会及文化权利方面无法普遍行使。《公民和政治权利国际公约》[②] 重申了法律面前人人平等的原则，其中第 26 条指出，法律要对所有人予以平等保护，并规定禁止歧视，保证每个人都不受任何基于种族、肤色、宗教、性别、语言、国籍和社会出身、政治或其他见解等理由的歧视。

其他的国际人权文件，分别针对不同领域的歧视作出了不同的界定。如《消除一切形式种族歧视国际公约》[③] 第 1 条第 1 款对种族歧视作出界定：（1）种族歧视是作出了区别、排斥、限制或优惠的行为；（2）这些区别、排斥、限制或优惠是基于种族（民族）、肤色、世系等因素而作出的；（3）所作出的区别、排斥、限制或优惠的目的或效果在于使特

[①]《经济、社会及文化权利国际公约》，1966 年 12 月 16 日联合国大会通过，1976 年 1 月 3 日生效，中国于 1997 年 10 月签署，2001 年 6 月 27 日对中国生效。
[②]《公民和政治权利国际公约》，1966 年 12 月 16 日联合国大会通过，1976 年 3 月 23 日生效，中国在 1998 年签署，但至今尚未批准。
[③]《消除一切形式种族歧视国际公约》，1965 年颁布，中国于 1981 年 12 月 29 日加入，1982 年 1 月 28 日对中国生效。

定群体或个人在政治、经济、社会、文化或公共生活等方面遭受不平等对待，也即导致特定群体无法在平等的地位上享有这些基本权利和自由。《消除对妇女一切形式歧视公约》（1979年）第1条对妇女的歧视作出界定：（1）对妇女的歧视是作出了区别、限制或排斥的行为；（2）这些区别、限制或排斥是基于性别而作出的；（3）所作出的区别、限制或排斥的目的或效果在于否定妇女的人权和基本自由。消除对妇女歧视委员会根据条约发布了一般性意见，对条约第1条中的禁止歧视理由（性别）作出了解释和扩展，指出条约中的"性别"包括"基于性别的暴力、多偶制、婚姻状况、性取向"。《消除基于宗教或信仰原因的一切形式的不容忍和歧视宣言》（1981年）在第2条第2款明确了"基于宗教或信仰原因的不容忍和歧视"的概念，是指：（1）作出了区别、排斥、限制或偏袒的行为；（2）这些区别、限制或排除是基于宗教或信仰而作出的；（3）所作出的区别、排斥、限制或偏袒的目的或所产生的结果是否定了信仰或不信仰宗教的群体或个人的人权和基本自由。《残疾人权利公约》（2006年）将"不歧视"和"机会均等"设定为公约的基本原则，并对"基于残疾的歧视"的概念作出界定：（1）作出了区别、排斥或限制；（2）这些区别、排斥或限制是基于残疾而作出的；（3）所作出的区别、排斥或限制的目的或效果是否定了残疾人群体或个人的人权和基本自由，使其无法在政治、经济等社会生活领域享有与其他公民同等的权利。其中基于残疾的歧视也包括因拒绝提供合理便利而产生的歧视。

《就业政策公约》《取缔教育歧视公约》《儿童权利公约》《保护所有移徙工人及其家庭成员权利国际公约》等，也都对不同领域的反歧视或特定群体的非歧视待遇作出了具体规定。1989年，《公民权利和政治权利国际公约》下设的人权事务委员会发布的第18号一般性意见，对"歧视"一词作出了更精细化的定义："指任何基于种族、肤色、性别、语言、宗教、政治或其他见解、国籍或社会出身、财产、出生或其他身份的任何区别、排斥、限制或优惠，其目的或效果为否认或妨碍任何人在平等的基础上认识、享有或行使一切权利和自由。"该定义包括了歧视性行为的性质、基础与效果，是建立在"种族歧视""妇女歧视"等概念的界定之上，经过扩充歧视的空间范围和歧视的理由而作出的，囊括了十项禁止歧视的理由，并通过"其他身份"的表述指向了尚未穷尽的歧视行为。

2009年，《经济、社会、文化权利国际公约》下设的经济、社会、文化权利委员会在其第20号一般性意见中将"不歧视"明确设定为公约的义务。该一般性意见对歧视的种类与禁止歧视的理由（或范围）进行了梳理和总结，将直接歧视、间接歧视、煽动歧视和骚扰明确纳入歧视的种类当中，并将种族、性别、肤色、宗教、语言、财产、出生、国籍或社会出身、政治或其他见解以及基于残疾、年龄、国籍、婚姻和家庭状况、性取向和性别认同、健康状况、居住地点、经济和社会状况等"其他身份"设定为禁止歧视的理由。国际劳工组织也发布了专门的国际劳动法反歧视指南，将歧视的理由（因素）认定为：种族（民族）、性别、年龄、肤色、宗教或信仰、社会背景、工会会员、阶级、政治见解、残疾、性取向、健康状况、生活方式、家庭状况和移民工人等。

除此之外，区域法也对反歧视作出了相关规定。如具有广泛影响力的欧盟反歧视法就对成员国的国内法划定了统一的禁止歧视的最低标准。自从欧共体建立以来，欧盟先是在1957年颁布了第一个平等与反歧视的特别指令——《性别就业指令》；而后由欧洲法院在审理具体的歧视案件中发展出了"歧视"的概念，即由1976年德弗雷纳诉萨贝纳航空公司（Defrenne v. Sabena Airlines）一案，确认了"男女同工同酬"，进而推动成员国纷纷进行反歧视法的改革与完善；紧接着则从1999年《阿姆斯特丹条约》《欧洲保护人权与基本自由公约》第13条，到2000年《种族平等指令》《就业框架指令》以及2006年《性别就业指令》的颁布，使得欧盟反歧视法获得了极大的发展，朝向实质平等、程序平等的方向推进。

总之，国际公约中对歧视的定义，基本以"区别待遇"（前提条件）；"区别待遇产生了不利后果"（重要条件）；"这种区别是被禁止的"为主要要件。"随着联合国和其他国际组织尤其是国际人权条约机构下通过或达成的国际法律文件中非歧视原则适用范围的扩张,国际法上禁止歧视的理由也随之发展。"[①] 而国际人权公约中对禁止歧视的条款与理由的规定,已逐渐成为国际人权保护的基本原则之一,并得到世界各国的普遍认可。

(三) 部分国家或地区法律中"歧视"的概念

现代社会中,各国宪法基本会对平等权作以规定,以消除或矫正歧视,维护社会平等。而随着社会的发展,仅有宪法上平等权的规定,似乎并不能满足人们在现实社会生活中遇到的各种歧视,因此,制定专门的反歧视立法很快被提上日程。从20世纪中期起,平等权开始进入反歧视立法阶段。反歧视立法早期主要针对直接歧视,目的是实现"相同情况相同对待"的形式平等,让人们能够在宪法平等权的基础上接受反歧视。随后反歧视法才逐渐发展至实质平等,即针对间接歧视,实现不同情况的区别对待。在此,主要选取美国、韩国、中国香港法律、中国大陆法律为代表,对这些典型国家或地区法律中"歧视"的概念作以考察和研究。

1. 美国法律中"歧视"的概念

美国有着相对完善的反歧视法律体系。《美国联邦宪法》第14条修正案设置了非经法律程序,禁止剥夺任何人的生命、自由或财产的"平等保护"条款。在新原旨主义看来,该平等保护条款是属于抽象的开放性原则,需要法官自由裁量。政府立法目的要基于共同利益,要竭力避免赋予一部分公民特殊优惠而给另一部分公民施加负担的等级立法。《美国法典》第42章1981节对禁止种族歧视作出规定,即美国的每一个人都有相同的权利"缔结并执行合同""与所有白色人种的公民一样,全部且平等地享有法律权利"。

---

① 李子瑾:《应对基于健康状况的歧视:理论、经验和挑战》,法律出版社2019年版,第35页。

在联邦层面，美国统一法委员会在 20 世纪 60 年代初起草并通过了
《反歧视法示范法》（1966—1967 年），该法通过列举的方式概括性地规
定了"因个人的种族、肤色、宗教、性别等实施歧视属于歧视行为"，
从而为各州民权法案提供了依据。1964 年《民权法案》体现着自由主义
的歧视观，是歧视争议中的主要法律依据，其规定"所有人都有权充分
地、平等地享有商品、服务、设施、利益以及公共场所的适用，不因种
族、肤色、宗教或民族而受歧视或隔离"，从而保障了每个人不受歧视
地、平等地享有商品、服务、设施、利益。该法案第七章是美国反就业
歧视最重要、最核心的文件，其中规定，禁止雇用时基于种族、肤色、
宗教信仰、性别和国籍的歧视。该法案虽然未对歧视的概念作以明确界
定，但已默认歧视是一种针对个人而实施的种族、性别等禁止事项的不
利行为或不利对待；并认定歧视是一种故意实施的行为。但有限的是，
该法案将反歧视的措施仅仅限定为消极的不作为，而未支持对歧视性的
社会结构或制度结构进行积极干预。随着美国社会中就业歧视、种族歧
视的愈演愈烈，联邦法院与联邦政府通过广义解释的方法，将该法案中
的歧视扩展为一种群体性关系或制度性现象。1967 年，《就业年龄歧视
法案》（ADEA）对 40 岁以上年龄的人给予了非歧视保护［适用于雇员
人数达到 20 人（含）以上的私营企业］；1972 年，美国联邦对 1964
《民权法案》第 7 章进行了部分修正，将教育机构、联邦政府、州政府、
地方政府均纳入适用范围；1973 年，《康复法》规定，联邦政府、政府
合同承包商、接受联邦财政补贴者不得对残疾人实施就业歧视，并且雇
主应当为残疾人提供合理便利；1978 年，《怀孕歧视法》规定，禁止基
于怀孕、生育等情况对女性实行就业歧视；1990 年，《美国残障人士法
案》（ADA）规定，民营企业［雇员人数达到 15 人（含）以上］、州政
府以及地方政府不得歧视符合录用条件的残障人士，并且要求在不对雇
主经营造成过度负担的情况下，为符合录用条件的残障人士提供合理便
利；1991 年，修订后的《民权法案》规定，反歧视诉讼中的故意歧视，
可以对受害者进行补偿性与惩罚性赔偿；2008 年，《反基因信息歧视法》

（GINA）对在就业和健康保险领域的基因信息歧视作出了禁止性规定。

在州和地方法律层面，也有许多反歧视法律，填补了联邦反歧视法的空白，如《纽约州人权法案》。而美国影响范围最广的反歧视法律之一——《纽约市人权法案》则具体规定了包括年龄、移民身份、逮捕或定罪记录、家庭照料者身份、肤色、信用记录、过往薪资水平、残障、性别、性别认同或表达、婚姻状态或伴侣状态、国籍、怀孕、种族、宗教/信仰、性倾向、在役或退伍军人身份、家暴受害人身份、性暴力受害人身份、遭受跟踪的受害人身份以及失业状态的禁止歧视类型。① 此外，纽约市《公平就业机会法案》对禁止询问犯罪记录作出了规定，目的是保障有犯罪记录者的公平就业机会与雇主的雇用权利，避免企业因歧视而错失人才，影响经济发展。

综观美国法律中"歧视"概念的发展演变可知，在 20 世纪 40 年代之前，歧视被认定为因对特定群体的偏见而拒绝给其平等待遇而造成经济损害，并以主观故意为要件；到了 20 世纪 50—60 年代中期，美国制定了《民权法》，开始强调"平等保护"，即在同等条件下要给予少数群体的个人相同对待；到了第三个阶段，美国法律则将歧视的范围进行了扩充，使其包含了所有可预见的损害行为，认定歧视指的是，对属于少数群体的成员个人的不利后果的行为，排除该行为具有压倒一切商业需要的情况。②

2. 韩国法律中"歧视"的概念

韩国在立法中对禁止歧视的规定，分别以"原则宣言型法律"和"规范型法律"为表现形式。韩国在宪法中同样对"法律面前人人平等"作出了规定，并禁止任何基于所从事的社会活动的歧视。韩国《国家人权委员会法》具体规定了禁止歧视的范围与原因；《促进男女就业机会平等和支持工作与家庭平衡法》设定了平衡男女在工作和家庭中的分工的制度；

---

① 参见 [美] 何宜伦、刘超《美国就业歧视法律制度简介》，刘小楠、王理万主编《反歧视评论》（第 6 辑），社会科学文献出版社 2019 年版，第 4—6 页。
② 参见李薇薇《反歧视法原理》，法律出版社 2012 年版，第 125 页。

《劳动基准法》也作出了禁止性别歧视的规定；《保护劳务派遣工法》规定，禁止基于劳务派遣而产生的对派遣工的歧视性对待；《残疾人歧视禁止及权利救济等有关法律》则对歧视的概念作出明确表述，即没有正当理由，对残疾人施加的不合理的区别待遇或拒绝提供合理便利。①

韩国是目前在立法中明确禁止歧视类型最多的国家，对歧视的认定、举证责任的划分、法律责任的承担等问题也都有相应的实践操作标准；对个案的司法裁判也极大丰富了反歧视法的原则和规则；并且认为政府作为资源分配者、政策制定者，是消除歧视的主要义务机构，应带头执行反歧视立法，同时需要采取暂行特别措施来消除制度性、结构性歧视。

3. 中国香港法律中"歧视"的概念

中国香港反歧视立法自20世纪90年代开始迅速建立并发展起来，中国香港地区亦不存在统一的平等法或反歧视法，而是通过"分别立法"的方式，制定了各领域内的反歧视法例。除了《香港特别行政区基本法》《香港人权法案条例》等宪法性法律以外，香港地区还制定了具体领域内的专门性的反歧视法律。如《性别歧视条例》和《残疾歧视条例》都明确指出"歧视"包括"直接歧视"和"间接歧视"，分别指代"同等情况给予不同等对待的歧视"和"虽然是中性条件，但对不同等的人产生不利影响的歧视"。《种族歧视条例》则将种族歧视定义为"基于他人的种族而给予较差待遇、作出种族骚扰和中伤"。② 并将"种族"界定为个人的种族、肤色、世系、民族或人种。以上四部法律为香港反就业歧视领域提供了相当有力的法律支持。

4. 中国大陆法律中"歧视"的概念

目前，我国大陆也并没有制定专门的反歧视法，而是在宪法和一些部门法中作出了相关的反歧视规定，使得反歧视的种类包含了种族、民

---

① 参见林燕玲、刘小楠、何霞《反就业歧视的案例与评析——来自亚洲若干国家和地区的启示》，社会科学文献出版社2013年版，第251—260页。
② 参见林燕玲、刘小楠、何霞《反就业歧视的案例与评析——来自亚洲若干国家和地区的启示》，社会科学文献出版社2013年版，第119页。

族、性别、宗教信仰、残疾、社会出身以及传染病病原携带等,而反歧视领域则涉及教育、就业、社会保障、社会福利等诸多领域。

通过北大法宝的中国法律检索系统,① 以"歧视"为关键词进行检索,发现:(1)在我国,直接规定"歧视"问题的立法主要有3部,分别为全国人民代表大会常务委员会关于批准《1958年消除就业和职业歧视公约》的决定、全国人民代表大会常务委员会关于加入《消除一切形式种族歧视国际公约》的决定、第五届全国人民代表大会常务委员会关于批准联合国《消除对妇女一切形式歧视公约》的决定。(2)行政法规有1部,即《政务院关于处理带有歧视或侮辱少数民族性质的称谓、地名、碑碣、匾联的指示》(1951年5月16日发布)。(3)部门规章有3部(现均已失效):《国家发展和改革委员会等9部委关于进一步清理和取消针对农民跨地区就业和进城务工歧视性规定和不合理收费的通知》《国家工商行政管理局关于禁止生产销售带有种族歧视性商标商品的通知》《国家工商行政管理局、商业部关于禁止销售带有种族歧视的"DARKIE"牙膏的通知》。其他非以"歧视"命名的立法也有很多,它们分别分布在社会生活的各领域当中,以《中华人民共和国宪法》(以下简称《宪法》)第三十三条规定的"法律面前人人平等"的平等与非歧视原则为基础,进行了相关的立法,以保障平等、非歧视的基本权利。

第一,政治权利领域中的反歧视立法规定。《宪法》第三十四条及《全国人民代表大会和地方各级人民代表大会选举法》(2015年修正)第三条对公民平等享有选举权和被选举权作出了规定,即年满十八周岁的公民,除了被剥夺政治权利之外,不分民族、种族、性别、家庭出身、宗教信仰等,都有选举权和被选举权。《中华人民共和国民族区域自治法》(2001年修正)第九条对禁止民族歧视和压迫作出规定,以维护平等、团结、互助的社会主义民族关系。该法第十一条第二款还对宗教信

---

① 北大法宝网,http://www.pkulaw.cn/? aspxerrorpath=/V4UrlRederect/UrlRedirect.aspx,2021年7月8日。

仰不受歧视作出规定。《中华人民共和国工会法》（2009年修正）第三条对境内的劳动者平等参加和组织工会的权利作出了规定。

第二，经济权利保障领域中的反歧视立法规定。我国在经济权利保障领域中的反歧视立法，基本是以要求对所有的公民或法人予以同等对待，禁止政府机关实施差别待遇为宗旨。如《中华人民共和国行政许可法》（2019年修正）第五条对行政许可的非歧视原则作出规定，要求行政机关不得歧视申请人。《中华人民共和国政府采购法》（2014年修正）第二十二条禁止采购人以不合理的条件对供应商实行歧视待遇。《中华人民共和国招标投标法》（2017年修正）第十八条规定禁止招标人对潜在投标人实行歧视待遇。《中华人民共和国反垄断法》（2007年8月30日发布，2008年8月1日实施）第三十四条禁止行政机关和授权组织以设定歧视性资质要求的方式，排斥、限制外地经营者参加本地的招标投标活动。

第三，劳动就业领域中的反歧视立法规定。《中华人民共和国劳动法》（2018年修正）第十二条对劳动者不受歧视的权利作出规定。《中华人民共和国就业促进法》（2015年修正）第三条第二款亦作出同样规定。同时，该法第二十五条还要求政府采取措施，对就业困难人员进行扶持和援助。第二十六条对用人单位禁止实施就业歧视提出具体要求。《中华人民共和国劳动合同法》（2012年修正）第六十三条特别强调被派遣劳动者享有同工同酬的权利。《中华人民共和国残疾人保障法》（2018年修正）第三十八条第二款规定，不得在招用、转正、晋级等方面歧视残疾人。《中华人民共和国妇女权益保障法》（2018年修正）第二十四条对男女同工同酬作出规定；第二十五条规定男女在晋职、晋级、评定专业技术职务等方面享有平等权利；第二十七条第二款还对在执行国家退休制度时，不得歧视妇女作出了规定。以上立法均构成对残疾人、妇女等弱势群体的劳动权利的平等保护。

第四，文化、教育权利领域中的反歧视立法规定。《中华人民共和国教育法》（2015年修正）第九条对公民平等享有受教育机会作出规定。

出于对基本义务教育的保障以及对儿童、少年的特别保护,《中华人民共和国义务教育法》(2018年修正)第四条对平等接受义务教育的权利作出规定。《中华人民共和国未成年人保护法》(2012年修正)第五十七条还专门对解除羁押、服刑期满的未成年人不受歧视的权利作出规定。此外,《中华人民共和国高等教育法》(2018年修正)第九条对平等享有接受高等教育的权利作出了规定,要求不得因残疾而拒绝招收。《中华人民共和国民办教育促进法》(2018年修正)第三十四条规定民办学校的受教育者与同级同类公办学校的受教育者享有同等权利。

第五,禁止煽动歧视和骚扰的反歧视立法规定。《中华人民共和国商标法》(2019年修正)第十条规定,禁止使用民族歧视性的标志作为商标。《中华人民共和国广告法》(2018年修正)第九条也对广告中禁止含有民族、种族、宗教、性别歧视的内容作出规定。

第六,其他领域中的反歧视立法规定。《中华人民共和国人口与计划生育法》(2015年修正)第二十二条规定禁止歧视生育女婴的妇女和不育的妇女、禁止歧视女婴。《中华人民共和国民法典》第一千零七十一条对非婚生子女与婚生子女享有同等的权利作出规定。《中华人民共和国预防未成年人犯罪法》(2012年修正)第三十六条第二款规定家庭、学校以及用人单位,不得歧视在工读学校就读的未成年人;第四十八条规定,不得歧视免予刑事处罚、判处非监禁刑罚、判处刑罚宣告缓刑、假释或者刑罚执行完毕的未成年人。《中华人民共和国传染病防治法》第十六条作出不得歧视传染病病人、病原携带者和疑似传染病病人的规定。

第七,反歧视立法规定中的惩罚措施。为保障反歧视立法的顺利执行,立法中往往都会制定相应的惩罚措施。一般而言,情形较轻的,适用《中华人民共和国治安管理处罚法》(2012年修正)作出拘留、罚款等处罚,如该法第四十七条规定的对实施民族歧视的处罚。而构成犯罪的,则适用《中华人民共和国刑法》,施以有期徒刑、拘役、管制或者剥夺政治权利等刑事处罚,如该法第二百四十九条煽动民族仇恨、民族歧视罪;第二百五十条出版歧视、侮辱少数民族作品罪的处罚。

第一章 "歧视"概念的法学分析

在国际公约与其他国家或地区的反歧视立法文本中,常以三种形式对歧视进行定义,一是直接对歧视的内涵进行定义,但限于立法语言与个人理解的差异,会在实践中带来一定的困惑;二是以列举的方式,即对歧视的类型进行罗列,但该种方式使法律保护的范围受限,一些新增的歧视类型可能就得不到及时有效的法律保护;三是综合前两种的定义方式,以定义的方法为主,辅之以列举的方式,这样较为全面周延地实现了对歧视的有效定义。

基于以上梳理可以发现,我国现行反歧视立法的特点如下所示。(1) 我国现行立法是以列举的方式来治理歧视的,没有专门对"歧视"这一术语进行定义,亦没有专门的立法解释或司法解释对"歧视"的概念进行解释。这种立法方式的优点是避免了直接定义的弊端,即由于语言的局限性与个人理解的差异性而导致实践应用中的偏差;缺点则是无法穷尽所有歧视现象,使得新出现的歧视类型往往较难获得权利的支持,让司法者在判断案件具体情节是否构成歧视时产生困难,会在法律没有明文规定特定的歧视行为时陷入适用困境。对此,学者一般认为有以下三种解决路径。一是修订相关法律,对未被明文禁止的歧视类型加以规定。二是对现行法律条文进行扩大解释。如对《中华人民共和国就业促进法》第三条规定的劳动者就业不因民族、宗教信仰"等"不同而受歧视。对此处的"等"作以扩大解释,便可扩充歧视的类型。三是考虑到立法修改的成本问题以及司法救济的问题而主张对新型歧视进行立法文本的解读,如将法律未明文禁止的容貌歧视解读进已被禁止的性别歧视或残疾歧视的范畴内。[①] (2) 就规范内容而言,法律上禁止歧视的事由大多是在参照《公民权利和政治权利国际公约》《经济、社会、文化权利国际公约》等国际公约相关规定的基础上,针对我国当前发展阶段中所面临的主要经济社会问题,而设置了具有中国特色的具体事由。

---

① 参见刘小楠主编,王理万副主编《反就业歧视的机制与原理》,法律出版社2013年版,第276页。

（3）立法中明确规定了反歧视立法的保护主体，即具有某种特定特征的、可能遭受歧视性待遇的群体，如女性、残疾人等，当这些群体直接或间接地受到立法中禁止歧视事由的侵害时，即可通过司法或行政的方式而获得相应的保护与救济。

总之，我国现行立法文本是以列举歧视现象的方式来界定行为是否为法律所禁止的。诸如公平、正义等概念，现行立法并没有作出明确的规定或解释。而要想对歧视进行有效的法治化治理，为弱势群体提供包括司法救济在内的有效保护，同时也为了立法能够被有效实施，势必需要明确歧视的定义，由此才可以在实践中准确适用法律条文，让反歧视案件能够顺利进入司法程序，给予受歧视群体有力的法律保护。

（四）法学学者对"歧视"概念的界定

四川大学周伟教授领衔起草的《中华人民共和国反歧视法学术建议稿》（2007 年）为中国未来的反歧视立法提供了一个非常重要的参考样本，其中第三条就作出了歧视概念的界定："是指任何以种族、民族、宗教信仰、性别、婚姻状况、社会出身、年龄、身体特征等理由损害个人或特定群体合法权益的不合理的差别对待。"该定义与人权事务委员会发布的第 18 号一般性意见中给出的歧视定义较为类似，包含着歧视行为的性质、基础与效果。中国政法大学宪政研究所蔡定剑教授领衔起草的《反就业歧视法专家建议稿》第三条也对就业歧视的概念作出了明确阐述："本法所称就业歧视，是指用人单位基于劳动者与工作能力和职业的内在需要不相关的因素，在就业中作出区别对待，从而取消或损害劳动者平等就业权利的行为。"[①] 深圳大学宪政人权研究中心李薇薇教授认为："从法律上讲，歧视是一种区别对待，其结果是排斥、否定或损害了某些人应享有的权利。"[②] 中国残疾人联合会维权部法规处王治江认为，歧视就是一种偏见，是行为人心理优势在作祟，在这种心理优势作用下，

[①]《反就业歧视法专家建议稿》由蔡定剑教授在 2008 年提出，2010 年蔡教授不幸病逝后由刘晓楠教授继续修改完善，推出了 2017 年的新版本。

[②] 李薇薇：《反歧视法原理》，法律出版社 2012 年版，第 1—2 页。

让人形成心理上的失衡，从而表现为对他人的不平等对待。① 由此可见，对于歧视的界定，大多学者是借鉴、援引了国际人权公约中的定义，或是在种族、性别、就业等的具体领域下给出了歧视的界定。

在过去的 30 多年里，歧视的概念与法院证明歧视的举措都发生了很大变化，但对歧视概念的普遍性认识仍然未能最终达成。综合以上基于多学科视域的概念探究与国际公约、典型的国家或地区的立法规定以及学者对"歧视"概念的界定，我们可以对"歧视"概念作出如下归纳。

"歧视"是指，"一切对公民群体或个人所实施的其目的或效果在于不合理的区分、限制、排斥、优待或侵害人尊严的行为或制度安排"。② 构成歧视的核心要素是，缺乏合理的理由而对人实施的不利对待。歧视在法律上之所以应当被禁止，是因为不合理的区分，违背了"相同的人或事应得到相同的对待""不同的人或事应得到不同对待"的平等法律原则。我们可以从法学视角，对"歧视"概念作进一步的解读。

首先，歧视是一种法律上非正义的行为，包括作为与不作为的歧视两种行为方式，也包括非正义的制度安排。（1）一般来说，歧视通常是通过"作为"的方式，即以"不应为而为"的形式表现出来的，常在社会公共资源分配方面以不甚恰当的理由和有失公正的方式对特定群体实施相应的限制、剥夺或排斥的行为。随着人类经济社会的发展和社会文明程度的提高，"作为的歧视"会越来越少且为社会主流观念所排斥。但是，不易察觉的"不作为的歧视"则需要积极预防、识别和消除。③"不作为"的歧视表现为"应为而不为"，其成立的前提是政府、其他组

---

① 参见北京大学法学院人权与人道法研究中心编《中国少数者权利状况考察》，内部印行，2009 年，第 102 页。
② 石颖：《歧视的法律判断标准》，《河南大学学报》（社会科学版）2022 年第 1 期。
③ 参见张玉娥《对少数民族歧视的法律标准界定研究》，刘小楠主编，王理万副主编《反歧视评论》（第 3 辑），法律出版社 2016 年版，第 94 页。

织机构或个人承担着为弱势群体提供合理便利的积极义务,即有义务能履行而不履行。如考试组织机构有为残障考生提供盲文试卷等合理便利的积极义务,否则将有可能构成不作为的歧视。(2)歧视还可以是一种非正义的制度安排,体现为制度性歧视。即在国家制度或公权力的推动下,以规范化的方式导致的对特定群体普遍性的区别对待。① 如最高人民法院《关于审理人身损害赔偿案件适用法律若干问题的解释》就曾对人身损害赔偿案件的受害人残疾赔偿金、死亡赔偿金以及被扶养人生活费的计算标准进行了城乡二元区分,从而使"同命不同价"被长期合法化,造成对农村户籍人口的制度性歧视,并延续了数十年,其本质上就是由于制度引发、造成、塑造甚至是固化的一种社会歧视。

其次,歧视概念的核心要义是"区别"与"不利对待"。歧视是建立在同种或类似情势下所作出的"不利对待",然而其区别的依据并不是能力或贡献,而主要以性别、种族(民族)、基因携带状况、天资等"先赋因素"("天赋事由",也称"偶然性因素")的区别为依据。"先赋因素"是自然随机分配而得的结果,一般不能作为减损和剥夺该部分群体机会平等和平等待遇的理由,社会需要对因先赋因素所导致的不平等予以帮助。因此,诸如基因等先赋因素并非个人努力所得,不具有道德上的正当性,凭借良好基因的群体或个人所获得的利益应当与基因较差者分享。因此,法律禁止以先赋因素为区别依据而作出不利对待。

最后,歧视是一个具有文化差异、时代差异且不断演化的概念。纵观历史可以发现,歧视产生的原因是不断发展变化的,除了传统上基于种族(民族)、性别、肤色、国籍与政治见解、宗教、政治或其他见解、社会出身、语言、财产等理由外,还会随着时代的发展变化而出现新的歧视理由和种类,诸如基因歧视、算法歧视、跨性别歧视等新的社会歧视问题也逐渐显现。此外,在不同文化背景与时代下,人们对歧视的概

---

① 参见任喜荣、周隆基《制度性歧视的内涵与辨异》,《北方法学》2014年第2期。

念范围与理解认知都会有所不同。如在我国古代不缠足的女性是受到歧视的，而在今天看来，缠足本身就是对女性的歧视。又如印度的种姓制度，在很长时间里都被当地认为是正当的制度安排，是传统印度最重要的规范，但以现今的人权思想来看，种姓制度本身即一种反现代性的歧视性制度安排。

六 法学视域下歧视概念的独特性

经过以上对比研究后，本书得出了关于法学视域下歧视的概念，并作出具体表述。从中也可以看出其与语义学、伦理学、社会学、经济学视域下歧视概念的不同之处，彰显了法学视域下歧视概念的独特性。

第一，概念表述的关键词上的独特性。语义学视域下歧视概念的关键词是"不平等地看待"；伦理学视域下歧视概念的关键词是"污名化""侵害人的尊严"；社会学视域下歧视概念的关键词是"刻板印象""偏见"；经济学视域下歧视概念的关键词是"偏好选择""信息不对称"。而法学视域下歧视概念的关键词是"区别"与"不利对待"。法学视域下歧视的概念，既跨越了语义学视域下的"不平等地看待"，这种带有日常相处性的、违背道德性的生活对待；又跨越了伦理学以"污名化""侵害人的尊严"等个体主观感受上的不公正对待；还跨越了社会学视域下基于"刻板印象""偏见"等内在态度或心理结构而产生的社会认知；更不同于经济学视域下以"偏好选择""信息不对称"为由而作出的符合市场规律的、客观的、中性的选择。从法学视域下歧视概念表述的关键词上可知，法学上的歧视主要强调的是客观的"区别"状态而非主观的歧视感受，所实施的"不利对待"是以违反法律的歧视性的行为或制度安排为基础的，而不是日常语言或生活对待，又或是社会认知、偏好选择等。

第二，歧视的呈现方式上的独特性。语义学视域下的歧视呈现为"不平等看待"；伦理学视域下的歧视呈现为"污名化"；社会学视域下的歧视呈现为"偏见的态度或心理结构"；经济学视域下的歧视呈现为"市场行为"。这些视域下的歧视需要分情况来对待,比如语义学、伦理学视域下的歧视往往是属于日常相处中的言论或态度,这种在未上升至行为或制度安排时,法律通常不予干涉。而法学视域下的歧视是以行为或制度安排的方式呈现的,这种呈现方式意味着其违法的可责性。

第三,歧视的发生原因上的独特性。社会学视域下歧视的发生原因是"刻板印象""偏见"等;经济学视域下歧视的发生原因主要是"偏好选择""信息不对称""个人利益最大化"等理性经济学因素。而法学视域下歧视的发生原因具有多种因素,既与"刻板印象""偏见"等社会学所论述的感性因素有关,也与"偏好选择""信息不对称""个人利益最大化"等理性经济学所主张的因素有关,但又与两者并不是完全等同的关系。比如社会学所说的由刻板印象到偏见再到歧视的逻辑链条,在法学中即不完全适用,因为并不是所有的偏见都会产生歧视,偏见是态度,歧视是行为,当偏见外化为行为时,才是一种歧视,反之,则只是一种观念上的歧视倾向。

第四,歧视后果上的独特性。语义学和伦理学视域下的歧视往往表现为对道义的违背,因此歧视后果也主要是道义上的惩处,只是软性约束;社会学视域下的歧视在没有转化为行为性歧视或制度性歧视时,其也仍然主要表现为对道义的违背;经济学视域下的歧视,在没有超过一定限度的情况下,往往不存在后果一说,因为其本即认为歧视是符合经济运行规律的选择。而法学视域下的歧视,既可能存在对道义的违背,同时还违反了法律的基本原则,侵犯了公平的平等权利,需要承担法律后果,由此可见,法学视域下的歧视后果的严苛性。

第二节 歧视的法律本质

明确"歧视的法律本质"有助于"歧视"的消解和对歧视的法治化治理。结合歧视的概念界定,可以将歧视的法律本质归纳为以下几点。

一 前提要件：歧视是一种不合理的区别对待

从歧视的目的上来看，歧视本身的目的是不合法、不合理的，不具有客观性，而且从歧视的手段与目的的关系来看，也未达到"比例原则"① 的要求。人与人之间的能力与潜能往往会有很大的差别，每个人都有自己不同的属性与个性结构，这是人类的显著特征。人们在事实上是无法真正平等的，主张自由与平等也不是要求政府对所有人一视同仁。"人皆生而平等"也并不是一种事实上的平等，只是在表达对所有人在法律上和道德上都应被一视同仁的理想。② 从人是不相同的这一事实出发可以得出，若平等地对待他们，必定导致其实际地位的不平等，要使其地位平等的唯一途径即区别对待。

歧视是一种外化在实际中的社会行为，不同于存在人脑意识中的、主观认知上的偏见以及刻板印象。歧视首先是一种区别对待，歧视的构成本质上也是对特定群体作出了"区分""限制""排斥"或施加了有损尊严的行为，又或者是施行了不当"优待"（不合理地优待了某一群体而不顾及其他群体，在此并不以直接针对受歧视群体为要件），从而对被歧视者产生了相应的不利后果。其既包括形式上的区别对待，也包括实质上的区别对待。前者兼具区别意图与区别行为，并在客观上造成区别状态，常见的如基于种族、性别、年龄、宗教信仰、国籍等而实施的区别对待行为；后者则是由于差异事实的客观存在而形成区别状态，但表面上既没有区别意图亦没有实施区别行为。需要注意的是，并非所有的区别对待都会被认定为歧视。如果某种区别对待没有呈现出外在的作为或不作为的行为方式，并产生对特定群体或个体的影响，便不构成法律

---

① "比例原则"，是指"方法"与"目的"均衡，当采取一项措施来达成某种目的时，该措施必须是合理、必要、合比例的。即限制手段为最小的手段并适合目的达成，且手段与目的的必须保持一定的关系。

② 参见［英］弗里德里希·奥古斯特·冯·哈耶克《自由宪章》，杨玉生等译，中国社会科学出版社 2012 年版，第 127 页。

上禁止的歧视。① 构成歧视的不合理的区别对待背离了平等原则，是基于手段、目的以及两者之间的相互关联而作出价值评判的一种侵害公民合法权益的不合理的区别对待。还有特殊情形下，是为实现实质平等而实施了区别对待，这其实是合理的区别对待，因此，构成歧视的区别对待是不合理的区别对待。也即歧视的目的并不具有合理性，对个人或群体平等享有、行使权利，对促进整个人类社会平等均有所害。从法律的视角来看，对于已经具有结构性倾向的歧视行为势必需要政策或法律予以矫正。如我国高考招生中，少数民族学生往往处于弱势地位，而基于这种弱势地位所形成的被动伤害，隐含着的是阶级结构、发展水平或社会结构的深刻影响。要对该种歧视与不平等进行纠偏，只能通过法律与政策的干预、调整才能从根本上予以有效治理。

　　从手段上看，对判定是否构成不合理的区别对待的手段，需要在特定情景与案例中进行具体分析。② 如美国联邦最高法院在对构成歧视的区别对待进行审查时，是依据不同的对象而使用了不同的审查标准：在涉及社会经济权利的区别对待案件中，仅要求符合合理基础标准，即手段与目的合理相关即可；在涉及公民宪法政治权利行使的区别对待案件中，则以严格审查为要件，要求该种区别对待所采用的手段是必需的；而在区别对待涉及除政治权利外的性别、身份等分类时，则提出了手段与目的之间具有实质关联的要求。③ 从手段与目的之间的关系来看，手段和目的之间重合度越大，两者的关联性就越大；反之，则越小。合理的区别对待中，手段与目的是完全重合的；而不合理的区别对待，也即构成歧视的区别对待中，手段与目的是完全不重合的。另外，根据逻辑推理，还存在目的全部包含手段（较少合理性）、手段全部包含目的（较多合理性）以及手段与目的

---

① 参见刘小楠主编《反歧视法讲义　文本与案例》，法律出版社2016年版，第10页。
② 参见［奥］曼弗雷德·诺瓦克《民权公约评注：联合国〈公民权利和政治权利国际公约〉》，毕小青等译，生活·读书·新知三联书店2003年版，第468页。
③ 参见［美］卡尔威因、帕尔德森《美国宪法释义》，徐卫东、吴新平译，华夏出版社1989年版，第280—281页。

交叉（同时存在较多和较少）的特殊情境。

二 后果要件：该区别对待产生了不利的后果

不合理区别对待的行为给受害者带来了相应损害后果，其首先是剥夺了个人所期望获得的利益与机会的权利。如在教育、就业、选举、接受公共服务等方面机会的丧失、权利的减损，同时也剥夺了每个人应有的平等公民资格。而歧视的另一不利后果，则是受歧视者的精神损害，以社会所不期望的特征显现而降低了个体的社会地位，导致个人尊严上的羞辱感，并为特定社会群体或个体通过粘贴贬低性、侮辱性社会标签的方式使得其被社会整体贬低、疏远与敌视。综合来看，歧视严重违反了分配正义，对人们参与社会的自由权利产生限制，而这是平等原则所反对的，违反了人与人之间享有同等价值的原则，这种心理伤害同样带来了社会不利后果，强化了社会弱势群体的弱势地位。由此可见，歧视并不以发生物质损害为要件，对心理的伤害同样可能构成歧视。如美国历史上对有色人种的隔离与歧视，最主要的不利后果是对被歧视者（黑人）的心理伤害，而并非必须具备科学的证据来证明该种隔离与歧视对待所造成的具体物质利益损害。

三 该区别是被法律禁止的

根据核心的国际人权公约与国内法的相关规定可知，禁止歧视的基本种类包括以先天出生的特征（如种族、肤色、性别等）为依据进行的不合理的区别对待以及以表达自由为诉求的基本权利（如宗教、政治或其他见解等）为依据进行的不合理的区别对待。

法律禁止的是行为，而法律所禁止的歧视行为亦有其限定的领域，反歧视保护对象也是有特定范围的。在具体的介入领域方面，法律一般不会对与公共领域无涉的私人事务进行干预。[①] 如在婚姻关系中对结婚

---

① 参见刘小楠主编《反歧视法讲义 文本与案例》，法律出版社2016年版，第26页。

对象种族、肤色、民族、相貌、身高等个人条件的选择是有很强的个人喜好、偏好因素在其中的，因此不适宜由法律来介入或干预，应由当事人双方自主自由选择，法律对此应保持谦抑性。

通常在商品或服务合同中是可以由法律介入的意思自治领域。如美国的《公平房屋法则》（Fair Housing and Fair Lending Laws）规定房主不得以种族、宗教信仰、肤色、国籍、性别等为由歧视承租人。又如对应聘者提出"双一流"院校背景的要求，如果这些与个人能力、岗位需要并无关联，用人单位又仅仅将应聘者的毕业院校与能力画等号，而非基于对应聘者素质的综合细致考察，则构成了对"非双一流"院校毕业生的制度性院校歧视，侵犯了应聘者的平等就业权。

四 歧视不以歧视行为者的主观故意为必要条件

歧视的认定需要同时考量目的要素与效果要素。如今，是否具有歧视故意已不再是判断歧视的要件了。因此，行为者的主观故意并不是构成歧视本质的要件，而主要考察行为是否直接或间接地造成了特定群体合法权益的侵害，存在歧视的不利后果。之所以如此规定，主要是考察了在实践中证明歧视故意的困难性，一方面，在反歧视诉讼中，若贯彻"谁主张谁举证"的举证责任划分，原告通常较难收集到歧视行为者的主观心理的证据，会面临败诉风险；另一方面，歧视行为者也很容易以合法解释掩盖意图，对被歧视群体无法起到真正的保护与救济作用。因此，对歧视的认定，并不以歧视行为者的主观故意为必要条件，在就业中常发生的歧视现象也不能再以雇主的主观故意为歧视的挡箭牌。

第二章

歧视的法律判断标准

明晰歧视的概念和本质是为了更确切地理解什么是法律禁止的歧视，从而更加有效地区分出可为法律所干预的歧视和法律不予介入的歧视，进而再进一步对歧视进行有效的法治化治理。然而，反歧视或对歧视进行法治化治理的前提是明确歧视的法律判断标准，我国现行立法中没有对其作出明确规定，司法中也没能提炼概括出可以普遍适用的实操标准。截至目前，我国也仍然缺乏统一公认的兼具理论深度与实践可操作性的判断歧视的法律标准。既有研究也尚存在相应的缺憾和不足，没有将立法、理论与实践有机结合，形成可以普遍适用的歧视的法律判断标准。对此，本书采用"规范性判断""理论性判断""排除性判断""相对性判断"四者结合，作为歧视的法律判断标准。

总体而言，这四个法律判断标准要按照以下顺序来适用：首先，是按立法文本进行"规范性判断"；其次，当法律无明确规定时，则根据歧视的表现形式划分歧视类别来进行"理论性判断"，即对直接歧视、间接歧视、基于骚扰的歧视、报复性歧视以及拒绝提供合理便利的歧视等不同类别歧视进行不同判断；再次，歧视还具有一定的相对性，弱势群体和强势群体都会遇到歧视，因此，需要站在歧视相对方角度上进行"相对性判断"，即如果一种社会制度对弱势群体实施了过度保护，或基于社会地位的不同而对相对方的强势群体分配了非对称、不公平的义务，那还可能会对相对方造成逆向歧视或侧向歧视；最后，有的情形具有正当抗辩理由，并不构成法律上的歧视，因此，还要运用"排除性判断"将这些特殊情形排除掉。

第一节 规范性判断：立法文本中的标准

立法文本是最基础的法律判断标准，是规范性判断的主要依据。就我国而言，我国暂未制定和出台反歧视专门法，而只在宪法、单行法、行政法规等法律规范中作出了相关规定，包括禁止针对种族（民族）、出身、性别、残疾、宗教信仰、传染病病原携带等因素进行歧视。

按照立法本身的文本表达，结合司法实践案例[①]可以总结出以下标准，作为规范性判断标准。（1）违反平等和自由原则。平等和自由是我国宪法基本原则，更是反歧视法的根本遵循。如《中华人民共和国选举法》就对不得限制或者剥夺公民选举权、被选举权作出规定，这一规定就是对公民平等基本权利和自由的法制保障。（2）违反同等情况同等权利（或同等对待）的要求。为维护平等、公平，立法的基本出发点是同等情况下保障享有同等权利（同等对待），也即立法会要求不得进行区别对待，从而保障公民不受区别对待的平等要求。而判断歧视的基本标准就是看是否构成区别对待，如果行为构成了区别对待，即有可能构成歧视。如《中华人民共和国反垄断法》就对招投标活动中的同等情况同等权利（同等对待）作出规定，要求不得对外地招投标参与人员（经营者）实施任何限制或排斥，从而保障其享有与本地招投标参与人员（经营者）的同等权利。（3）区别权利（区别对待）的基础是不合理的、违反法律的。包括：手段不合理；目的不合理；手段与目的之间不成比例，不具有必需性。首先，是手段方面，如区别权利（区别对待）可能对国家、社会或个人合法权益造成侵害，那这种实施手段即不具有合理性。

[①] 如在"关某与北京某有限公司一般人格权纠纷""闫某某与浙江某有限公司平等就业权纠纷案"中，法院对就业歧视的法律判断标准为：（1）存在差别对待的行为；（2）这种差别对待缺乏合理性基础，为法律所禁止。同时后案还指出司法实践中判断歧视的一个重要标准，即基于与"工作内在要求"无必然联系的"先赋因素"而进行的选择。参见北京市第三中级人民法院（2021）京03民终6702号判决书、浙江省杭州市中级人民法院（2020）浙01民终736号判决书，中国裁判文书网，https://wenshu.court.gov.cn，2021年9月5日。

其次，是目的方面，当区别权利（区别对待）不是为了国家、社会的发展和进步，也不是为了保障个人平等权利的真正实现，更不是为了其他任何正当或特殊事由，那么这种区别权利（区别对待）的目的就不具有合理性。最后，是手段与目的的关系方面，通常来说，构成歧视的手段与目的之间是不成比例，不具有必需性的。如《中华人民共和国劳动法》规定，当性别、年龄等因素与工作岗位不相关联时，就不得以这些因素为理由而作出区别对待或给予区别权利。（4）未按法律规定对特定弱势群体施加特别保护。也即当立法为了实现实质平等而为特定群体设定了特别保护，而实践中并没能为特定弱势群体履行相应的特别保护义务，那么就有可能构成对这些特定弱势群体的歧视。如现行立法就对妇女、儿童、残疾人等社会弱势群体或易受歧视群体设置了特别保护，要求对这些特定群体的特定特征予以充分的保护，在任何情况下均不得将其作为区别权利（区别对待）的依据，[①] 因此，在对歧视进行判断时，还可以按照这些群体特征及区别的依据来作出判断。

第二节 理论性判断：基于歧视分类的标准

规范性判断是建立在现行立法上的，该判断标准的好处在于拥有现行法律规定这一权威依据，但缺点在于因立法的刚性、滞后性或立法本身存在的空白、漏洞而无法及时应对随着社会的发展变化而出现的新的歧视现象，也就无法对这些新出现的、复杂的、具有模糊性的歧视现象作出准确判断。因此，在判断歧视时，除了要从规范性判断入手，还要从理论出发，给出理论性判断标准，实现立法制度与理论的充分有机结合，从而弥补规范性判断的不足，并作为规范性判断的重要补充。具体而言，理论性判断主要是基于对歧视的分类而作出的。以相关法律规定为依据，结合实践中歧视的表现形式，可以将法律上的歧视划分为直接

[①] 参见周伟《禁止歧视：法理与立法》，法律出版社2020年版，第7页。

歧视、间接歧视、骚扰、报复性歧视、拒绝提供合理便利的歧视等，不同分类下的歧视有着不同的判断标准。英、美两国即采用该种"种类化模式"，将歧视按照直接歧视（差别对待）和间接歧视（差别影响）的标准进行分类，然后分别设置了对应的法律判断标准。就我国来说，我国目前的立法只对直接歧视和骚扰作出了禁止性的立法，而间接歧视、报复性歧视以及已被国际公约确认了的拒绝提供合理便利的歧视尚不属于我国法定的禁止歧视的范围。然而在实践中，这些种类的歧视却层出不穷，带来了一系列的法律和实践难题，因此有必要从理论层面对这些不同分类下的歧视给出理论上的判断标准。

一 直接歧视的判断标准

直接歧视具有主观上的直接故意，是基于法律禁止的事由而对特定群体或个人实施的"区别对待"（Disparate Treatment）。也即直接歧视是基于跟某项事实或事件没有实质联系的，但为法律所保护的诸如性别、年龄、种族、残疾等特征性因素，而对相同事实或事件中不同的人实施区别对待，且该种区别对待没有充分合理的理由、例外或其他特别原因。[①] 该种歧视行为违反了"相同情况相同对待"的形式平等要求，通常是最容易被发现的歧视种类，因为其往往带有明显的故意。如入选"最高人民法院关于弘扬社会主义核心价值观典型案例"的"邓某某诉某速递公司、某劳务公司一般人格权纠纷案"[②]，该案中的当事人邓某某在应聘某速递公司投递员职务时，遭对方以女性为由拒绝录用，北京市顺义区人民法院生效裁判认为，投递员职位并不属于国家规定的不适合妇女的工种或岗位，因此该速递公司对邓某某构成了就业歧视，最终判决赔偿邓某某经济损失与精神抚慰金共计2000元。

---

① 参见蔡定剑主编《中国就业歧视现状及反歧视对策》，中国社会科学出版社2007年版，第8页。

② 《最高人民法院关于弘扬社会主义核心价值观典型案例》，搜狐网，https://www.sohu.com/a/111550438_117927，2020年8月2日。

虽然直接歧视的表现形式很明显,但实践中的判断还是需要仔细考量如下三个方面,具体而言,直接歧视的法律判断标准如下所示。(1)受歧视者在相同情况下受到区别对待。对此,为准确作出对"在相同情况下受到比其他人不利"的待遇的判断,就要运用参照对象来加以判断,即对比相同情况下的参照对象是否也受到同种的不利对待,从而判断特定个体或群体是否受到了歧视。如因怀孕而受歧视的女性,在主张权利时就需要以另一孕妇作为相同情况下的参照对象,从而判断是否构成区别对待。(2)所实施的区别对待与立法所保护的事由(如性别、年龄、残疾等)是密切相关的,存在关联关系的,也即区别对待是违反法律规定的。对此,通过反向倒推的方式可以很好地实现对这种关联关系的判断:当不具有立法所保护的事由便不会受到同样的区别对待时,即存在关联性。如当不是女性便不会被解雇了,那么"解雇"(区别对待)与"女性"(立法所保护的事由)之间便存在关联性。又如,当不是残疾人便不会被拒绝应聘了,那么"拒绝应聘"(区别对待)与"残疾"(立法所保护的事由)之间也存在关联性。(3)所实施的区别对待不存在任何合理的理由、例外事由或其他基于职业特殊需要、国家安全需要等的特别原因。如国家安全部门招聘时,会综合考量报考者的年龄、性别等基本特征,便是基于正当职业资格需要而作出的具有合理理由的区别对待。又如公共女卫生间保洁员仅限女性,便是基于正当职业资格需要而提出的合理理由。

二 间接歧视的判断标准

间接歧视是对特定的群体或个人实施了区别对待的行为或制度安排,但所不同的是,间接歧视中的行为或制度安排只是一种空有平等中立的外衣,而无法经过合法性目的与必要性手段检验,因此仍然构成歧视,甚至比直接歧视的影响还要深远。[1] 通过"区别影响"(Disparate Im-

---

[1] See Frej klem Thomsen, "Stealing Bread and Sleeping Beneath Bridges—Indirect Discrimination as Disadvantageous Equal Treatment", *Moral Philosophy and Politics*, Vol. 2, 2015.

pact），可以对间接歧视来加以判定。

具体而言，间接歧视的判断标准如下所示（1）表面平等中立的政策或实践让特定群体受到了实质区别影响。如在比尔卡·考夫豪斯诉韦伯·冯哈茨案（Bilka Kaufhaus v. Weber von Hartz 案）中，公司对全日制员工和临时工制定不同的退休标准（规定除全日制员工外，临时工必须工作满15年才可享有退休金）看似是公平合理的，但是考虑到已婚女性已是临时工的主力军的情况下，这种看似公平合理的退休标准或制度就隐藏了性别上的区别影响。因为基于家庭分工制度的安排，绝大多数已婚女性往往承担了更重的照顾家庭、抚育子女、照顾老人的责任，因此只能从事非全日制的临时工的工作，但不同的退休制度安排让这些已婚女员工无法获得全额退休金，形成对女性的间接歧视。（2）区别影响不具备合理的理由。即政策或制度的实现手段和目的不具有合理性，且手段与目的之间不成比例，不具有必需性。如要想证明上述案例中退休金制度不构成性别歧视，雇主就需要提供与性别无关的、属于工作真正需要的，且该手段或措施是为达成工作目标所必需的客观合理的理由。（3）故意与否都可构成间接歧视。随着社会的发展进步和人类文明水平的不断提高，故意的歧视已经越来越少，取而代之的是更多的隐蔽性的或非故意的、无意识的歧视。① 如美国的种族歧视问题虽早已被法律禁止，但其在美国国家文化中却根深蒂固，并潜移默化地影响着一代又一代人，从而在社会生活中的很多方面自然地表现出对有色人种的歧视。

也就是说，该歧视类型不以行为人主观故意为必需，可能基于个人偏好、经济因素、社会结构或传统认知，而对特定群体的机会和利益进行了不当剥夺与否定。相比于追求形式平等的直接歧视来说，间接歧视更加关注实质平等，不再像直接歧视那样消极地保障"相同情况相同对待"，而是保障"不同情况的不同对待"（如果说判断是否构成直接歧视可以以是否背离形式平等作为参考依据，那么，判断是否构成间接歧视，

---

① 参见李薇薇《反歧视法原理》，法律出版社2012年版，第72页。

则需要引入"实质平等"标准)。实际上,罗尔斯"公平正义理论"中的"差别原则"就为禁止间接歧视提供了理论支撑。"差别原则"属于罗尔斯"两个正义原则"① 中的第二个正义原则的其中一项,该原则强调"合乎最少受惠者的最大利益",意图通过某种补偿或再分配而使得社会中的所有成员处于一个实质的平等地位,因此,在罗尔斯的理论下,应当禁止间接歧视,以实现实质平等。

三 骚扰、报复性歧视以及拒绝提供合理便利的歧视的判断标准

随着经济社会的发展与公民权利意识的增强,三种非传统歧视类型在反歧视理论中出现,扩大了判断歧视的理论标准。即"骚扰""报复性歧视"以及"拒绝提供合理便利的歧视"。

(一) 骚扰的判断标准

"任何其目的或效果在于侵犯人的尊严,造成胁迫的、不友好的、不体面的、敌对的环境或不受欢迎的行为",② 都有可能构成骚扰。实践中的骚扰主要包括基于性别而实施性骚扰以及基于种族、宗教信仰等而实施的其他侮辱或侵犯,其以性骚扰最为典型,并常发于职场中。性骚扰是以某种违背对方意愿的、不受欢迎的、与性有关的行为所引发的特殊性别歧视,该种行为侵犯了受歧视者的合法权益,使其感到羞辱并产生健康或安全方面的困扰。③ 性骚扰的本质是一种性别歧视,主要是由于现实社会中的性别结构不合理、性别设置不平等而导致的。通观全球,有很多国家都已经将防治职场性骚扰纳入了反歧视法或平等法的体系当中。④ 足见性骚扰的普遍性以及对其治理的必要性和紧迫性。我国对于

---

① 参见 [美] 约翰·罗尔斯《正义论》(修订版),何怀宏等译,中国社会科学出版社2009年版,第47页。
② 周伟:《论禁止歧视》,《现代法学》2006年第5期。
③ 参见刘小楠主编《反歧视法讲义 文本与案例》,法律出版社2016年版,第108页。
④ 参见北京源众性别发展中心《打破沉默,拒绝妥协——中国防治职场性骚扰法律与司法审判案例研究报告》,刘小楠、王理万主编《反歧视评论》(第5辑),法律出版社2018年版,第35页。

性骚扰并没有给出统一的判断标准,但通观国际上的界定和有关司法案例①,可得出通常的法律判断标准如下所示。(1)内容标准:行为人对异性实施了超越异性正常交往界限的、与性相关的、不受欢迎的行为或言论。包括肢体、皮肤接触,传送与性相关的文字、图像等。②(2)主观标准:该行为违背了接收者的主观意愿。③即接收者对这一行为是持反对态度的,对该行为是拒绝的,不乐意接收的。(3)结果标准:该行为对接收者的名誉、人格尊严、性自主权、身体健康权等造成侵害,让接收者感受到心理不适、精神负担,损害了身体健康,严重影响或干扰了接收者的工作、生活,使其处于一种受胁迫、不体面的敌对环境当中。

  性骚扰类的侵权诉讼和性别歧视案件往往存在着取证难的问题,受害者很难掌握有力证据,因而胜诉的可能性微乎其微。如"《南方日报》记者性侵女实习生"一案,最终广州市越秀区人民检察院作出了不起诉决定,即是例证。所幸的是,最高人民法院发布的《关于增加民事案件案由的通知》(2018年),已经将"性骚扰责任纠纷"作为"侵权责任纠纷"的新增案由予以纳入,从而可以用人单位未采取适当措施为由追究其侵权法律责任。此外,《中华人民共和国民法典》第一千零一十条亦禁止了性骚扰,并对用人单位防治职场性骚扰的义务进行了规定,为骚扰类的歧视纠纷提供了有力保障。

---

  ① 如在"林某某与广东某实业公司劳动和社会保障行政管理案"中,法院对性骚扰的判断标准为:(1)林某某用软件对女同事的照片上添加带有明显的与性有关的文字和主题;(2)从女同事向领导投诉和哭诉的事实确认该行为造成行为对象的羞辱和不适,明显违背了女同事的意志,造成其精神上的压力。又如在"赵某与某技术研发公司劳动合同纠纷案"中,法院对性骚扰的判断标准为:(1)赵某与数名女同事均有肢体接触和不恰当言论;(2)引发女同事反感、心理不适及负担。参见广东省高级人民法院(2015)粤高法民申字第2839号裁定书、上海市高级人民法院(2020)沪民申347号裁定书,中国裁判文书网,https://wenshu.court.gov.cn,2021年9月5日。

  ② See Larsa K. Ramsini, "The Unwelcome Requirement in Sexual Harassment: Choosing a Perspective and Incorporating the Effect of Supervisor—Subordinate Relations", *William & Mary Law Review*, Vol. 55, 2014.

  ③ 参见冯媛《性骚扰:从个人好自为之到法律禁止的歧视和暴力——半个世纪改变千年历史》,刘小楠、王理万主编《反歧视评论》(第5辑),法律出版社2018年版,第20—22页。

（二）报复性歧视的判断标准

报复性歧视，顾名思义，是对提出歧视申诉的主体，或对在诉讼中提供证据和信息的个人（威胁）实施的报复性的不利对待。① 报复性歧视往往以迫害、压制等的形式存在，法律对报复性歧视的关注和治理能很好地实现反迫害。报复性歧视是广泛存在的，它不仅表现为解雇、降职等导致严重后果的行为，实际上，只要可能产生压制歧视者的效果即有可能构成"报复性歧视"。

具体而言，报复性歧视的法律判断标准如下所示。（1）对象标准，即从报复性歧视的作用对象上来判断。报复性歧视的作用对象不仅仅限于歧视申诉者本人，还包括为歧视申诉者提供帮助的人、作证的人以及社会关系中的亲朋好友或其他第三人。（2）后果标准，即从报复性歧视产生的后果上来判断。只要产生压制反歧视者效果的行为时，即可构成报复性歧视，包括造成解雇、降职等后果。如公司将举报性别歧视（常见的如怀孕歧视）的专业技术类的员工不合理地调整到保洁岗位上，就有可能构成报复性歧视。

（三）拒绝提供合理便利的歧视的判断标准

通常来说，为进一步实现实质平等，充分保障易受歧视的群体，尤其是弱势群体平等参与社会生活的权利，国家会通过立法的形式对相关的组织机构设定提供合理便利的义务，当有关组织机构未能按照要求提供合理便利时，就有可能构成拒绝提供合理便利的歧视。拒绝提供合理便利的歧视的具体判断标准为：（1）特定组织机构有法律规定的为特定群体提供合理便利的义务；（2）这些特定组织或机构没有履行该义务，即没有按照法律规定提供相应的合理便利；（3）使得特定群体仍然处于无法平等参与社会生活的状态。如学校没有为跟随普通学校就读的视力障碍学生提供盲文教材。当然，需要注意的是，提供合理便利要适度，因为过度的便利亦可能引发歧视。如"山西临汾'红丝带学校'为艾滋

---

① 参见刘小楠主编《反歧视法讲义 文本与案例》，法律出版社2016年版，第8页。

病感染者设立独立高考考场"事件便曾引发社会关于歧视的热议。作为中国大陆唯一一所艾滋病感染者的学校，该校校长郭平为了"有助孩子们发挥"而单独设立了高考考场，但北京地坛医院感染中心副主任王凌航则认为单设考场营造了歧视氛围，反而会加深歧视。① 由此可见，合理便利的实施需要综合考量多种因素，既不能欠缺，亦不能过度。

第三节　相对性判断：歧视相对方角度上的标准

从弱势群体的角度出发，可以依据规范性判断和理论性判断作出从立法到理论的综合的法律判断。但是，歧视是具有相对性的，歧视的作用对象也具有广泛性。在某种程度上，强势群体也并不完全"强势"，也同样会遭遇歧视。对此，就需要针对强势群体所面临的歧视，按照相对性判断的标准对其作出相应的判断。具体而言，相对性判断是基于歧视作用对象的相对性而给出的判断，包括"逆向歧视"和"侧向歧视"这两种客观的、非故意的、特殊的歧视。即因对弱势群体的过度保护而引发"逆向歧视"以及因非对称、不公平的义务承担而导致的"侧向歧视"。

一　"逆向歧视"的判断标准

与一般的歧视不同，"逆向歧视"是为追求实质平等而对特定群体实施了过度保护，使该群体逐渐脱离了原先的弱势地位，并开始占据优势地位，从而产生了对其相对方群体（强势群体）不合理的区别对待。"逆向歧视"往往具有隐蔽性，是在为实现公平正义而实施的合法的制度安排或行为过程中导致的，因此是非故意、非直接性的，是在补偿曾经受歧视群体过程中引发的新的歧视。

---

① 参见《为艾滋考生单设考场"是否歧视"涉事校长回应》，人民政协网，http://www.rmzxb.com.cn/c/2017-06-02/1570270.shtml，2020年7月7日。

对于"逆向歧视"的法律判断标准为：(1) 出于照顾的目的而实施了对弱势群体的保护，分配了利益；(2) 这种特别保护或利益分配逾越了必要的限度；(3) 对相对方的强势群体产生了极为明显的不合理的区别对待；(4) 对相对方的强势群体造成了直接或间接的损害，包括经济或其他正当利益等方面的损害，严重影响了社会的公平正义。

通过以下的例子可以很好地说明"逆向歧视"的情形：谢里尔·霍普伍德是一名品学兼优的白人，但在申请美国得克萨斯大学法学院时落榜，原因是该校的"反歧视录取政策"将名额留给了大学成绩与入学成绩都比她低的非洲裔美国学生和墨西哥裔美国学生。该项录取政策为少数族裔申请者设定了更低的录取标准，目的是以录取作为接受者可获得的利益，通过分配该种利益来补偿少数族裔过去曾遭受的不利待遇，实现共同的善，增加职业多样性。[①] 德沃金认为，只要申请者能够符合并贡献于该大学的社会目的，则其录取资格就是正当的。但对于此例中的霍普伍德而言，却也因此遭受了不合理的区别对待。即使为了追求相应的社会目标，也不能无底线地侵犯个体权利。因此，该校的做法不公正地侵犯了霍普伍德的平等权利，对霍普伍德来说是一种"逆向歧视"。[②] 总之，矫枉不能过正，不能因过度保护弱势群体而侵犯相对方的合法权益，滋生"逆向歧视"，带来新的歧视和社会不平等。

二 "侧向歧视"的判断标准

"侧向歧视"（Sideways Discrimination）是经济学家史蒂夫·兰兹伯格针对美国平权法案而提出的。主要是在对弱势群体曾经所受到的歧视进行补偿的过程中，使相对方的强势群体承担了非对称、不公平的权利义务而产生的歧视。对"侧向歧视"的判断标准为：(1) 以社会地位为

[①] 参见 [美] 迈克尔·桑德尔《公正：该如何做是好?》，朱慧玲译，中信出版社2011年版，第193页。

[②] 参见 [美] 迈克尔·桑德尔《公正：该如何做是好?》，朱慧玲译，中信出版社2011年版，第196—197页。

主要区分依据，通过法律或制度做出了不同的权利义务的分配；（2）通过社会地位来区分权利义务，使得处于较高社会地位的强势群体受到了超出合理限度的、较为严重的褊狭及压迫；（3）从义务分配来看，处于较高社会地位的强势群体承担了更多的非对称、不公平的义务，受到了不平等的区别对待。

兰兹伯格以房主与租客的关系为例，生动地展示了侧向歧视：租客可以自由地因不喜欢房主的种族、宗教信仰或生活方式而拒绝租住该房主的房屋，但反之，房主却不能因上述原因而拒绝向租客出租房屋，因为房主的此行为将构成歧视。这其实是立法和制度根据社会地位的高低而设置了不同的义务，即立法事先已经默认房主的社会地位要比租客的高，从而站在平衡的角度，对房主施加了更高的义务。平等的待遇、对称的义务，是公平所秉承的"对称原则"，但是根据社会地位而划分不同的权利义务的方式，实际是剥夺了强势群体本应享有的自由，使其受到更深层次的义务的压迫，这种义务是建立于道德义务之上，但又高于道德义务。当法律不能公平、平等，尤其是对称地实现对公民权利、义务的分配，那么它也就失去了道德基础，①从而产生对强势群体的褊狭和压迫，滋生"侧向歧视"。当然，由于制度设计不可能做到完美无缺，只能按照"两害相权取其轻"的行为选择逻辑，因此，"侧向歧视"问题可能是我们在制度设计层面无法解决的问题，但该问题的提出也有很大的价值和意义，能够引起人们关于制度设计合理性的思考。

第四节 排除性判断：歧视的正当性抗辩

在社会生活中，有些歧视的存在并不构成法律上的歧视，具有法律上的正当抗辩理由，不为法律所治理，因此要将这部分歧视排除出去。

---

① 参见［美］史蒂夫·兰兹伯格《反常识经济学2——为什么不向美丽征税》，王楠崟、徐化译，中信出版社2018年版，第124—131页。

也就是说，对歧视的法律判断，除了要从"构成歧视"的角度来进行（规范性判断、理论性判断和相对性判断），还要从"不构成歧视"的角度入手来排除掉具有法律上正当抗辩理由的歧视，以实现全方位的综合性判断。这些具有正当抗辩理由的歧视现象大致包括：（1）只具有歧视的样态或某些外在特征，但其实不构成法律上的歧视，因此不需要法律来治理，属于"无须法律介入的歧视"；（2）表面上看属于歧视，社会大众的认知中也都认为是歧视，但实际并不是法律上的歧视，不需要法律治理，即"表面上是歧视，但实质不是歧视"；（3）有正当理由的区别对待，是一种合理的区别对待，并不构成法律上的歧视的界定标准，因此不属于法律性质上的歧视，即"合理的区别对待"；（4）还有一些典型的歧视现象却是一种合理市场逻辑下的、符合法律的、有着某种促进经济社会健康发展的正向价值的区别对待，即"市场逻辑中的区别对待"，因此这几个方面在一定程度上是作为法律性质上歧视的例外而存在的。

一 正当性抗辩一——无须法律介入的歧视

在现实社会生活中，并不是一切歧视现象都需要公权力或法律介入，否则会在很大程度上增加法律和社会的负担。以下歧视就属于无须法律介入的歧视。（1）未实施实际行动，而仅存在于观念中的歧视。在论述歧视的概念时，我们知悉，法律上的歧视是一种行为或制度安排，是要以外在的形式表现的，如果仅仅存在于观念中、思维意识中，那充其量只是一种偏见或歧视性倾向，在其没有以行为、语言或制度的形式表现出来时，就不是法律上的歧视，不需要法律介入，而要靠思想道德的提升、社会文化或风俗习惯的革新来解决。如个人基于刻板印象而在主观上认为某地域籍的人道德败坏，品行不端，但并未实施任何歧视行为，那么该种基于文化和历史背景形成的认知偏好并不需要法律介入。（2）与公共领域无涉的私人事务。在具体的介入领域方面，通常法律是不会对个人自由选择的事务过度干预的，而只会对公共事务中的歧视进行干涉，如法律会对教育、医疗卫生等基本公共服务配置、公共场所进入与使用等涉及公共利益或公共交往领域方面的歧视作出规制。① 而对于个人在对结婚对象的选择中，凭自己的偏好而选择具有特定种族、肤色、年龄、身高、残障情况、受教育程度等特征的个体作为配偶的行为，法律也充分尊重此种道义上的选择，并保持谦抑性。因此，薛兆丰在《经济学讲义》一书中提及的"我跟太太结婚，也是做了选择。我娶了她，就歧视了世界上其他的女人，也歧视了世界上所有的男人，因为现在有些国家同性也可以结婚了"，② 这种情况并非法学意义上的歧视，不为法律所治理，亦可作为歧视的正当性抗辩。

二 正当性抗辩二——表面上是歧视，但实质不是歧视

为避免法律上的歧视判定被泛化，还要将一些表面上是歧视，也被社会大众普遍认为或感觉是歧视，但实际不是歧视的情形排除出去。包括：（1）基于能力、贡献等后天"自获因素"而作出的区别对待。如根据劳动者对社会的贡献而发放不同数额的退休金，这种区别对待并不是歧视。（2）依据朴素的道德直觉或传统的生活逻辑而判定的歧视，其实也只是一般的区别对待，并不构成法律上的歧视。如高铁站设立 VIP 通道提供差别服务的行为，就是一种表面上是歧视，但实质不是歧视的生活现象。

三 正当性抗辩三——合理的区别对待

法律并不是反对或压制所有的个人偏好，而将人视为无差别的抽象个体，③ 法律反对的是不合理的区别对待，而合理的区别对待还是为法

---

① See Matt Zwolinski, "Why Not Regulate Private Discrimination?", *San Diego Law Review*, Vol. 43, 2006.
② 薛兆丰：《薛兆丰经济学讲义》，中信出版社2018年版，第39页。
③ 参见金韬：《歧视错误的多元理论：评索菲亚·莫罗〈不平等的诸面孔：错误歧视的理论〉》，刘小楠、王理万主编《反歧视评论》（第8辑），社会科学文献出版社2021年版，第315页。

律所允许的，也就是说，"合理的区别对待"构成了歧视的另一个正当性抗辩。当然，判断合理与否又会因时、因地、因文化和宗教等因素的不同而形成不同的社会价值选择。① 合理的区别对待有：（1）出于国家、社会公共安全和利益的需要而给予的区别对待。（2）出于特定工作岗位的需要而设置特定的资历、能力和性别等的要求。（3）为矫正弱势群体的不利地位而提供的合理便利。如《中华人民共和国残疾人就业条例》即对用工中的残疾人占比数作出了规定。当然，这些照顾措施要适度和合理，避免引发"逆向歧视"。

四　正当性抗辩四——市场逻辑中的区别对待

市场逻辑中的区别对待构成歧视的另一个正当抗辩理由，具体的判断标准为：（1）实施了符合市场逻辑的区别对待。如企业对技术研发人员的工资设定高于行政人员，是符合市场逻辑的区别对待。（2）该种符合市场逻辑的区别对待是合理市场逻辑下的区别对待，具有促进经济社会健康发展的正向意义。如市场逻辑会认为有些领域确实会更注重外貌特征（如影视明星对演员外貌形体的要求），这是一种由工资反映外貌溢价的客观规律，是一种合理市场逻辑中的区别对待。② 不能据此而限制以外貌决定是否雇用以及工资待遇的做法，因为此举不仅减少了国民总收入，还导致了不公平的结果。（3）该种合理市场逻辑下的区别对待是符合法律的。

市场经济追求"效率"，能充分调动人的积极性，创造更多社会财富，法律追求"公正、平等"，能避免社会畸形发展，实现财富的合理分配，而两者最终都是为了实现经济社会的持续健康发展。一方面，理性的市场会以维护经济秩序、促进生产效率为目的来灵活应对歧视，政

---

① 参见［奥］曼弗雷德·诺瓦克《国际人权制度导论》，柳华文译，北京大学出版社2010年版，第59页。
② 参见［美］罗伯特·J.巴罗《不再神圣的经济学》，苏旭霞、仇焕广译，中信出版社2013年版，第68—72页。

府制定反歧视法律法规一定程度上会抑制生产力,阻碍市场竞争;而另一方面,市场并不能做到绝对的完善,如果任由市场进行自主调节,很可能会因过度追求效率而丧失公平。因此,不仅要求该种区别对待是符合市场逻辑的,还得要求该种市场逻辑下的区别对待是合理市场逻辑下的区别对待,具有促进经济社会健康发展的正向意义,同时还要求该种合理市场逻辑下的区别对待是符合法律的。要在效率、公正、平等之间找到平衡点,以充分实现社会资源的合理配置,实现"效率"对"公正、平等"的助益。

综上所述,本书结合国家立法、学术界理论、法律实践及生活经验,形成了以"规范性判断""理论性判断""相对性判断"以及"排除性判断"相结合的综合性判断歧视的标准。即(1)当违反法律中的平等权利的规定的,一定构成歧视,这是"规范性判断"的结果。(2)当法律没有明确规定的情况下,通常可以按照类型化的"理论性判断"标准来作出歧视与否的判断:即若违反"相同情况相同对待"的形式平等要求时,便构成"直接歧视";当表面中性的政策或实践导致特定群体受到实质不利影响时,便构成"间接歧视";当违背他人意愿而实施超越正常(异性)界限的、干扰他人正常工作生活(与性有关的不受欢迎的行为)或造成胁迫、不友好、不体面的敌对环境时,便构成"(性)骚扰";而为了反迫害,只要产生压制反抗歧视者以及为其作证或提供其他帮助的、与其有密切关系的近亲、朋友或其他第三人的效果的行为即构成"报复性歧视";当然,为实现实质平等,如果没有按照立法的规定,为特定群体提供合理便利时,将可能构成"拒绝提供合理便利的歧视"。(3)当站在歧视相对方的角度上(强势群体)时,还会有因对弱势群体的过度保护而引发的"逆向歧视"以及基于社会地位的不同而分配的非对称、不公平的义务而导致的"侧向歧视",此即依据的是"相对性判断"标准。(4)歧视是一个复杂的问题,并非所有的歧视都需要法律的干涉和矫正。对于一些表面上构成歧视,但具备法律上的正当性抗辩事由的,还要依据"排除性判断"标准来予以剔除。由此可见,四个判断标准在适用上是按顺延顺序来适用的，但是从逻辑关系上看，"规范性判断""理论性判断"是替补关系，"相对性判断""排除性判断"和"理论性判断"是平行关系。

还应当注意的是，判断歧视是一项高度人文化的社会行动与思想建构行动。经过长时间的发展，歧视的判断方法发生了很大的变化，判断标准也呈现多样化，立法与司法实践中也逐渐接受并承认了许多新的歧视种类与形式，而不再仅以国际人权公约或国内立法中列举的有限种类为限。作为社会性行为，人们只有将对歧视的判断、法律标准的考察根植于特定的社会文化情境中，将国家立法、社会理论、法律实践三者有机结合，合理调整资源配置，重视社会实际与社会效果，方可做出符合特定时代特征的歧视与否的判断结论。在法律判断的操作程序上，司法者可在规范性判断的基础上，结合特定的社会理论，并将实践中新出现的歧视类型纳入法律范围进行比对，排除掉一些不属于法律干涉的类型，最终以"规范性判断""理论性判断""相对性判断"以及"排除性判断"的综合标准为依据进行判断，方能得出符合立法意旨的妥当性的判断结论，从而才能在具体的案例情境中全面准确地判断歧视。

第三章

歧视的历史变迁、现实表现及其原因

第一节 歧视的历史变迁

歧视是一个具有世界性的社会问题,也是一个历史性问题。虽然人类社会做出了诸多努力,但是迄今为止,歧视问题都没有得到彻底有效的解决。从"人与人生而平等"的理论中,我们可以反推该理论提出的背景或前提是人与人并非一开始就是平等的。生物进化论告诉我们适者生存,自然界是强者的世界,在自然资源有限的情况下,食物和领地的占有必然会划分强者与弱者,因此,原始时期人与人在生存权利上是存在极大不平等的。到了近代政治国家建立之后,又增加了身份和政治权利上的不平等。步入现代社会,整个社会除了有基于社会财富的增长而出现的物质上的不平等,还增加了社会权利以及机会上的不平等。而且随着时代的变迁、科技的进步,社会上又涌现出了新兴技术型歧视。

从全球视野上看,既有国外基于种族歧视引发的对犹太人的种族屠杀、对黑种人的奴役以及曾经建立起的种族隔离制度,对黄种人的种族排斥等;也有中国古代基于性别歧视产生的"男尊女卑"的封建思想,建立起的三纲五常的政治制度等。歧视在不同历史时期的表现是不同的,每个历史时期存在的歧视也都是基于当时特定的历史背景而产生的。对此,本节将系统地回顾歧视的发展历程,全面梳理歧视的全球发展线索,呈现出其历史变迁。

一　生存权利上的不平等

初阶的歧视始于人的最原始、最正常的生理或心理的本能反应，是围绕人的自然差异或人先天不同的资源禀赋而产生的。这一时期的不平等主要是生存权利上的不平等。如基于男女性别差异而引起的性别歧视；又如当人们看到异族人或本利益群体以外的人，或有着不同的宗教或信仰的人时，会为了维护本族或本利益群体的权益，而本能地产生歧视，这种族际歧视也在后续进一步演变发展成为种族歧视（民族歧视）。

（一）基于原始自然性别而产生的歧视

原始社会是人类文明的初创时期。整体而言，该时期处于人类蒙昧时期。出于基本生存需要，男性与女性根据各自的生理和体型特征而分担了不同的责任，相对于柔弱的女性来说，强壮的男性通常承担着外出狩猎的任务。在力量和能力的对比下，短暂的母系氏族社会结束后，迎来了对后世影响深远的父系氏族社会。而正是进入父系氏族社会以后，女性开始成为男性的附属品，或者说女性开始成为附属于男性的一项财产。

从宗教教义与神话传说中，也能够看出其中对女性的歧视。如《圣经》说上帝先造出了亚当，之后用亚当的肋骨造出了夏娃，这意味着女性在人类之初即是男性的衍生物；古希腊神话中说，普罗米修斯只创造了男性人类而忽略了女性……而根据马克思主义政治学原理可知，经济基础决定上层建筑，当身强力壮的男性成为社会的主要生产力，承担创造社会财富的责任的情况下，男性自然处于主导地位，而女性则处于从属地位，从而生成了性别歧视和性别不平等。在奴隶社会及封建社会时期，"一夫多妻"或"一夫一妻多妾"的婚姻制度也深刻反映出对于女性的歧视。不同文明国度有不同的历史传统、价值观念以及发展历程，但是女性的从属地位基本获得了各个主要文明国度的认同。如古罗马人认为丈夫掌握着对妻子生杀予夺的大权；古印度人认为丈夫是妻子的天神，妻子应该服从并完全忠于丈夫；中国古代更是制定出压制女性的

"三从四德"的封建礼教。① 实际上，从原始社会到 21 世纪的当代社会，基于自然性别而产生的男性与女性地位的不平等以及由此引发的性别歧视问题都始终存在，女性在教育、就业、政治参与等诸多领域都经受着歧视性对待。

(二) 基于自然种姓、种族而产生的歧视

族群的多样性是人类的基本特征，以种族歧视（民族歧视）为代表的族群歧视也一直存在于人类社会当中。在古印度的种姓制度下，不同种姓代表不同阶级，享有不同的待遇，这是早期种族歧视的表现。种族歧视建基于族群的多样化和异质化，以欧美白色人种对其他有色人种的种族歧视最为典型。

1. 基于种姓制度而产生的族群歧视

古印度是种姓制度的起源，种姓制度也是种族隔离制度的起源。古印度的种姓制度源于公元前 1500 年前后，是阶级压迫的产物，盛行于印度教徒当中，也是人类社会歧视制度的最初表现。当时，印度次大陆的征服者为了与土著居民区分开，而将白色皮肤的雅利安人称作"雅利雅瓦尔纳"（Arya Varna），将黑色皮肤的土著人称作"达萨瓦尔纳"（Dasa Varna），从而以肤色区分开了奴隶主和被征服的奴隶。后来则演化为具有社会等级意味的四瓦尔纳制度——婆罗门、刹帝利、吠舍、首陀罗，这四个种姓分别代表的是僧侣（教士）、武士、商人、工匠与体力劳工，该制度即后来的种姓制度。② 根据《黎俱吠陀》第十卷《原人歌》所提出的原人转化论可知，四个种姓分别是从原人的不同身体部位生出的，即从原人头上生出婆罗门，从原人肩上生出刹帝利，从原人腿上生出吠舍，从原人脚上生出首陀罗。③ 种姓制度以血统、婚姻以及职业为标准，对人进行了不同等级的区分，而不同种姓、不同等级的群体享有不同的

---

① 参见王绍玺《东方两性论》，辽宁教育出版社 1989 年出版，第 41—43 页。
② 参见尚会鹏《种姓的名称、定义及本质问题》，《南亚研究》1991 年第 1 期。
③ 参见巫白慧《印度哲学——吠陀经探义和奥义书解析》，东方出版社 2000 年版，第 49—50 页。

待遇。在这四大种姓之外，还有一些孤立的、仆役的、依据职业而划分的非雅利安人的，或不同等级通婚后所生子女的种姓，这些种姓一般从事的都是下贱职业，被称为"贱民"，拥有最低等的社会地位，受到统治阶级实施的制度性的歧视、凌辱和排斥。

种姓制度造成了古印度社会的严重分割，该制度建立起的清规戒律也将不同种姓彼此之间的生活隔绝禁锢，包括饮食、社交、职业、宗教活动等的各项社会活动都会因种姓等级的不同而受到相应限制。种姓内部一般严禁跨种姓互通婚姻，以确保高等级的种姓能够对特权地位进行世袭。而且在种姓制度下，凡是脱离种姓的个体，都会受到严厉的惩罚，并被视为"不可接触者"。① 由此可见，古印度的种姓制度通过划分种姓等级而产生了阶级压迫，形成了极明显的种族歧视。② 这种基于奴隶制统治而建立起的制度性歧视，被自然地用于维护统治者的地位和利益，后来，种姓制度又借助宗教的势力，使被歧视者几乎没有任何反抗的余地。

2. 欧美殖民时期的种族歧视及其发展

早在哥伦布航海发现美洲新大陆之前，欧洲贵族们就曾远赴非洲，将非洲本地居民运往欧洲充当奴隶，为欧洲贵族们服务，这成为现代奴隶历史的开端。在埃里克·威廉斯（Eric Williams）看来，奴隶制是种族主义的起源，而种族主义主要表现为阶级剥削和阶级压迫，对于种族的剥削，也主要是经济剥削。③ 在这一时期的"前种族主义观念"中，人是以血统为基本划分依据的，认为欧洲人祖先的血统先天优越于非洲人的祖先。④ 因此，欧洲人惯于对非洲人实施制度性的歧视和压迫。而自哥伦布航海发现美洲新大陆时起，欧美的种族主义与种族歧视开始愈演愈烈。

---

① 参见陈国光《印度种姓制度与凉山彝族等级制》，《中央民族大学学报》2003年第3期。

② 参见张景润《浅论古代印度种姓等级制度》，《云南师范大学学报》（哲学社会科学版）1987年第6期。

③ 参见［法］皮埃尔-安德烈·塔吉耶夫《种族主义源流》，高凌瀚译，生活·读书·新知三联书店2005年版，第23页。

④ 参见胡懋仁《种族主义源于资本主义的罪恶》，《政治经济学研究》2021年第2期。

17世纪,英国开始对北美部分地区进行殖民,当地的印第安人也被大肆屠杀。而也正是此时,非洲黑人被大量贩卖到美洲殖民地充当奴隶,美国不平等的种族关系开始了漫长的演进史。到了18世纪末,美国北方的奴隶制受到美国独立战争的重创。1776年美国宣布独立,声称"人人生而平等"。1780年马萨诸塞州宪法规定:"人人天生自由平等,并享有某些自然的,必不可少的和不可剥夺的权利。"时任美国总统杰斐逊意识到奴隶制是违反自然法的,他提出了废奴法令,但未能在南方通过。直至19世纪中叶,美国南北战争终于一举废除了美国国内奴隶制度。然而,废除奴隶制并不等于消除种族歧视,也不等于主张种族平等,更不等于实现种族融入,特定种族群体仍然处于弱势地位,遭受着歧视和不平等对待。

总体而言,自欧美殖民时期到近现代以来,欧美的种族主义有增无减,多国相继实行过种族歧视的制度政策,包括刻意塑造种族主义意识形态,实施排外政策和种族隔离制度等。如1882年美国国会通过《排华法案》("Chinese Exclusion Act"),规定华人不享有美国公民身份,并禁止华人劳动力在未来十年移民美国(1924年将十年的限制变为"永远",直至二战后才被废除)。① 又如20世纪初,德国纳粹党借助种族主义优生学,鼓吹日耳曼人或雅利安人是人类最优秀的人种,以此来维系自身统治。再如,1959年到1960年,美国等国不断出现反犹太主义等的种族歧视事件,随后,联合国防止歧视和保护少数小组委员会对此进行了审查,一致同意向联合国大会建议,通过起草国际人权公约的形式来治理种族歧视问题。最终,联合国大会分别通过了《联合国消除一切形式种族歧视宣言》(1963年)和《消除一切形式种族歧视国际公约》(1965年),在国际法层面对种族歧视作出规制。②

---

① 参见[美]迈克尔·J.克拉曼《平等之路:美国走向种族平等的曲折历程》,石雨晴译,中信出版社2019年版,第56—57页。
② 参见武文扬《美国种族歧视问题述评——以〈消除一切形式种族歧视国际公约〉为视角》,《人权研究》2021年第2期。

二 身份和政治权利上的不平等

步入工业社会以后,公民权利意识和个性意识日渐提高,公民对人格独立和平等、非歧视等基本权利的追求也日益强烈,基于身份和政治权利而引发的歧视也不断出现,逐渐成为需要予以重点关注的社会问题。

(一) 基于出身而产生的身份歧视

以我国户籍歧视为例。户籍通常是由行政机关制作的用于登记常住人口基本信息的法律文书,包括姓名、民族、婚姻状况等信息。1958年《中华人民共和国户口登记条例》颁布并实施,其将公民分别划分为"非农业家庭户口"和"农业家庭户口",并且户籍身份一经确定便很难加以改变。户籍制度除了对人口家庭进行信息登记与人口管理外,还有着资源和利益分配的功能,不同的地域与不同户籍性质所能享有的公共资源与利益分配是不同的,而且也分属于不同的国家机关管理,适用不同的规章管理制度,实行城乡分治。这些以不同的户籍为依据,对特定群体或个体在就业、教育,甚至社会保障等领域实施区别、限制、排斥或优待的不合理措施,在一定程度上逐渐形成制度性的户籍歧视。

户籍歧视表现在诸多社会领域中,主要是对地域以及户籍性质不同(也即农业与非农业家庭户口)的歧视。在就业领域中,平等就业权本应该是公民享有的宪法基本权利,但农业户口的劳动者往往在就业机会与工资收入水平中居于弱势地位,在就业、择业时遭到限制或排斥,只能选择城市劳动中的低端工作。户籍歧视具体表现如下所示。(1) 基于地域的户籍歧视。快速推进的城市建设,使得城市获得了绝对的资源分配优势,人口被北京、上海、广州、深圳等一线特大城市的高薪资福利待遇与良好发展前景吸引,而大型国企、事业单位在招聘的过程中,往往会青睐于本地户籍人口,即使同等能力条件下,非本地户籍人口也竞争不过本地户籍人口,处于明显的不利地位,根本无法平等享有相同的就业机会。而且在公务员报考要求中亦存在着户籍歧视,在各地方公务员报考条件中,往往会要求具有本辖区户籍的人才可报考,这种基于户籍的报考限制并没有充足而正当的理由，是对非辖区户籍人员的不合理的区别对待，因此构成了制度性的户籍歧视。（2）基于户籍性质不同的歧视。在户籍制度下，农业家庭户口的群体往往会受到一定的区别对待，如无法同等地享受政府提供的社会保障，无法均等地享受公共服务等。①在城市化进程中，农民群体开始不断涌入城镇，成为进城务工的农民工。但"农民工"这一称呼本身即带有一定的歧视性。这些进城务工者通常只能在城市从事低水平、低收入、高强度、高危险的工种，而且也无法享有和城市工作者同样的待遇，甚至还会被拖欠和克扣工资，享受不到市民福利，农民工的子女也无法正常接受城市教育。城市化进程虽然让他们迈入了城市区域，但城市社会从制度结构上就没有为进城务工群体提供相对应的社会地位与社会权利，因此该群体仍然碍于身份而被隔绝在城市之外，受到制度性的歧视与排斥，无法顺利地被城市社会接受，成为城市的边缘群体和受歧视群体。关于户籍歧视等的身份歧视，本书将在第五章制度性歧视的法律消解中进行详细论述，在此不作赘述。

（二）基于政治权利而产生的歧视

20世纪以前，在国外很多国家中，黑人、女性是没有政治权利的，这对于黑人、女性来说是严重的歧视。如法国《人权宣言》虽然宣布和承认了公民权利，但将公民分为"积极公民"和"消极公民"，并将女性划在"消极公民"中，排除了女性的公民权利，认为女性缺乏主见，不具有理性和独立的人格，因此只能享有自然权利，不能享有政治权利，参与政治事务，也就是说，女性是没有选举权的。又如二战后，美国黑人就遭受着白人的政治迫害，战后的黑人退伍军人的政治地位极其卑微，根本不享有平等的选举权，黑人会被白人军官采取极端手段暴力镇压，阻止其参与选举。实际上，美国的政治也基本上以白人、男性为主导，黑人等其他少数族裔以及女性被远远排斥在政治体系以外，并不享有参

---

① 参见刘开明《制度性歧视导致的工资不平等》，刘小楠主编《反就业歧视的策略与方法》，法律出版社2011年版，第176页。

与政治的平等权利。

虽然美国随着民权运动等政治斗争的推进，黑人、女性在一定程度上获得了政治参与的权利，能够通过一定的途径表达政治诉求，获得法律保护，尤其是在黑人奥巴马当选美国总统时达到了黑人参政的高潮，但总体而言，美国的政治实践中的歧视问题始终存在，黑人、女性仍然在承受着基于政治权利的歧视。

三 经济社会发展上的不平等

现代社会以来，世界经济进入高速发展阶段。以我国为例，我国在十一届三中全会后，进入改革开放新时期。一方面，我国经济社会获得了飞速发展，公民获得了更多的机会和选择，缓解和改观了计划经济时期的一些制度性歧视。但另一方面，随着经济社会的快速发展，还出现了新的经济歧视、就业歧视等歧视类型，并在一定程度上形成了代际传递。

（一）基于经济社会快速发展而产生的经济歧视

经济社会的发展进步使得民众的个性和潜力得到了充分开发，一些能够与市场化进程相适应并保持同频同步的群体成为"先富"群体。如在早先的流通领域市场化和生产资料市场化阶段，一些个体户以及靠价格双轨制起家的群体开始实现富裕。在金融领域市场化进程中，一些群体靠着投资外汇、原始股票、债券等实现了财富增长和积累。而在部分居民财富获得迅速增长，实现富裕的同时，财富差距也在无限扩大，出现了严重的利益分化。社会中的贫富差距既表现在地理层面，如东西部差距、城乡差距；也表现在群体层面，如群体收入差距。收入差距过大的问题所引发的经济歧视问题，已成为迫切需要在分配制度和法律等层面解决的社会公正问题。

（二）基于经济社会发展而产生的就业歧视

就业歧视是现代社会中较为普遍的歧视类型，它直接影响着特定群体或个体能否获得工作机会、能否有尊严地生存和发展。在市场经济条件下,劳动者开始进行自主择业,这在一定程度上为就业歧视的普遍存在提供了社会土壤。① 用人单位往往为了提高自身劳动生产率,获得更大的利益而做出基于年龄、文化程度、专业技能以及性别等的用工限制,进而产生一系列的就业歧视。具体而言,(1) 一些行业倾向于设置年龄限制,从而生成年龄歧视。从整体上看,社会对年龄大的劳动者的刻板印象就是接受新鲜事物的能力差、行动缓慢、体力不足、精力不够、容易犯错、难以管理等。用人单位基于经济利益方面的考量,而将年龄作为基本的用工限制,使得年龄问题日益成为劳动者就业选择时的一大障碍。(2) 专业技术类的工作也会限定文化程度和专业技能,从而产生学历歧视、技能歧视等。21世纪是知识的世纪,是人才的世纪,只有拥有专业技能才能在特定岗位上稳步前进,因而在就业招聘时,用人单位会比较重视学历文凭和技能。以学历歧视为例,这种歧视类型经常以制度性院校歧视的形式存在,对高校毕业生带来了非常不利的影响。学历主要指的是公民的受教育经历,并以相应的毕业证书、毕业文凭为证明依据。我国的学历层次可以分为大专、本科、第二学士学位、硕士研究生、博士研究生等,包含普通全日制、函授、夜大、成人脱产等学习形式。毕业院校层级则分为普通高校、"双一流"高校(或曾经的"985工程""211工程"院校)等。学历歧视可分为对低学历的歧视、对非重点院校的歧视、对非普通全日制学习形式的歧视等多种形式。如在就业中用人单位过分追求高学历而提出的与岗位无关的学历层次等方面的要求,即有可能构成学历歧视,其严重侵犯了应聘者的平等就业权,形成"唯学历论"的恶性循环。虽然有教育厅下发的《关于加强高校毕业生就业信息服务工作的通知》,明确禁止发布含有"985工程""211工程"院校等字眼的招聘信息,或是发布有关学历等的歧视性条款,但学历歧视仍然层出不穷,似乎成为高速运转的社会下唯一的,也是最可靠的用人筛选机制。(3) 女性劳动者容易因自身生理结构和照顾家庭等现实问题

---

① 参见周伟《从身高到基因:中国反歧视的法律发展》,《清华法学》2012年第2期。

而面临下岗和再就业,这就难免使得女性劳动者在就业中遭受歧视,诸如男女同工不同酬的性别歧视等。(4)社会保障歧视。在就业中,农村劳动者与城市劳动者、机关事业单位工作人员与企业工作人员所享受的社会保障待遇是不同的,包括在就医时的报销比例、退休后是否有待遇以及待遇的多少等,①从而可能形成就业中的社会保障歧视。(5)残疾歧视。残疾人群体的就业通常会面临很大的困难,其很难就职于社会中一般性的工作岗位。用人单位会认为该群体无法提供高效率的生产劳动,或认为雇用该群体会有损于用人单位的整体形象,从而对残疾人群体加以排斥,形成残疾歧视。(6)地域歧视。用人单位通常会考虑招聘岗位的长久性、稳定性和便利性,而倾向于招聘本地人,从而产生地域歧视。

经济社会发展上的不平等,往往与其他类型的歧视存在交叉,很多情形下也呈现为一种制度性歧视,具有广泛而深远的影响,需要法理学者对此进行深入分析,探究法律应对措施和破解方案。

四 普遍意义上的不平等

在当代社会中,随着时代的发展和科学技术的进步,人们的生产、生活以及交往方式随之发生了巨大改变,变得更具现代化和科技化。同时让歧视这一社会问题也演化出新的表现形式,越来越多的人可能在这一过程中遭受歧视,受歧视群体也变得不确定,似乎人人都有受歧视的可能。普遍意义上的不平等即主要表现为受歧视群体的普遍性。具体呈现为,在数字化应用中出现的"网络数字歧视""电子支付歧视"、算法歧视以及在医学技术深度应用下出现的基因歧视等新兴的技术型歧视。

(一)"网络数字歧视"和"电子支付歧视"

歧视在人类思维意识中从未缺席过,并且会随着文化的发展与时代

---

① 参见吴忠民《歧视与中国现阶段的歧视》,《江海学刊》2003年第1期。

的变迁而不断演化出新的歧视理由和种类，这些歧视类型也导致了很多群体在现代社会中被边缘化，如老年人或居于偏远地区的民众日渐丧失了社会话语权。经济社会的快速发展，既让他们在思想观念层面无法与现代性思想观念同步，又让他们在生活行为层面落后于时代，游离于现代性社会生活方式之外。又如随着我国数字技术的发展进步，民众得以在日常生活中采用扫描二维码的电子支付方式（如微信、支付宝等）进行支付结算，这种支付方式由于具有高效、便捷等特点，很快成为社会主流的支付方式，民众也因此大幅度减少了纸币的使用。但是对于很多老年人或居于偏远地区的民众来说，他们对新鲜事物的接受能力和学习能力都是有限的，在没有完全接受和学会使用电子支付时，他们还是习惯于使用纸币支付，而且有的老年人并不会使用网络，所使用的手机甚至还不具备扫描二维码的功能，但此时商家却出于自身便利而只接受电子支付，拒绝纸币支付，这一做法实际上构成了对老年人或居于偏远地区民众的"网络数字歧视"和"电子支付歧视"。与此同时，还有基于数字技术发展的不均衡性而引起的城乡之间的歧视，如针对数字化技术推广应用较为落后的农村地区的歧视。当然，我国《数字乡村发展行动计划（2022—2025年）》就重点关注了乡村基础设施数字化的改造提升，从根源上提升技术，以避免农村在数字时代背景下陷入新的"网络数字歧视"，落后于社会发展。

（二）算法歧视

算法歧视是在数字社会中呈现出的一种新型歧视类型，也是一种典型的普遍意义上的不平等。算法自动化决策已经深度嵌入在了社会生活的各个领域，既起到了效率提升、成本控制等方面的积极作用，又带来了更普遍意义上的歧视。算法隐藏着多样的风险和多重的挑战，往往容易使人陷入技术的乌托邦当中，算法歧视就是其中一个非常典型的风险挑战。算法歧视产生的一个重要原因就体现在算法决策的不透明上，而这又主要是算法高度的专业性和复杂性以及出于对商业秘密的保护所导致的。相较于一般意义上的歧视，算法歧视所带来的歧视后果更为严重，甚至直接剥夺了相关主体的机会和权利。如 Google 的姓名搜索（背景检查网站：Instant Checkmate. comp），对典型的白人姓名给出中性的服务提示，而对典型的非裔美国人的姓名却给出负面服务提示。① 再如 2014 年至 2017 年，亚马逊公司为挑选最好的雇员，建立了分析简历的算法系统，在按照招聘数据进行算法训练后，该算法却自动对女性申请者产生了偏见，将女性的排名置于男性之后。

总之，算法歧视并没有创造歧视，只是改变了歧视的产生方式与存在方式，使得歧视有了更广阔的外延，是归属于歧视的一种特殊表现形式。但与此同时，算法歧视又不同于一般意义上歧视，而具有极强的隐蔽性、系统性、复杂性与不可逆性。由于算法歧视是新时代下歧视问题的具体化表现之一，具有重要的理论和实践意义，因此，本书将在第四章对其进行详细论述和解析。

（三）基因歧视

自 2003 年人类基因组计划（Human Genome Project）成功破译人类遗传密码时起，人类便能够利用基因检测来发现、识别和及时预防有关遗传疾病。以基因检测技术为基础的精准医疗，将能够为人类健康谋取更多福利。但在技术发展的同时，基因歧视问题也随之出现。基因歧视是伴随人类科学认识基因之后才出现的歧视现象，联合国教科文组织《关于人类基因组和人权的普遍宣言》规定，"任何人都不应当因基因特征而受到意在侵犯人权、基本自由和个人尊严的歧视或具有这种效果的歧视。"基因歧视可以具体分为"基于基因检测而产生的基因歧视"和"基于基因编辑而产生的基因歧视"。

1. 基于基因检测而产生的基因歧视

基因歧视是随着基因科技的发展而出现的新型歧视类型，指的是"单独基于个人基因构造与'正常'基因组的差异，而歧视该个人或其

---

① 根据计算机科学家拉坦扎·斯威尼（Latanya Sweeney）的研究结果。

家族成员"。① 这种歧视类型，完全是根据基因倾向性而作出的，即单纯依据基因显示的某种患病的可能性而对特定个体或群体实施歧视。② 实际上，并不是所有携带某种疾病基因的个体或群体最终都会患该种疾病，因为疾病的发生除了与基因相关以外，还会受到外界环境的影响，因此，如果完全以基因检测结果为依据，来分配资源、权利和机会，那将是非常不公平的，可能涉嫌基因歧视。

  基因歧视始于保险和就业领域。其中在保险领域，保险公司通常会根据投保人基因检测结果而区分优劣基因，从而为投保人制定不同的保费。然而，保险原本是基于不确定性而建立的产业，当通过基因检测而让人们清楚地知悉自己所携带的致病基因信息后，投保人可能会作出"逆向选择"，即在该种疾病发病前购买巨额保险。但这一做法实际干扰了商业保险的精算过程，保险公司无法将相似危险系数的投保人纳入同一风险池，从而导致同一风险池中履行诚信义务的投保人承担了其他不实披露投保人的不利后果。③ 而在就业中，基因歧视的案件也层出不穷。如2009年"周某等三人诉广东省佛山市人力资源和社会保障局录用公务员体检检测地中海贫血基因案"即是例证④。该案中的周某等三人虽然是地中海贫血基因携带者，但他们并无疾病症状，仍然可以正常工作，如果单凭基因携带问题而剥夺其应有的就业机会，其实是对基因携带者的不合理的区别对待。

  总之，基于基因检测而产生的基因歧视问题已经深刻影响到了公民的正常生活，每个人都有可能因携带某个自己也并不清楚的基因，而失去相应的机会和权利，这样的歧视性安排和做法严重侵犯了公民的平等

---

① 何建志：《基因歧视与法律对策之研究》，北京大学出版社2006年版，第3页。
② 参见王迁《论"基因歧视"的概念——"基因歧视"法律问题专题研究之二》，《科技与法律》2003年第4期。
③ 参见宋凌巧、Yann Joly《重新审视"基因歧视"：关于伦理、法律、社会问题的思考》，《科技与法律》2018年第4期。
④ 参见《"基因歧视第一案"分析：基因检测滥用侵犯隐私》，中国新闻网，https://www.chinanews.com/fz/2010/08—12/2463646.shtml，2022年5月9日。

权利，十分不利于社会的和谐稳定。①

2. 基于基因编辑而产生的基因歧视

随着 CRISPR/Cas9 基因编辑技术的成熟和推广，大量的通过调整 DNA 水平上的异常基因而实现矫正基因缺陷的基因治疗开始应用于临床实践，对于预防和治疗遗传疾病产生了重要的作用。一直以来，国内外通行的做法是允许对体细胞进行基因编辑，而禁止对生殖细胞进行基因编辑。然而 2018 年底，南方科技大学贺建奎团队宣布全球首例"免疫艾滋病病毒基因编辑婴儿"诞生，这已经不仅仅是基因治疗而是意味着基因增强。② 实际上，利用基因编辑技术实现所谓的增强人体基因的做法，是会带来新的歧视的。

基因编辑技术的进步使得人们能够通过在培养皿和存活生物体中删除和插入特定的 DNA 片段来操控单个生物体，或通过操纵精子、卵子和小胚胎的遗传构成来制造遗传物质。但这样会给人类社会带来新的更严重的歧视和不平等，因为富人可能会率先享受到这些生物技术和基因改良的特权，实现生物增强。从长远来看，为富有和拥有良好基因的人创造设计婴儿，可能会在极大程度上削减"基因富人""基因穷人"之间的流动性，使得遗传基因的分配不再具有偶然性与随机性，不再是一种"先赋因素"。而对于整个人类来说，最终的结果可能是会将人类分成不同的物种——"基因富人""自然人"或其他任何人。③

我国《人胚胎干细胞研究伦理指导原则》（2003 年）从伦理层面，对获得和研究人胚胎干细胞作出了原则性的指导规定。包括禁止研究生殖性克隆人，禁止对人类配子、受精卵、胚胎或胎儿组织进行买卖。④《干细胞临床研究管理办法（试行）》（2015 年）则对干细胞临床研究的基本原则、

---

① 参见朱伟《中国社会反基因歧视的路径分析——伦理视角与框架》，《伦理学研究》2014 年第 2 期。
② 参见陈龙《人类基因编辑技术的伦理风险之维》，《自然辩证法通讯》2021 年第 8 期。
③ 参见［美］沃尔特·沙伊德尔《不平等社会：从石器时代到 21 世纪，人类如何应对不平等》，颜鹏飞等译，中信出版社 2019 年版，第 362 页。
④ 参见《人胚胎干细胞研究伦理指导原则》第四、五、七条。

主体责任以及伦理审查作出了规定。① 为了维护人的尊严和合法权益，规范涉及人的生物医学研究伦理审查工作，我国还专门发布了《涉及人的生物医学研究伦理审查办法》（2016年）。在2018年"基因编辑婴儿"事件的影响下，我国开始加快对基因科技安全预警监测体系的相关立法工作，2019年3月20日，国务院第41次常务会议通过了《中华人民共和国人类遗传资源管理条例》，同年7月开始试行。2021年1月起施行的《中华人民共和国民法典》第一千零九条首次对从事人体基因、胚胎等相关的医学和科研活动作出了法律层面的规定，从而为人体基因编辑划定了基本的法治底线，避免了人体基因编辑可能带来的伦理问题和歧视风险。

但总体而言，我国对于人体基因编辑的法治化治理中还存在很多问题，现有立法主要作出的是原则性的监管要求，缺乏具体细则的立法规定。而且现有的监管体系也存在一定的不足，包括审查不严、惩戒不力等。因此，为有效治理基因编辑歧视，一方面是通过完善立法，加强对基因编辑技术的法治监管，相应地提高惩戒力度，保障人的平等、非歧视的基本权利；另一方面是强化技术的伦理审查，更好地维护人的尊严，保障技术能够在平等、非歧视的状态下发展。② 实际上，对于技术发展所带来的歧视问题的法治化治理，都包含着治理和发展之间的对立统一的关系，既要对科技的发展加以治理，保障人的基本权利和人的尊严，同时又要避免法律的介入对科技发展可能带来的阻碍。当然，不论技术如何发展，都需要始终秉持人是目的的理念，保障人的主体性，这样就能在很大程度上避免技术侵害人类，产生新的歧视和不平等。

第二节 歧视的现实表现

歧视有着多样化的现实表现，也是一个国际性、普遍性的问题，国

---

① 参见《干细胞临床研究管理办法（试行）》，第三、四、九条。
② 参见杨建军、李姝卉《CRISPR/Cas9人体基因编辑技术运用的法律规制——以基因编辑婴儿事件为例》，《河北法学》2019年第9期。

内与国外均发生过诸多歧视案例，各国在反歧视方面也做出了很多努力。从国内外反歧视典型案例的审视中可以得出我国以及国外反歧视的特点。对此，也得以进一步提炼出实践中歧视的主要类型，并作出类型化的系统分析。

一 国内外反歧视典型案例审视

（一）国内反歧视典型案例审视

平等和非歧视是我国宪法规定的一项基本法律权利，但对于歧视和反歧视问题的研究基本是从出现歧视的法律实践才开始的。随着社会的发展进步和人们权利意识的增强，法院审理的涉及歧视的案件，不仅在数量上不断增加，而且还出现了很多新的歧视类型。然而，歧视是复杂的，这种复杂性会使受歧视群体或个人难以得到有效救济，并产生愈加严重的社会负面影响。

2002年"蒋某诉中国人民银行某某分行录用银行职员身高歧视案"拉开了我国反歧视诉讼的大幕，引起社会公众普遍关注，学术界开始逐渐认识到歧视严重违反了平等权，并带来了一系列的损害后果。在2003年到2011年间，先后有"张先著诉安徽省芜湖市人事局公务员招考拒绝录用乙肝病毒携带者案"的乙肝歧视诉讼、"武汉女教师诉上司性骚扰案"的性别歧视诉讼、"李东照、任诚宇诉深圳市公安局龙岗分局侵犯其名誉权案"的地域歧视诉讼、"何青志、谌登兰诉重庆铺金公路运输有限公司、刘丰云、刘定红道路交通事故区别户籍人身损害赔偿案"的城乡户籍歧视诉讼、"秋子诉上海昂立投资咨询有限公司录用教师长相歧视案"的容貌歧视诉讼、"周某等三人诉广东省佛山市人力资源和社会保障局公务员招考体检基因歧视案"的基因歧视诉讼等的诉讼。而在2011年到2021年间，我国国内发生的反歧视诉讼也不胜枚举，在此检索和选取了其中有代表性的25个案例进行研究和分析。

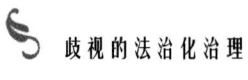

表 3-1　2011—2021 年我国国内反歧视诉讼典型案例

编号	年份或案号	案件名称	案由	审理法院	受歧视者是否得到有效救济	歧视类型
1	（2011）朝民初字第04594号	某某某国际（北京）红珊瑚珠宝有限公司诉金某劳动争议案	劳动争议	北京市朝阳区人民法院	是	性别歧视（怀孕歧视）
2	（2011）穗中法民一终字第4942号	沈某某与广东某某环保科技股份有限公司劳动争议纠纷案	劳动争议	广东省广州市中级人民法院	否	语言歧视（广州方言歧视）
3	2012	曹某诉某教育集团"只招聘男性"性别歧视案	劳动争议	北京市海淀区人民法院	是	性别歧视
4	2013	安徽某某大学法学院毕业生江某某诉某市人力资源和社会保障局户籍歧视案	劳动争议	江苏省南京市玄武区人民法院	是（达成调解协议）	户籍歧视
5	（2013）黄浦民一(民)初字第583号	殷某与刘某名誉权纠纷案	名誉权	上海市黄浦区人民法院	是	性骚扰
6	2014	江某某诉南京市某某人力资源服务中心就业户籍歧视案	劳动争议	江苏省南京市鼓楼区人民法院	是	户籍歧视
7	（2014）仁民初字第2947号	贵州省仁怀市茅台镇某某某酒厂与李某劳动合同纠纷案	劳动合同纠纷	贵州省仁怀市人民法院	是	健康歧视
8	2015	血友病患者郑某诉北京某高校侵犯平等受教育权案	平等受教育权纠纷	北京市海淀区人民法院	是	受教育歧视
9	（2015）顺民初字第03616号	邓某某诉某速递公司、某劳务公司一般人格权纠纷案	人格权纠纷	北京市顺义区人民法院	是	性别歧视
10	（2016）粤0704行初253号	陈某某、梁某1、梁某2与江门市新会区某某街道办事处、第三人江门市新会区某某街道某某村民委员会乡（镇）政府其他行政行为纠纷案	其他行政行为	广东省江门市江海区人民法院	是	性别歧视

续表

编号	年份或案号	案件名称	案由	审理法院	受歧视者是否得到有效救济	歧视类型
11	（2016）鲁1302民初10441号	谭某1与姜某同居关系子女抚养纠纷案	子女抚养纠纷	山东省临沂市兰山区人民法院	是	非婚生子女歧视
12	（2016）闽02民终91号	陈某某与厦门市某机关侵权责任纠纷案	侵权责任纠纷	福建省厦门市中级人民法院	否（法院认为陈某某并未参加厦门市某机关此次对非在编工作人员的招聘，两者并未发生招聘应聘法律关系，招聘公告未实际影响陈某某，因此，陈某某与厦门市某机关的招聘行为并无直接的利害关系，陈某某不是本案民事诉讼适格原告）	就业歧视
13	（2016）晋0105民初83号	深圳某某某百货零售有限公司太原长风街分店与杨某某劳动争议纠纷案	劳动争议纠纷	山西省太原市小店区人民法院	是	残疾歧视
14	2015	孙某某等与长沙市芙蓉区民政局婚姻登记行政纠纷案	行政纠纷	湖南省长沙市芙蓉区人民法院	否	同性恋歧视
15	（2017）最高法行申5157号	中山市石岐区某某股份合作经济联合社、中山市石岐区某某某某股份合作经济社再审审查与审判监督案	行政复议	最高人民法院	是（户口未迁出本村的农村外嫁女，仍可享受与本村村民同等的权利）	性别歧视（农村"外嫁女"歧视）
16	2017	郑某诉广州某食品检验所HIV抗体阳性就业歧视案	劳动争议	广州市中级人民法院	是	传染病病毒携带歧视（HIV病原携带）
17	（2017）鄂0222民初1075号	孙某某1、孙某某2等与廊坊经济技术开发区云鹏街道办事处某某村村民委员会房屋拆迁安置补偿合同纠纷案	合同纠纷	河北省廊坊经济技术开发区人民法院	是	性别歧视

续表

编号	年份或案号	案件名称	案由	审理法院	受歧视者是否得到有效救济	歧视类型
18	（2017）粤民申435号	深圳某某某科技有限公司与何某某劳动合同纠纷案	劳动合同纠纷	广东省高级人民法院	是	性别歧视（怀孕歧视）
19	（2018）赣0425行初180号	瞿某某与某某县人力资源和社会保障局、某某县文化广电新闻出版局劳动和社会保障行政管理（劳动、社会保障）案	劳动和社会保障行政管理	江西省永修县人民法院	否	就业歧视
20	（2020）浙01民终736号	闫某某诉浙江某某某度假村有限公司平等就业权纠纷案	劳动争议	浙江省杭州市中级人民法院	是	地域歧视（因原告系某某地域籍人而遭拒绝录用）
21	（2019）粤0402民初6356号	樊某某与珠海某某物业管理有限公司平等就业权案	劳动争议	珠海市香洲区人民法院	是	性别歧视（怀孕歧视）
22	（2020）桂0206民初3495号	韦某与韦某某同居关系子女抚养纠纷案	同居关系子女抚养纠纷	广西壮族自治区柳州市柳江区人民法院	是	非婚生子女歧视
23	（2021）粤0307民初28122号	李某1与某某某国际托育（深圳）有限公司教育机构责任纠纷案	教育机构责任纠纷	广东省深圳市龙岗区人民法院	是	疾病歧视（孤独症谱系障碍歧视）
24	（2021）陕0117民初3838号	江某某与某某重卡专用车有限公司、西安某某某人力资源管理有限公司侵权责任纠纷案	侵权责任纠纷	西安市高陵区人民法院	是	传染病病原携带歧视（乙肝表面抗原携带）
25	（2021）湘1002民初5239号	刘某某与郴州市北湖区华塘镇某某村第某村民小组侵害集体经济组织成员权益纠纷案	侵害集体经济组织成员权益纠纷	湖南省郴州市北湖区人民法院	是	性别歧视（农村"外嫁女"歧视）

资料来源：中国裁判文书网、聚法案例网、无讼案例库、新闻媒体报道、网络等。

从以上国内反歧视典型案例中可以看出，近年来我国反歧视诉讼案件呈现出以下特点。

1. 歧视类型变得愈加多样，突破了法律明文规定的禁止歧视的类型

从歧视类型上看，相比于 2000 年到 2011 年的反歧视案件类型，2011 年到 2021 年出现了巨大的增量。周伟教授在 2012 年发表的《从身高到基因：中国

反歧视的法律发展》一文中，梳理了我国从2000年到2011年，法院裁判或仲裁机构仲裁的反歧视案件，对该期间的反歧视案件类型进行了概括，他指出，歧视类型包括身高、性别、年龄、残疾、长相、社会出身、地域、生育、健康状况、乙肝病原携带歧视、艾滋病病原携带歧视、致病基因携带就业歧视这12种。① 而通观2011年到2021年的反歧视案件，可以发现，该期间国内反歧视诉讼案件所包含的歧视类型包括但不限于：性别歧视（怀孕歧视、性骚扰、农村"外嫁女"歧视、同性恋歧视）、语言歧视（方言歧视）、户籍歧视、健康歧视、受教育歧视、非婚生子女歧视、残疾歧视、就业歧视、传染病病毒携带歧视、地域歧视、疾病歧视等。社会中的歧视类型随着时代的发展变得愈加多样，不仅传统歧视类型没有得到完全消除，而且还出现了新型歧视。这些新型歧视类型并不在法律明文规定的禁止歧视的类型当中，如语言歧视、同性恋歧视等。由此可见，在反歧视诉讼中，需要发挥一定的司法能动性，在对当事人诉求、法律规定以及社会现实情况等进行充分的衡平和考量的基础上作出合适的司法裁判，切实维护公民合法权益。

2. 公民反歧视维权意识不断提高

在2011年到2021年的歧视类型中，涉及许多关涉就业等生产生活各方面的歧视和不平等。如在就业领域，针对语言歧视、性别歧视、残疾歧视、地域歧视、传染病病原携带歧视等提起的反歧视诉讼层出不穷。在生活领域出现的以侵犯人格权为代表的歧视类的侵权诉讼也屡见不鲜，如性骚扰等。这些歧视案例的出现，反映出公民反歧视维权意识在不断提高，愿意用司法的方式来获得法律保护，不再认为遭遇性骚扰是难以启齿、见不得人的事情，并因此而不敢或不愿起诉。

3. 法院裁判态度经历了从克制到适度干预再到接纳的转变，受歧视者得到了有效救济

随着社会时代的发展变迁，法院对反歧视诉讼案件的态度也逐渐从克制到适度干预，再到接纳。在刚开始出现反歧视诉讼时，法院基本秉

---

① 参见周伟《从身高到基因：中国反歧视的法律发展》，《清华法学》2012年第2期。

持克制的态度，反歧视案件要么不予受理，要么就是败诉，只有少部分案件能够胜诉。2008年以后，在《中华人民共和国就业促进法》制定并出台的背景下，法院逐渐转变了对反歧视案件的态度，开始进行适度干预，并支持一定的反歧视诉求，增加损害赔偿。为充分保障当事人的诉讼权利，解决"立案难"问题，我国自2015年起法院案件受理制度从立案审查制转变为立案登记制。可能部分基于这方面的因素，大量的反歧视诉讼案件被法院受理。而且从反歧视诉讼的裁判结果来看，大部分受歧视者还是得到了有效救济，在认定歧视的基础上，获得了相应的损害赔偿，达到案结事了。由此可见，法院裁判案件的态度从适度干预转变为接纳，歧视现象得到了一定程度的纠正，为今后的反歧视诉讼案件提供了相应的案例指导，鼓励人们勇于为自身受侵害的权利而抗争。与此同时，通过反歧视诉讼让受歧视者获得有效救济，也在很大程度上帮助树立了司法权威，营造出公平正义的社会环境。

(二) 国外反歧视典型案例审视

表3-2　　　　　　　　　　　国外反歧视典型案例

编号	年份	案件名称	基本案情	审理法院	受歧视者是否得到有效救济	歧视类型	案件影响
1	1857	德雷德·斯科特诉桑福德案 [Dred Scott v. Sandford 60 U.S. 393 (1857)]	黑人奴隶德雷德·斯科特为了自己和家人的自由提起诉讼，理由是斯科特本人随主人埃默森医生到过自由州伊利诺伊和《密苏里妥协案》规定的排除奴隶制的准州地区，这样的经历已经使他及家人成为自由人。(主人埃默森逝世后，其遗孀这时已经再嫁，斯科特成为她纽约州的哥哥约翰·桑福德名下的财产)	美国联邦最高法院	否	种族歧视	该案否认黑人拥有公民资格，进一步助推了美国南北战争的发生。美国南北战争后，增加了宪法第13、14、15修正案，废除了美国长期存在的奴隶制，自此宣布非裔美国人享有平等的公民权

续表

编号	年份	案件名称	基本案情	审理法院	受歧视者是否得到有效救济	歧视类型	案件影响
2	1896	普莱西诉弗格森案 [Plessy v. Ferguson 163 U. S. 537 (1896)]	普莱西（八分之一黑人血统）因故意乘坐了东路易斯安那铁路的一辆专为白人服务的列车而被捕。（1890年路易斯安那州通过了《隔离车厢法》，公然规定有色人种必须与白人隔离乘车）	美国联邦最高法院	否（法院认为路易斯安那州在铁路客运中实行"隔离但平等"的做法不违宪）	种族歧视	该案确立了"隔离但平等"的法律原则，维护了种族隔离的合法性。自此，美国南部各州在公共场合实施"隔离但平等"的种族隔离法延续了半个多世纪。直到1954年"布朗诉托皮卡教育局案"后，才失去其合法地位
3	1927	巴克诉贝尔案 [Buck v. Bell, 274 U. S. 200 (1927)]	负责弗吉尼亚"无能力者"生活状况的官员巴克·贝尔认为，18岁的卡丽·巴克（Carrie Buck）符合强制绝育对象的标准，要求对其绝育。（当时弗吉尼亚州法律规定，一个家族三代都是"智能低下"，就应该做绝育手术）	美国联邦最高法院	否（法院认为国家整体利益大于个体完整性）	基因歧视	该案为美国其他各州的强制绝育法进行了背书，自此，美国许多州都根据弗吉尼亚州的法律修改本州法律规定
4	1951	布朗诉托皮卡教育局案 [Brown v. Board of Education of Topeka, 347 U. S. 483 (1954)]（注："布朗案"是由多起案件共同组成的，包括"布理格斯诉伊利奥特案""贝尔顿诉格布哈特案""布朗案""戴维斯诉普林斯·爱德华郡教育局案""波林诉夏普案"）	黑人与白人学童不得进入同一所学校就读的种族隔离法律，剥夺了黑人学童的入学权利，违反了美国宪法第14修正案	美国联邦最高法院	是	种族歧视	推翻了"隔离但平等"的法律原则。成为后续对涉及种族隔离违宪案件的先例，也开启了美国对一切有关种族隔离措施的废止行动，极大地促进了美国的民权运动

续表

编号	年份	案件名称	基本案情	审理法院	受歧视者是否得到有效救济	歧视类型	案件影响
5	1967	拉文诉弗吉尼亚州案 [Mildred Loving v. Virginia, 388 U.S. 1 (1967)]	美国弗吉尼亚州法律禁止跨种族结婚，该法律规定违反了平等保护和正当程序条款等美国宪法第14条修正案中的规定	美国联邦最高法院	是	种族歧视	该案推翻了美国弗吉尼亚州的禁止跨种族通婚法，结束了美国对基于种族的婚姻的法律限制
6	1971	菲利普斯诉马丁玛丽埃塔公司 [Phillips v. Martin Marietta Corporation 400 U.S. 542 (1971)]	菲利普斯（一名母亲）应聘马丁玛丽埃塔公司时被拒，因该公司规定不雇用有学龄前子女的女性，菲利普斯起诉称该公司拒绝录用的行为违反了1964年《民权法案》	美国联邦最高法院	是	性别歧视	
7	1971	格里格斯诉杜克电力公司案 [Griggs v. Duke Power Co. 401 U.S. 424 (1971)]	格里格斯主张杜克电力公司提出的以"高中毕业要求"和"两项能力测验"作为衡量员工学习或从事某类工作的能力具有歧视性和违法性	美国联邦最高法院	是	就业歧视	该案确立了"差别结果理论"，否定了故意歧视是适用《民权法案》的基本要件
8	1976	华盛顿诉戴维斯案 [Washington v. Davis, 426 U.S. 229 (1976)]	两名非洲裔美国人提出华盛顿哥伦比亚特区的警察招聘中的21号测验（测验语言能力、词汇量、阅读理解能力）存在种族歧视，该测验不成比例地排除了非洲裔申请者，并且该测验与警察工作无关，因此违反美国宪法第5修正案，构成差别性影响	美国联邦最高法院	否（法院认为招警测验产生种族歧视的结果之事实不足以证明违反平等保护）	种族歧视	该案确立并适用了"意图原则"

续表

编号	年份	案件名称	基本案情	审理法院	受歧视者是否得到有效救济	歧视类型	案件影响
9	1977	亚历山大诉耶鲁大学案 [Alexander v. Yale, 631 F.2d 178 (2d Cir. (1980)] （注：原告系耶鲁大学1973—1980年之间的学生，分别是 Ronni Alexander, Margery Reifler, Pamela Price, Lisa E. Stone, Ann Olivarius）	由于耶鲁大学没有防止性骚扰的机制以及没有解决性骚扰投诉的程序，因此希望法院判令耶鲁大学建立性骚扰申诉程序	联邦第二巡回上诉法院	否（原告虽然未胜诉，但耶鲁大学随后提出了处理性骚扰投诉的程序，并且法院裁定性骚扰构成性别歧视）	性骚扰	该案系美国反校园性骚扰具有里程碑意义的案件。首次将校园性骚扰作为性别歧视的内涵。（扩大了《民权法案》第9条的内涵）随后，耶鲁大学等多家高校陆续出台了处理性骚扰投诉的程序
10	1978	加州大学董事会诉巴基案 [Regents of the University of California v. Bakke, 438 U.S. 265 (1978)]	巴基认为加州大学针对少数族裔的特别录取政策违反联邦与加利福尼亚州宪法以及1964年《民权法案》的第6条（"不得基于种族或族裔群体而给予任何其他种族没有的特权和豁免权"），因此侵犯了白人申请者的权利	美国联邦最高法院	是	种族歧视	该案支持了肯定性行动（或被称为平权法案），允许高校招生时将种族作为考量的多个因素之一
11	1981	门诺拉诉伊利诺伊州高中协会案 [Menora v. Illinois High School Ass'n, 527 F. Supp. 637 (N.D. Ill. 1981)]	犹太教徒门诺拉在参加伊利诺伊州高中协会组织的篮球赛中被禁止佩戴帽子和头饰，门诺拉认为侵犯了其宗教信仰自由（注：犹太教要求男性信徒遮盖头部）	美国伊利诺伊州北区地方法院	否（法院认为禁止在比赛中佩戴帽子和头巾是为运动安全考虑，是合理的，不构成歧视）	宗教信仰歧视	

续表

编号	年份	案件名称	基本案情	审理法院	受歧视者是否得到有效救济	歧视类型	案件影响
12	1989	普华永道诉霍普金斯案 [Price Waterhouse v. Hopkins, 490 U. S. 228 (1989)]	霍普金斯称普华永道（会计师事务所）以其不符合伙人关于女雇员的模样和行为的标准，而拒绝她成为合伙人的做法，构成歧视	美国联邦最高法院	是（普华永道未能举证证明公司不是因为其不符合伙人关于女雇员的模样和行为的标准，而拒绝霍普金斯成为合伙人，因此，根据1964年《民权法案》第7章裁定普华永道构成性别歧视）	性别歧视	该案对性别歧视进行了扩大解释，将基于"性别角色刻板印象的歧视"包括在内
13	1989	方丹诉加拿大太平洋铁路公司案 [Gilles Fontaine v. Canadian Pacific Limited, 1989 CanLII 137 (C. H. R. T)]	厨师方丹诉称，其向同事说明过自己是艾滋病病毒携带者的情况，随后便因受到公司内的敌对环境和气氛的影响而被迫辞职，认为公司对其构成艾滋就业歧视	加拿大人权法庭	是（法院督促雇主承担艾滋病的教育和宣传责任）	传染病病毒携带歧视	
14	1996	科罗拉多州州长罗伊·罗默诉理查德·埃文斯案 [Roy Romer v. Richard G. Evans, 517 U. S. 620 (1996)]	1992年，科罗拉多州批准了科罗拉多州宪法第2修正案，该修正案规定，国家或政府实体均不得制定、通过或执行任何法规、条例或政策，以允许同性恋、女同性恋或双性恋者拥有保护地位。而同性恋男子理查德·埃文斯认为该修正案违反了平等保护条款，应予废止	美国联邦最高法院	是	性取向歧视	推翻了科罗拉多州宪法第2修正案

续表

编号	年份	案件名称	基本案情	审理法院	受歧视者是否得到有效救济	歧视类型	案件影响
15	1999	科尔斯塔诉美国牙科协会案 [*Kolstad v. American Dental Association*, 527 U. S. 526 (1999)]	科尔斯塔认为美国牙科协会（ADA）拒绝提拔作为女性的她而提拔了男性的做法，违反1964年《民权法案》第7章的规定	美国联邦最高法院	是（法院认定如果雇主恶意违反联邦反歧视法，将无论歧视行为的严重程度，而对其施加惩罚性赔偿）	性别歧视	
16	2003	格鲁特诉布林格（时任密歇根大学校长）案 [*Grutter v. Bollinger*, 539 U. S. 306 (2005)]	格鲁特认为密歇根大学在招生录取中，将种族作为主导因素，为特定的少数族裔群体提供更多的录取机会的做法，构成逆向种族歧视	美国最高法院	否（法院维持了密歇根大学的招生政策）	逆向种族歧视	
17	2003	迪奥诉博茨瓦纳建筑协会案 [*Diau v. Botswana Building Society*, 2003 (2) BLR 409 (IC)]	因迪奥拒绝接受艾滋病病原检测，被雇主博茨瓦纳建筑协会解雇，迪奥认为对自己构成歧视	博茨瓦纳工业法院	是（法院认为强制雇员接受艾滋病病原检测不是其作为安保人员工作的内在要求，因此是不合理的，判决恢复其职位，并赔付4个月工资）	传染病病毒携带歧视	
18	2007	参与社区学校的父母诉西雅图第一学区案 [*Parents Involved in Community Schools v. Seattle School District No.1*, 551 U. S. 701 (2007)]	参与社区学校的父母认为华盛顿西雅图和肯塔基路易斯维尔两个学区以个性化的种族分类进行学生分配，违反了美国宪法第14修正案	美国联邦最高法院	是（认定在公立学校实行种族平衡的做法是违反宪法的）	逆向种族歧视	该案引发对以多元化为目的的种族融合、种族优惠待遇政策的思考

续表

编号	年份	案件名称	基本案情	审理法院	受歧视者是否得到有效救济	歧视类型	案件影响
19	2013	美利坚合众国诉温莎案 [United States v. Windsor, 570 U. S., 133 S Ct. 2675 (2013)]	温莎和西娅·斯派尔是同性婚姻（双方均为女性），斯派尔去世后，温莎在继承其伴侣的房产时被要求付高额的联邦遗产税，但在异性婚姻的情况下却可享有无最高限额的配偶税收减免，温莎认为这对同性结合构成了歧视。在美国控告温莎支付遗产税之后，温莎反诉美国政府对同性婚姻实施了歧视性对待	美国联邦最高法院	是（认定《捍卫婚姻法案》第3章将"婚姻"定义为"一名男性和一名女性之间成为夫妻的法律结合"的规定违宪）	同性恋歧视	各州的最高法院自此开始裁定该州禁止同性婚姻的法律违宪
20	2017	美国平等就业机会委员会(EEOC)诉西北领地铸币厂性骚扰案（EEOC v. Northwest Territorial Mint, LLC, Civil Action No. 2:15-cv-01554）	西北领地铸币厂老板罗斯汉森对女性雇员实施性骚扰，包括讲性笑话、进行性评论，并使得女雇员被迫辞职。这些行为违反了1964年《民权法案》第7章	美国西区地方法院	是（达成和解，获得赔偿，同时，西北领地铸币厂也改革了其性骚扰政策和做法）	性骚扰	
21	2020	黑人乔治·帕里·弗洛伊德（George Perry Floyd）被以肖万为首的白人警察暴力执法致死案	在美国明尼苏达州明尼阿波利斯鲍德霍恩社区，46岁的非裔美国人弗洛伊德因涉嫌使用假钞被捕，而白人警察德里克·迈克尔·肖万（Derek Michael Chauvin）在抓捕时，由于单膝跪在弗洛伊德脖颈处超过8分钟，致弗洛伊德死亡	明尼苏达州圣保罗联邦地区法院	是（涉事的四名警察，其中三人被起诉协助与教唆谋杀罪，肖万被控以二级谋杀罪和二级过失杀人罪，被判处22年6个月的监禁。后来达成民事诉讼协议，支付2700万美元和解金，并拨款50万美元在弗洛伊德的遇害地建造乔治·弗洛伊德纪念地）	种族歧视	该案表明美国少数族裔遭受种族歧视是美国社会的"痼疾"。随后，联合国人权理事会通过决议，对弗洛伊德遭遇警察暴力执法而死的事件表示"强烈谴责"

第三章 歧视的历史变迁、现实表现及其原因

续表

编号	年份	案件名称	基本案情	审理法院	受歧视者是否得到有效救济	歧视类型	案件影响
22	2020	意大利总工会位于博洛尼亚的三个分工会（运输业劳动者工会、旅游与服务业劳动者工会、非典型劳动者工会）诉意大利户户送有限责任公司算法歧视案（*Filt Cgil di Bologna, Filcams Cgil di Bologna, Nidil Cgil Bologna v. Deliveroo Italia S. R. L.*）	意大利户户送公司所使用的算法对于骑手来说具有集体歧视性，因为其在对骑手进行荣誉排名时，并不考虑骑手因疾病、子女抚养等合法合理原因而导致的未赴约情形，使骑手丧失了对工作条件优先选择的机会	意大利博洛尼亚法院	是（意大利户户送公司向原告三个工会组织支付5万欧元作为惩罚性赔偿）	算法歧视	该案系欧洲针对算法歧视的第一个判决。判决认定外卖骑手受反歧视法律规范的保护，并确认了惩罚性损害赔偿

资料来源：lexis nexis、新闻媒体报道、书籍、论文等。

从以上国外反歧视典型案例可以看出，国外反歧视诉讼案件呈现出以下特点。

1. 从反歧视诉讼类型上看，国外的反歧视诉讼类型更加复杂多样

相对于我国而言，国外的反歧视诉讼分别结合了其本国国情等的特点，呈现出更加复杂多样的表现形态。国外反歧视诉讼所包含的歧视类型主要有：种族歧视、基因歧视、性别歧视（性骚扰、性取向歧视或同性恋歧视）以及基于就业、疾病、传染病病毒携带歧视、宗教信仰歧视，还有逆向种族歧视、算法歧视等。其中，(1) 早期的反歧视诉讼多集中于种族歧视，并以美国最为典型，表现为黑人等群体对公民资格以及平等、非歧视的基本权利的主张和诉求。(2) 最近的半个世纪以来，就业歧视、性别歧视、性取向歧视、疾病歧视等层出不穷，同样也反映出国外的反歧视诉讼，在随着社会的发展而呈现出愈加多样的类型。甚至有逆向种族歧视这种不同于一般意义上的歧视，它是原本为实现公平正义而在补偿曾经受到歧视群体的过程中引发的非故意、非直接的新的歧视类型，主要就是对弱势群

体给予了超过必要限度的特别保护或利益分配,导致相对方的强势群体的损害。这种歧视类型的出现,进一步加深了歧视的复杂性。此外,随着现代社会价值的多元化和开放化,美国等国家纷纷实现了同性婚姻合法化,因此,围绕性取向歧视或同性恋歧视的反歧视诉讼也不在少数。(3) 近年来,还出现了算法歧视这种随着数字科技的发展而产生的新型歧视类型,如被称为"算法歧视第一案"的意大利户户送有限责任公司算法歧视案 (*Filt Cgil di Bologna, Filcams Cgil di Bologna, Nidil Cgil Bologna v. Deliveroo Italia S. R. L.*)(表 3-2 中的案例 22) 即是例证。

2. 美国在反歧视诉讼中会附带进行违宪审查

19 世纪,美国通过马伯里诉麦迪逊案(*Marbury v. Madison*)确立了司法审查的违宪审查模式,即由司法机关在具体案件中对涉及的法律进行附随性的合宪性审查。① 自此,美国的反歧视诉讼案件基本都会附带进行相应的违宪审查,并且反歧视诉讼的违宪审查也推动着美国反歧视的发展。以种族歧视为例,19 世纪末,美国南方各州通过"吉姆·克劳法"(Jim Crow Laws)②,建立了对有色人种的种族隔离制度,将黑人和白人在公共空间中隔离开,实行差别化对待,对黑人的政治和社会权利进行了完全剥夺。1896 年,美国联邦最高法院通过"普莱西诉弗格森案"[*Plessy v. Ferguson* 163 *U. S.* 537(1896)](表 3-2 中的案例 2)确立了"隔离但平等"原则,虽然该原则名称是"隔离但平等",但实践中也只落实了"隔离",并且取得了很好的效果,却遗忘了"平等"。实际上,该制度的最终还是为了能够在"平等"的外在保护下,合法地实施区别对待。直至"布朗诉托皮卡教育局案"[*Brown v. Board of Education of Topeka*, 347 U. S. 483(1954)](表 3-2 中的案例 4),美国联邦最高法院才判决"隔离但平等原则"违反宪法,通过违宪审查彻底推翻了"隔离但平等"原则。

---

① 参见范进学《美国司法审查制度》,中国政法大学出版社 2011 年版,第 218—232 页。
② "吉姆·克劳法"(Jim Crow Laws)是指美国重建结束后到民权运动前,美国南部各州及边境部分州对于有色人种,尤其是非裔美国人颁布的一系列有关种族隔离的法律。这些法律规定,公共设施要根据种族来隔离使用。

第三章 歧视的历史变迁、现实表现及其原因

3. 国外反歧视诉讼除了让受歧视者得到司法救济，还推动了立法的变革

在三权分立的国家内，立法权、行政权、司法权是相互制衡的关系，并以司法权优位为原则。反歧视司法诉讼，是以司法的方式作出歧视与否以及违宪与否的判定，同时这种判定还会产生对立法和行政的影响，尤其是会推动立法的变革，包括推动作出法案的废止、撤销、修改等，这是以司法的形式助力了立法的变革。既实现了对平等权的司法保护，为当事人提供司法救济，又在立法层面保障了平等，消除了歧视，让立法符合宪法平等权利的规定。如拉文诉弗吉尼亚州案［*Mildred Loving v. Virginia*, 388 U.S. 1（1967）］（表3-2中的案例5）即推翻了美国弗吉尼亚州的禁止跨种族通婚法，结束了美国对基于种族的法律限制。

总之，通过以上反歧视诉讼典型案例的呈现，可以发现歧视具有普遍性，是一个国际性的问题，有着多样的表现形式和较长的存在发展史。对此，可根据实践中歧视的主要现实表现来进行分类，从而进行类型化的系统分析。

二 歧视的类型

除了法定的禁止歧视类型以外，还有很多其他未被列入立法的歧视类型，这些新出现的歧视类型也具有相当强的社会危害性，需要对此加以关注。从实践层面来看，歧视可以基于不同的层面作出不同的类型划分。（1）如果从歧视的实施者与作用对象的关系上划分歧视类型，可分为平等主体之间不合理的差别对待的"行为性歧视"与不平等主体之间不合理的差别对待的"制度性歧视"。如基于种族隔离制度而产生的种族歧视、基于户籍制度而产生的户籍歧视等。其中，行为性歧视是一种比较容易治理的歧视类型，而且随着经济社会的不断发展进步和人们法治意识、道德水准的不断提高，公开的、恶意的歧视是在不断减少的。但对于制度性歧视来说，它往往能够在实践中凭借合法性或正当性的制度外衣而得以掩盖，并持续存在。相较于一般的行为性歧视，制度性歧视具有更严重的危害性，不仅涉及范围广泛，而且治理和消解起来也更难。（2）如果从社会时代的

角度划分歧视类型，则可以分为"传统歧视类型"与"新型歧视类型"。随着社会时代的发展和进步，歧视类型变得越来越多样，传统歧视类型不仅没有随着时代的发展和进步而消除，反而与新型歧视类型共存，并呈现出交叉态势，如算法歧视这一新型歧视类型就与性别歧视、年龄歧视等传统歧视类型相交叉，进一步增加了治理难度。

但从"传统歧视类型和新型歧视类型"或"行为性歧视和制度性歧视"的角度划分，也可能会产生交叉归类的问题，比如农村"外嫁女"歧视是一种性别歧视，而分别从"传统歧视类型和新型歧视类型""行为性歧视和制度性歧视"的角度对其划分，则其属于传统歧视类型、制度性歧视，很显然此处出现了交叉归类。对此，本书根据歧视的现实表现，结合立法和实践的情况，按照歧视的产生基础，将歧视的类型划分为"基于生理特征或状况的歧视""基于经济与科技的歧视""基于身份的歧视""基于制度的歧视""基于宗教信仰的歧视""基于国际社会差异的国际歧视"等类型，如图3-1的思维导图所示。

歧视的类型化分析

一、基于生理特征或状况的歧视
1. 年龄歧视
2. 性别歧视
   (1) 基于一般性别差异的性别歧视
   (2) 基于怀孕、生育的性别歧视
   (3) 性骚扰
   (4) 性倾向与性别认同歧视
3. 种族歧视
4. 容貌歧视
5. 身体机能缺陷歧视
   (1) 残疾歧视
   (2) 基因歧视——基于基因检测而产生的歧视
                  ——基于基因编辑而产生的歧视
6. 基于健康状况的歧视

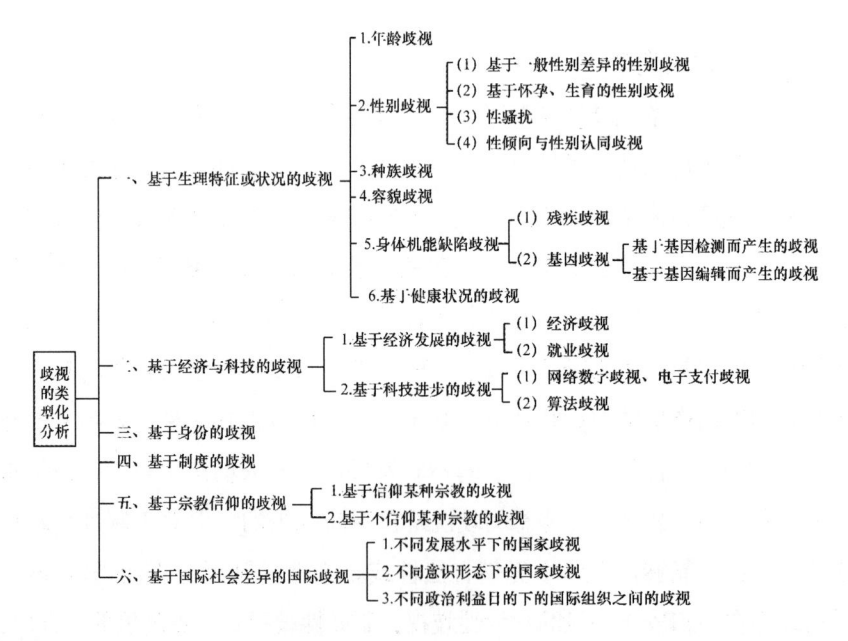

二、基于经济与科技的歧视
1. 基于经济发展的歧视
   (1) 经济歧视
   (2) 就业歧视
2. 基于科技进步的歧视
   (1) 网络数字歧视、电子支付歧视
   (2) 算法歧视

三、基于身份的歧视

四、基于制度的歧视

五、基于宗教信仰的歧视
1. 基于信仰某种宗教的歧视
2. 基于不信仰某种宗教的歧视

六、基于国际社会差异的国际歧视
1. 不同发展水平下的国家歧视
2. 不同意识形态下的国家歧视
3. 不同政治利益目的下的国际组织之间的歧视

图3-1 歧视的类型化分析

(一) 基于生理特征或状况的歧视

基于生理特征或状况的歧视主要是由"先赋因素"所赋予的个体基本特征而形成的。作为一种不受人力控制的、自然随机分配的因素，先赋因素不能成为减损和剥夺该部分群体机会平等和平等待遇的理由。这种区别对待是没有任何正当性与合理性依据的，是非正义、不平等、不道德的歧视行为。通过先赋因素获得幸运的一方不能因此而在资源竞争中占得先机。然而在现实社会中，却偏偏基于天赋因素生成了诸多歧视。其包括但不限于年龄歧视、性别歧视（包含基于一般性别差异的性别歧视；基于怀孕、生育的性别歧视；性骚扰；性倾向与性别认同歧视等）、种族歧视、容貌歧视、身体机能缺陷歧视（如残疾歧视、基因歧视等）、基于健康状况的歧视等。

1. 年龄歧视

在社会的发展中，高龄群体似乎成为社会前进的负担，不论是在就业还是其他领域中，年龄都成为划分资源、机会、权利的关键基准。如在公务员招生考试或企业招聘中经常能看到以35岁作为报考的界限。在全球化和市场经济发展的过程中，企业通常会认为年轻人的行动力和执行力都会强一些，能够带来更高的生产效率，因此愿意招用年轻员工。一些高精尖技术领域更是对大龄劳动者有所排斥，认为他们对新生事物的接受和创造能力都已不足。在实践中，年龄歧视很容易被忽视，对年龄歧视的治理也未能得到足够重视。对于我国而言，我国的人口红利期也在逐渐消退，为了使劳动力结构能够得到优化，就需要对年龄歧视问题予以关注和重视，保障中高龄群体的平等就业权，避免其成为社会弱势群体。

2. 性别歧视

从全球视角来看，性别歧视是一种长期和普遍存在的歧视类型。在当代文明社会，性别之间的不平等仍然是人类社会最大的不平等。在整个国际社会范畴内，妇女在事实和法律上都普遍地受到了歧视与不平等对待，大多数妇女在遭受歧视的同时还面临着严重的贫困，在全球贫困人口中妇女仍然占一半以上比例，农村贫困妇女更是占据绝大多数。全球到处都存在着死于妊娠或分娩的妇女、感染 HIV 等性病的妇女、处于文盲状态的妇女、受到同工不同酬对待的妇女、受到家庭暴力的妇女等。性别歧视是基于性别而作出的区别、限制和排斥的行为或制度安排，这种行为或制度安排违背了男女平等的基本原则，使得女性在社会生活各领域中无法享有同等的权利和自由。社会实践中的性别歧视，除了一般的基于性别差异的性别歧视，还包含着女性因怀孕、生育而遭受的歧视以及性骚扰、性倾向与性别认同歧视等特殊的性别歧视类型。具体包括：(1) 基于一般性别差异的性别歧视。以就业为例，在大工业生产下，效率和利益已经成了首要追求，为了能够获得更多更强的劳动力，用人单位通常会考虑到女性的生理特征以及需要肩负的照顾家庭、抚育孩子等的家庭任务而不愿意雇用女性，甚至为了排斥女性劳动者，而作出男女同工不同酬的就业制度安排。表 3-1 中的案例 1："某某某国际（北京）红珊瑚珠宝有限公司诉金某劳动争议案"，即是性别歧视（怀孕歧视）的例证。表 3-2 中的案例 15："科尔斯塔诉美国牙科协会案"［Kolstadv, American Dental Association, 527U. S. 526（1999）］同样构成性别歧视，因为该案中以性别作为工作晋升的要件违反了美国《民权法案》，侵犯了女性劳动者在就业、晋升中的平等权利。另外，对于我国来说，还存在一种特殊状况，即农村"外嫁女"引发的性别歧视问题，如表 3-1 中的案例 15："中山市石岐区某某股份合作经济联合社、中山市石岐区某某第某股份合作经济社再审审查与审判监督案"；表 3-1 中的案例 25："刘某某与郴州市北湖区华塘镇某某村第某村民小组侵害集体经济组织成员权益纠纷案"即是例证。从立法和司法实践中也可以看出，对户口未迁出本村的农村"外嫁女"是可以享受与本村村民同等权利的，因此，对"外嫁女"合法权益的剥夺构成对其的性别歧视。(2) 基于怀孕、生育的性别歧视。怀孕、生育本是女性的基本权利和自由，也是人类得以生生不息的基本路径，然而这一正当生理过程，却使得女性在社会生活中遭到歧视，如女性在就业中因怀孕、生育而被拒绝录用或降职、解雇等。(3) 性骚扰。性骚扰通常是行为人实施了与性有关的不受欢迎的行为，让女性感受到了羞辱或人身安全的困扰。如表3-2中的案例9："亚历山大诉耶鲁大学案"［Alexander v. Yale，631F.2d178（2d Cir.（1980）］即美国首次将校园性骚扰作为性别歧视的内涵。表3-2中的案例20："美国平等就业机会委员会（EEOC）诉西北领地铸币厂性骚扰案"［EEOC v. Northwest Territorial Mint，LLC，Civil Action No.2：15-cv-01554］则是就业中的性骚扰，即公司老板以讲性笑话、进行性评论等与性有关的不受欢迎的方式对女性雇员实施了性骚扰。出于对女性弱势群体的保护，法律通常对性骚扰的认定不应过度考量骚扰者的意图，而要看是否违背了被骚扰者的意愿。（4）性倾向与性别认同歧视。性倾向主要指的是基于情欲或性欲，被异性或同性或不止一种性别而持久吸引的状态。也就是说，根据不同的性倾向，可划分为异性恋、同性恋以及双性恋。① 性倾向歧视就是针对非异性恋的性倾向，如针对同性恋、双性恋而实施的歧视等。性别认同是指一个人在社会性别规范下对自我所属的性别类型的自我认同。实际上，英语中的"性别"一词本身就可分为"生理性别"（Sex，生物解剖学意义上的性别）和"社会性别"（Gender，社会文化建构意义上的性别，如在日常认知中，男性性别代表阳刚，女性性别代表阴柔）。② 性别认同歧视是对个体所认同的性别和生理上的性别不相同的人群实施歧视，又可被称为"跨性别歧视"。我国立法并未对性倾向和性别认同歧视作出规定，司法中也并未承认。如表3-1中的案例14："孙某某等与长沙市芙蓉区民政局婚姻登记行政纠纷案"，当事人的同性婚姻诉求就未被湖南省长沙市芙蓉区人民法院支持。而国外有些国家已对此作出过相关规定并通过司法予以保护，如欧洲《性别平等指令》（2006年）就将对跨性别者的歧视纳入其中；美国在《民权法案》（1964年）中规定了禁止性别歧视，经过法院及平等就业机会委员会对"性别"的扩大解释后，将性别表达、性别认同歧视等

---

① 参见刘小楠主编《反歧视法讲义 文本与案例》，法律出版社2016年版，第247页。
② 参见刘明珂《就业中的性别认同歧视域外案例研究及启示》，刘小楠、王理万主编《反歧视评论》（第4辑），法律出版社2017年版，第126页。

都纳入了性别歧视范畴内。① 表 3-2 中的案例 12："普华永道诉霍普金斯案"［*Price Waterhouse v. Hopkins*, 490 U. S. 228（1989）］即对性别歧视进行了扩大解释，将基于"性别角色刻板印象的歧视"包括在内。表 3-2 中的案例 19："美利坚合众国诉温莎案"［*United States v. Windsor*, 570 U. S. , 133 S Ct. 2675（2013）］则承认了美国的同性婚姻，宣布禁止同性婚姻的法律违宪。2014 年，我国出现了首例性倾向职场歧视案，当事人穆某认为性取向并不能作为判断工作能力的依据，不能因此受到不合理的区别对待，但最终法院未能采信证据，将该案驳回。② 2016 年，我国出现了首例跨性别雇用歧视案，即当事人生理上为女性，但因以男性的身份打扮，而被公司以"打扮过于男性化不正常"为由解雇，该案是按照一般人格权纠纷的侵权法保护的路径进行的，但最终也以原告主张证据不充分为由，被驳回二审上诉。③ 这些案件也都从实践的角度向立法和理论提出了要求。对不同性倾向和性别认同予以尊重和保护，是现代化人权理念的必然要求，也是建设性别平等社会的基本要求，我国或许可以在适时的情况下，对"性别"进行多元化扩展解释，将性倾向和性别认同歧视纳入性别歧视的范畴，以保护该部分群体的合法权益。

我国制定了大量保护女性权利的法律法规，如《中华人民共和国妇女权益保障法》《中华人民共和国就业促进法》等，也始终致力于营造男女平等、非歧视的社会文化环境，并将男女平等列为基本国策。实践中，一般的行为性歧视是比较好治理的，而难以治理的是制度性的性别歧视，这些存在于行业规范、用人单位规章制度中的性别歧视，已经获得了一定的合法性和正当性，往往不容易被发现，而且发现后的治理也需要一定的契机和时间。

---

① 参见高文谦《涉及 LGBT 的反就业歧视法比较研究》，刘小楠主编《反歧视评论》（第 2 辑），法律出版社 2015 年版，第 139 页。
② 参见刘小楠主编《反歧视法讲义 文本与案例》，法律出版社 2016 年版，第 256 页。
③ 参见孙国平《性别认同和性别表达歧视之解决——从我国首例跨性别歧视案说起》，《贵州省党校学报》2020 年第 1 期。

3. 种族歧视

种族歧视是由于种族、肤色、世系、民族、人种等差异而受到排挤、对立等不合理的区别对待。种族歧视往往源于一种敌对或厌恶的负面偏见，但这种偏见通常又不具有足够的证据来证明，而仅仅因为某个体属于某群体，就推定其具有该群体的某些不良特征，因此，这种判断是缺乏事实基础或第一手经验的，严重忽视了个体之间的差异。对黑人的种族歧视便是将黑人群体视为一个整体从而作出了"贴标签式"的负面判断。根据美国学者菲什拜因和阿耶兹于1975年提出的"理性行为理论"① 可知，个人对特定行为偏好的行为意向是受到行为的态度和主观推测的影响的。歧视行为的做出是人们理性选择的结果，当人们认为实施歧视行为不会付出无法承受的惩罚时（或者还会带来奖励），就会深化这种行为。

广义上的种族歧视包含民族歧视。种族歧视的特征主要表现为：（1）种族歧视可以是主观故意或非故意的，早先的种族歧视一般都是歧视者的主观故意，甚至是统治者为达到一定的统治目的而专门推行的。当然，随着现代反歧视理念和制度的发展，故意且明显的种族歧视已有所减少，但隐形的种族歧视仍然存在，并呈现为一种非故意的主观形态。（2）种族歧视既可以表现为行为性歧视，也可以表现为制度性歧视。行为性歧视主要是个体行为的歧视，这是基于种族偏见而产生的。如认为黑人代表着愚钝，不适合从事脑力劳动而拒绝雇用；又如认为黑人的道德品行败坏，不愿意将房屋出租给黑人等。制度性歧视主要是通过制度政策建构出来的，从而实现了种族歧视的合法化、正当化。如在就业领域通过一系列的法律、政策或行业惯例，排斥特定种族；在教育领域实行的种族配额制或隔离制等。当然，不论是行为性歧视还是制度性歧视，都是通过一定的歧视行为或制度安排，而对特定种族实施的区别对待。

---

① 该理论主要关注基于认知信息的态度形成过程，其基本假设是认为人是理性的，在做出某一行为前会综合各种信息来考虑自身行为的意义和后果，以此来分析态度如何有意识地影响个体行为。

（3）这种区别对待严重损害了特定种族的合法权益，造成了损害后果。一方面，受歧视的种族往往会产生低人一等的心理，这对他们来说是严重的心理伤害；另一方面，受歧视的种族往往无法平等享有教育、医疗、社会保障等公共服务，更无法享有平等的参政议政权，从而沦落为社会弱势群体，而且这种弱势地位还在代际传递下被延续。（4）该区别是被法律禁止的。随着现代反歧视理念和制度的发展，禁止种族歧视已经成为人类共识。1965年，《消除一切形式种族歧视国际公约》为禁止种族歧视提供了国际法依据。而各国国内法也基本都对种族歧视作出了相应的规定。如美国制定《民权法案》确立了种族平等的权利。对于我国而言，也通过宪法和其他基本法律，实现了对民族平等权利的保护。但时至今日，种族歧视仍若隐若现，从未被根除，如表3-2中的案例21："黑人乔治·帕里·弗洛伊德（George Perry Floyd）被以肖万为首的白人警察暴力执法致死案"，即是当代种族歧视的例证。

4. 容貌歧视

容貌歧视又可以被称为外貌歧视、长相歧视，是以容貌作为区分、限制、排斥或优待的根据。实践中已经出现了容貌歧视的司法诉讼，如"秋子诉上海昂立教育投资管理咨询有限公司案"，即由于用人单位在招聘教师的过程中，以应聘者秋子头部较大为由，拒绝录用。但实际上，《中华人民共和国教师法》并没有对教师的容貌作出规定，只是在第十条作出了遵守宪法、法律，热爱教育事业，具有良好的思想品德、具备规定的学历或国家教师资格考试合格、有教学能力等的规定，因此，容貌与教师资格并无关联，用人单位仅仅以应聘者头部较大为由而拒绝录用，构成了就业歧视。[①] 然而目前，我国立法并未将容貌歧视作为法律明文禁止的歧视类型，因此，通常是基于立法条文的开放性表述来进行扩大解释，从而作出相应的法治化治理。

[①] 参见周伟等编著《法庭上的宪法：平等、自由与反歧视的公益诉讼》，山东人民出版社2011年版，第400页。

5. 身体机能缺陷歧视

身体机能缺陷歧视主要表现为残疾歧视和基因歧视。(1) 残疾歧视。在人类的整个生命周期中,任何人都有可能基于先天遗传或后天疾病、自然灾害、意外事故、贫困乃至战争等因素而导致残疾。残疾人几乎占据了世界人口的10%。然而一直以来,"残疾人"作为与"健全人"相对立的群体,常以一种"负担""累赘"的形象存在,残疾人群体长期处于社会最底层,接受着健全人的"支配",遭受着社会各种偏见和歧视。从实践观察中可知,社会层面的残疾歧视主要表现为以下几方面。第一,基于残疾人身体上的缺陷而被有意或无意叫起来的言语绰号。如"瘸子""瞎子""哑巴""豁豁嘴"(唇腭裂患者)等,这些标签式的污名化称谓,将残疾人所具有的负面性特征固化为该群体的刻板印象,并在此基础上形成歧视性的行为或制度安排。第二,残疾人在社会活动中面临的隔离与排斥。残疾人往往容易在正常的社会活动中被限制或剥夺相应的资格,社会大众普遍认为残疾人并不具备和健全人一样的能力。还有的是残疾人家庭出于羞耻的心理而不让残疾人出门进行社会交往,又或者因过度保护残疾人而刻意降低其独立性,从而进一步减损了残疾人的身份意识。[①] 在此过程中,残疾人群体也失去了自身获得发展的机会。残疾人在遭受歧视的同时,也面临着贫困。第三,基于传统文化观念或宗教信仰而产生的对残疾人群体的歧视。人们往往会忽略残疾人本身所应享有的公民权利和社会权利,将残疾人身体上的残疾等同于其权利的减损,将残疾人视为"废人"。更有在乡村社会中将残疾人现世的身体残缺与前世报应相联系,认为残疾人之所以残疾一定是前世作恶多端才在现世遭受这样的惩罚,因此,为避免伤及己身而故意疏远残疾人。第四,在社会环境的文化设定下,残疾人面临着严重的心理伤害,再加上大部分残疾人的自我维权意识不够强,对于所遭受的歧视往往选择"容忍",被迫认同和内化了外界对自身的种种歧视,自我也逐渐固化了

---

① 参见刘文静《〈残疾人权利公约〉研究》,知识产权出版社2020年版,第19页。

社会边缘人的身份和角色，残疾人根本无法像正常人一样有尊严地生活。

以上关于残疾歧视的表现也有部分是不为法律所规制的内容，需要道德教育等其他方式来加以治理或调整，而一些切实表现为歧视行为的内容，则迫切需要法律的介入。《中华人民共和国残疾人保障法》第二条对"残疾人"的概念界定为，基于心理、生理或者是人体结构方面的功能异常，包括受损和丧失，而无法正常参与社会生活或从事社会活动的人。因此，残疾歧视包括"视、听、说"的障碍以及肢体、智力、精神的障碍等。根据《残疾人权利公约》对残疾歧视的定义可知，对于消除残疾歧视，保障残疾人的平等权益，除了需要确立法律面前人人平等的价值理念，更重要的是要为残疾人提供合理便利，并为残疾人提供积极的帮扶救助措施，才能实现残疾人群体事实上的平等。

（2）基因歧视。基因歧视是一种特别的基于身体机能缺陷而产生的歧视，针对基因的歧视主要是考量到其所可能引发的疾病的风险。基因歧视是随着现代科技发展而出现的新型歧视类型，主要体现在两方面：一是，基于基因检测而产生的歧视；二是，基于基因编辑而产生的歧视。其中应对基于基因检测的歧视，通行的做法是从隐私权保护的角度入手来保护自然人的基因平等权和自主自由决定权。即由个人自主决定是否进行基因检测，并且在不危害公共安全的基础上，限制他人尤其是用人单位对基因信息的获取。[①] 而应对基于基因编辑的歧视，可以通过细化和完善相应的立法，为人体基因编辑划定法治底线，规范对与人体基因、人体胚胎有关的医学和科研活动，以避免可能产生的基于人体基因编辑的歧视风险。

6. 基于健康状况的歧视

基于健康状况的歧视，指的是"基于任何实际的或认知的身体或精神健康状况的不利对待，且缺乏合理、适当或合法原因"。[②] 它既包括针

[①] 参见李成《我国就业中基因歧视的宪法问题》，《法学》2011年第1期。
[②] 李子瑾：《应对基于健康状况的歧视：理论、经验和挑战》，法律出版社2019年版，第16页。

对生理健康状况的歧视，也包括针对心理健康状况的歧视。《经济、社会及文化权利国际公约》通过一般性意见，对公约中规定的"其他身份"进行了解释，包括"年龄、经济状况……健康状况包括患艾滋病/携带艾滋病毒、性取向、公民、政治或社会状况、婚姻、难民或移民状况"。如表3-2中的案例17："迪奥诉博茨瓦纳建筑协会案"[*Diau v. Botswana Building Society*, 2003（2）BLR 409（IC））]即禁止非基于工作内在要求的强制性的艾滋病病毒检测，以避免基于健康状况的歧视的例证。随着时代的发展和变迁，实践中基于健康状况的歧视也逐渐增加了更多的医学情况，诸如乙肝歧视、丙肝歧视、肺结核歧视等也频繁发生于就业、教育等日常生活当中。① 如用人单位以应聘者携带乙肝病毒为由而拒绝录用，就是一种基于个人生理健康状况而作出的歧视。又如表3-1中的案例23："李某1与某某某国际托育（深圳）有限公司教育机构责任纠纷案"，便是对孤独症谱系障碍这一疾病的健康歧视。总之，以健康状况为依据而作出的区别、限制、排斥或过度优待，除非基于特定工作的内在需要、基于国家安全、公共秩序和公共利益等需要，否则都将构成对他人健康权、隐私权的侵犯。如要求从事食品加工行业的劳动者不得患有传染性疾病便是基于特定工作的内在需要而作出的合理的区别对待，因此不构成歧视。

（二）基于经济与科技的歧视

基于经济与科技的歧视，顾名思义，是随着经济的发展与科技的进步而产生的。其主要表现为随着经济的发展而产生的经济歧视、就业歧视以及随着科技的进步而产生的网络数字歧视、电子支付歧视和算法歧视等。

第一，基于经济发展的歧视。其主要表现为：（1）经济社会发展带来了高度的自由、选择和无限的竞争，在这样的时代背景下，就业压力

---

① 参见李子瑾《应对基于健康状况的歧视：理论、经验和挑战》，法律出版社2019年版，第36页。

也被放大。① 与此同时，社会整体平等就业的观念还没能及时树立起来，加之前期反就业歧视法律制度的缺失，使得就业歧视问题愈加严重。从劳动就业的年龄条件，到容貌条件，再到身高条件、地域条件等，种种就业条件的限制引发了诸多歧视和不平等。（2）经济歧视既包括区域之间经济发展差异引发的歧视，也包括区域之间基于居民收入差异以及所享有的教育、医疗、社会保障等方面的差异和不平等而产生的歧视。对此，党的十九大报告专门指出，中国特色社会主义进入新时代，社会主要矛盾也发生了转变。在新时代，会更加注重发展的平衡性和充分性，秉持新发展理念，有效治理经济发展中产生的歧视问题，营造公正、平等、非歧视的经济发展新环境。②

第二，基于科技进步而产生的歧视。该种歧视类型主要包括基于电子信息技术的发展和算法技术的应用而产生的歧视。具体表现为以下几方面：（1）网络数字歧视、电子支付歧视。这两种歧视类型都是在技术的发展中，部分群体（如老年人、居于偏远地区的民众）由于自身及各种外在条件的原因而跟不上时代发展，社会对此也缺少普遍的关注和照顾，从而产生的歧视。（2）算法歧视。算法歧视是一种更具普遍意义的歧视。在数字时代，人们享受算法所带来的便利性的同时，也受到了算法的"理性歧视"，这种歧视已经不需要阶级或种族仇恨，甚至也不需要无意识的偏见，"当自动决策工具的设置不是为了明确消除结构性不平等时，它们的增长速度和规模只会加剧这种不平等"。③ 在表3-2中的案例22："意大利户户送有限责任公司算法歧视案"［*Filt Cgil di Bologna, Filcams Cgil di Bologna, Nidil Cgil Bologna v. Deliveroo Italia S. R. L.*］中，意大利户户送公司即通过算法对骑手实施了集体歧视，过于理

---

① 参见中国政法大学宪政研究所反就业歧视研究组《反就业歧视法专家建议稿》。
② 参见《决胜全面建成小康社会 夺取新时代中国特色社会主义伟大胜利》（2017年10月18日），共产党员网，https://www.12371.cn/special/19da/bg/，2022年2月28日。
③ ［美］弗吉尼亚·尤班克斯：《自动不平等》，李明倩译，商务印书馆2021年版，第162页。

性的机器设置让算法在对骑手进行荣誉排名时,并不考虑骑手因疾病、子女抚养等合法合理原因而导致的未赴约的情形,因此使得骑手丧失了对工作条件优先选择的机会。由于"数字鸿沟"的存在,会使得权力与社会秩序、资本与国家的关系逐渐发生异化,从而无限放大了社会中的歧视与不平等,并且还可能基于算法不公而引发极权暴政与贫富差距的急剧分化。归根结底,算法技术也是以效率为根本导向的,这就决定了算法技术中对不同主体区别对待的特性,在这样的代码化技术环境下,受歧视群体也被无限放大。

(三)基于身份的歧视

户籍歧视是典型的基于身份的歧视,通常是根据户籍类型的不同而分配了不同的资源,并实施了区别、限制、排斥或优待。一般而言,不同户籍人口、不同地域人口代表了不同的社会出身,也代表着所能享有的不同权益,包括社会福利和社会保障等。表3-1中的案例4:"安徽某某大学法学院毕业生江某诉某市人力资源和社会保障局户籍歧视案";表3-1中的案例6:"江某某诉南京市某某人力资源服务中心就业户籍歧视案",均是在招人用人方面的户籍歧视。总的来说,户籍制度对公民本应平等享有和行使的基本权利进行了不平等的划分,对社会公平发展产生了严重的阻碍作用。在户籍制度的作用下,城乡之间在经济发展中不断被分化,形成了城乡二元结构,并在后续很长一段时间内,都作为影响农民平等参与社会、平等享有社会保障和公共服务的社会机制而存在。[①] 当然,我国已经采取行动对户籍制度进行了改革,并对改变城乡二元结构做出了不懈努力,但制度往往具有一定的惯性,在彻底变革之前,歧视问题可能还会持续存在,对此需要予以关注。

(四)基于制度的歧视

基于制度的歧视与其他类型的歧视之间会发生交集,但基于制度的歧

---

① 参见刘开明《制度性歧视导致的工资不平等》,刘小楠主编《反就业歧视的策略与方法》,法律出版社2011年版,第177页。

视影响面更宽、影响力更大。从宏观上看，基于制度的歧视通常是指制度性歧视，这种体系性的歧视依托外在的形式合理性与长期被接受、被遵守的制度惯性而被社会乃至国家公权力忽视。它不同于一般的行为性歧视，有着极其深远的社会危害性，广泛存在于教育、就业、社会保障等领域，常体现在户籍制度、社会保障制度、公共教育制度、公务员招考制度等的制度安排中，如公务员招考中存在的非为岗位所必需的学历层次要求、学校层次要求或身高要求等；还有的会存在于诸如村规民约、企事业规章制度等的社会规范当中。制度性歧视的发生主要是由于制度的非中立性所导致的，制度在制定的过程中，难免带有一定的价值选择，并且与时下的道德、文化、社会状况密切相关，有着很深的社会影响。当有群体或个体的平等权利因此受到侵害时，也较难得到及时有效的法律救济。

（五）基于宗教信仰的歧视

宗教信仰自由包括信仰某种宗教和不信仰某种宗教两种形式，因此，基于宗教信仰的歧视也包括两种类型：（1）基于信仰某种宗教的歧视；（2）基于不信仰某种宗教的歧视。禁止基于宗教信仰的歧视获得了大多数国家的认可和支持，其主要通过立法、行政和司法的手段来进行相应的法治化治理。就国内而言，《中华人民共和国宪法》对公民享有宗教信仰自由，且不得歧视信仰宗教和不信仰宗教作出了规定。就国际而言，联合国《消除基于宗教或信仰原因的一切形式的不容忍和歧视宣言》对禁止基于宗教或其他信仰对任何人加以歧视作出了规定。而多宗教的国家，如印度，也在宪法中规定国家对所有宗教保持中立态度，禁止宗教歧视。主权国家通常会通过相应的行政行为，保障公民宗教信仰不受歧视，并提供行政救济与司法救济等多种维权和救济途径。实际上，在司法实践中，对基于宗教信仰的歧视的认定有一定的难度，需要科学合理辨别行为或制度安排是出于正常生产生活和活动所需，还是出于宗教信仰的区别对待，如表3-2中的案例11："门诺拉诉伊利诺伊州高中协会案"［*Menora v. Illinois High School Ass'n*，527F. Supp. 637（N. D. Ill. 1981）］，法院即认为禁止在比赛中佩戴帽子和头巾是为运动安全考虑，是合理的，不构成对犹太教徒门诺

第三章 歧视的历史变迁、现实表现及其原因

拉的宗教信仰歧视。

（六）基于国际社会差异的国际歧视

在国际层面，基于不同的国际地位也会产生国家间、国际组织间的歧视。具体表现在：（1）不同发展水平下的国家歧视，如发达国家对发展中国家的歧视；（2）不同意识形态下的国家歧视，如资本主义国家对社会主义国家的歧视；（3）不同政治利益目的下的国际组织之间的歧视等。

通常基于国际社会差异的歧视会表现在政治、经济、文化、军事外交、国防等多方面，并与种族歧视等基础歧视类型相连接。其中，（1）在政治层面，常表现为国籍歧视。如19世纪美国就曾实施过排华政策，使得华人在美国基本没有公民身份，不享有任何社会权利。（2）在经济层面，如美国通过对中国实施各种经济层面的制度性歧视以压制中国的发展，包括无视中国市场经济体制改革取得的显著成就，仍然以替代国标准作为对华反倾销诉讼中用以衡量中国产品成本价格的标准。该做法对我国企业构成了歧视和不平等对待，侵犯了应诉企业的权利，损害了其应有的利益。[①]（3）在文化层面，如20世纪初，上海租界内的外滩公园公然书写"华人与犬不得入内"，这种接近于制度性的公告严重损害了华人的人格尊严，构成了歧视；此外，此次新冠疫情发生初期，国外将新冠病毒称为"中国病毒""武汉病毒"，也含有一定的歧视性倾向。实际上，2015年世界卫生组织就发布过新的命名规则，禁止用国家、城市、地区、种族、人名以及文化、行业职业和人口相关的词汇来对病毒命名，但歧视性倾向是无法短时间内消失的，正如此次新冠疫情，就再次出现了对华的歧视。除了在病毒命名方面的污名化，还有对华人、华裔，甚至亚裔的言语侮辱谩骂、生活上的骚扰、歧视隔离、区别对待以及暴力攻击行为。[②] 如果说污名化的

[①] 参见窦希铭《美国对非市场经济国家的反倾销单独税率问题研究——以对华的制度性歧视及应对策略为视角》，《山东社会科学》2010年第10期。

[②] 参见汪习根、周亚婷《国际法治视野下的疫情歧视剖析》，《国外社会科学》2020年第5期。

称谓、语言上的侮辱只是语义学或伦理学视域下的歧视,那隔离、暴力攻击等表现为实际行动和制度安排的歧视,已经构成了法学上的歧视,需要对此加以治理,以维护我国及国人的合法权益。

第三节 歧视的发生原因

社会中的歧视与不平等是社会为了保障最重要的位置能够被那些最能胜任的人胜任,而在不知不觉中发展起来的。也就是说,在某种意义上歧视和不平等其实也可能是一种社会需要,是社会为了激发个体,而以相应的利益或报酬的形式有差别地分配给不同的位置,[①] 这也在一定程度上对歧视的发生原因作出了部分回应。实际上,歧视的发生是多种因素综合作用的结果,既有先天禀赋差异和人的心理需要等的内在原因,又有经济、政治、制度、社会文化以及技术层面等的外在原因。

一 歧视的内在原因

歧视的内在原因是基于人自身内在的生理和心理特质而产生的,主要体现在先天禀赋差异和人的心理需要等层面。内在原因往往具有基础性,在一定程度上可以说是一种偏向于自然性的选择。

(一)先天禀赋差异引发歧视

对于人类社会来说,每个人都是独立的个体,每个个体都有不同的先天禀赋,因此,每个个体必然会有强弱差异之分。这些差异与区分自然会使其处于不同的境遇,享受区别的对待。如(1)性别特征差异引发歧视。在人类早期生产力极低的母系氏族社会中,采摘食物是生存的主要来源,同时女性肩负着繁衍后代的使命,因此当时社会以母为贵。而伴随人类社会文明的进步和发展,工具被发明出来并被大量使用,这

[①] See Kingsley Davis, Wilbert E. Moore, "Some Principles of Stratification", *American Sociological Review*, Vol. 10, No. 2, 1944 Annual Meeting Papers (Apr., 1945).

让狩猎、养殖、耕种等成为获取食物的主要来源。而狩猎、养殖、耕种都是需要体力支撑的，男性本身即具有先天的体力优势，在部落战争的催化作用下，男子的重要性愈来愈凸显，父系氏族逐渐形成并强化。步入父系氏族社会以来，由于社会分工的不同，再加上女性生理结构等原因，使得男性在社会和家庭中逐渐居于强势和支配地位，女性则逐渐居于劣势和服从地位，成为社会弱势群体，自此"男强女弱"的性别特征差异得以形成，并进一步演化出"男尊女卑"的思维意识。随着社会的发展，"男尊女卑"非但没有消除，反而愈演愈烈，获得了"跨文化""跨国度"的认同。① 女性在先天生理上的体力就不如男性，这是一种先天的自然剥夺，这种基于生理特征上的先天天赋差别，本不应成为性别歧视的缘由，但在现实社会中却成为性别歧视者理所当然的依据，形成女性权利的严重侵犯，而且这种先天禀赋还会在外部生存环境的影响和作用下被无限放大。（2）身体机能差异引发歧视。有些人先天残疾，包括智力残疾、精神残疾、言语听力视力残疾、肢体残疾等，这种先天机能的差异，难免会将其引向不利境遇，从受教育，到劳动就业，再到婚姻家庭生活，每一步、每一阶段都可能会遭受歧视。（3）能力禀赋差异引发歧视。没有两片完全相同的树叶，也没有完全相同的人，即使是双胞胎也存在能力、智商等方面的差异。从先天赋予的不同能力上看，有的人天赋异禀，有的人需要靠后天努力；有的人天生擅长丹青，有的人擅长理工，还有的人擅长文史。不同能力禀赋之间的差异，往往也会产生歧视，这是歧视产生的内在原因之一。

（二）先天心理因素引发歧视

1. 生理和安全的需要引发歧视

生理和安全的需要引发歧视的情形主要包括两个方面。（1）个体生存和自我防御本能引发歧视。根据社会行为的系统化本能体系理论

---

① 如基督教文化中认为女性乃是不洁之物；伊斯兰教文化更是认为"男人掌管女人"；佛教文化则认为女性是万恶之源，"男身是好的，女身是坏的"；古罗马法甚至在条文中提到"女人心性轻浮，即使长大成人也需要监护"。

可知，一般而言，个体的行为往往源自本能或者是遗传而来的心理倾向，如生殖、逃避、好奇、合群等本能。① 因此，"排斥异己"成为最基本的保护自我，获得安全的本能。如在新冠疫情期间，人们出于个体生存和自我防御的本能而自然地歧视某某地域籍人，做出各种阻断和排斥行径，以保护个体、家庭和族群生存安全，避免受到生命健康的侵害，甚至死亡的威胁。（2）负性情绪的抗争引发歧视。人类有着多种多样的情绪体验，包括开心、欣赏、轻松、同理心等正性情绪以及焦虑、悲伤、愤怒、恐惧等的负性情绪。从生物学层面来看，正性情绪有利于人类的发展，能帮助人类获得有利的生存资源，而负性情绪则用来保障人类的安全，帮助人类远离生存危险。在面对可能产生的生存危险时，人们难免会有负性情绪，如在遇到患有乙肝、艾滋病等传染病病人或有过前科的人员时，人们下意识地会产生恐惧、蔑视和逃避等的情绪。这种心理情绪也会自然地产生与之相对应的态度、行为，甚至是制度安排，② 比如在就业中拒绝招用这些群体，以保障自身安全等。

2. 群体思维引发歧视

人类作为高等群居动物，虽然独立、自主、自由是人类所极力追求的，但这毕竟是理想状态，很大一部分人在心理上还是有抱团和非自主的心态的，在这些心态影响下难免会产生歧视。具体而言：（1）非自主性心理引发歧视。对于一些未能通过独立和理性反思形成自我目标并作出实际决定的人来说，他们就是非自主性的，③ 这种非自主性会让他们无法对行为举止进行理性判断，而是听从于他人，尤其是听从于具有"权威型人格"的个体。权威型人格的个体往往容易基

---

① 参见方文《从本能论到人类习性学——社会行为的生物化解释的逻辑历程》，《社会科学战线》1995年第2期。
② 参见张婍、冯江平、王二平《群际威胁的分类及其对群体偏见的影响》，《心理科学进展》2009年第2期。
③ 参见［英］史蒂文·卢克斯《个人主义》，阎克文译，江苏人民出版社2001年版，第49页。

于维护自身所占据的支配地位而产生对弱势群体的歧视，这便会带动很多非自主性的个体作出"随大流"的决策。如国外对黑人等有色人种的种族歧视，往往即在某些具有权威型人格的群体带动下，民众随之呼应而产生并发展起来的。（2）抱团心理引发歧视。分类本是社会认同的过程，但分类也直接产生了不同的利益集团，形成内、外两个不同的群体。当人们意识到不同群体之间所存在的差异时，会自然地产生群体偏见，这种群体偏见的产生甚至不需要发生任何的冲突或存在任何的竞争。① 而为了不让自己在物质利益等方面被群体孤立，或为了维护本群体的利益，人们习惯于抱团本利益集团或本利益群体，以获得群体身份的认同，寻求归属感和安全感，避免体验到与众不同的压力。如在就业招聘时，做出拒绝招录外地户籍应聘者的行为；又如在公开招投标时，拒绝外地企业的参与等。

二 歧视的外在原因

歧视的外在原因是基于社会生产生活实践而产生的，主要体现在经济、政治、制度、社会文化以及技术等层面。外在原因往往具有关键性，也是法律制度能够发挥作用，实施有效的治理和破解措施之所在。

（一）歧视的经济层面原因

在卢梭看来，文明与平等是一种紧张的对立关系，文明所带来的社会分工、等级以及所建立的产权制度，势必会引发不平等。也就是说，文明会带来不平等，文明所发展出的产权会带来不平等。但与此同时，不平等又会反向推动文明的发展，现代文明就是在这种平等与不平等的辩证关系中获得发展进步的。② 南非人类科学研究发展委员会包容性经济发展部首席研究员克里斯·切蒂曾指出，根据收入而对人进行区别对

---

① 参见佐斌、温芳芳《新冠肺炎疫情时期的群际歧视探析》，《华南师范大学学报》（社会科学版）2020年第3期。

② 参见何怀宏《平等与文明——重温卢梭〈论人类不平等的起源和基础〉》，《山西师范大学学报》（社会科学版）2020年第1期。

待的资产阶级制度,会造成不平等。^① 收入的不同会划分出富者和贫者、富裕地区和贫困地区,双方也因此而享有不同的机会、服务以及社会保障。如我国基于城乡以及东西部经济发展差距而引起的地域歧视、基于贫富收入差距而形成的经济歧视;又如为国企和民企设置不同的制度政策,配置不同的资源,对本应受到平等市场主体待遇的民企进行歧视。对此,需要依赖于公平的法制保障体系来推动实现平等,让不同地区或不同户籍的民众能够平等地参与经济发展、共享经济发展成果,实现共同富裕。[②]

经济基础决定上层建筑,当经济上的差距得以缩小,特别是区域发展差距和个人收入水平差距均在合理范围内时,歧视这一上层建筑也将得到极大的缓解,甚至是消除。而能够将区域发展差距和个人收入水平差距控制在合理范围内的措施,还是需要不断完善制度,提供法治保障。

(二) 歧视的政治层面原因

歧视的政治层面原因,主要源于统治阶级的政治统治,往往是公权力在制定政治制度、社会政策以及营造政治环境等的过程中而形成的歧视,它常表现为一种政治压迫或政治剥夺,使特定群体丧失了平等参与政治的机会,剥夺了其政治上的某些权利,并逐渐沦为社会中的边缘群体或弱势群体。如当公权力提供了不平等、不公正的社会公共服务和社会保障,或者是制定了不平等的社会政策时,通常就会引起社会不公,产生歧视。

基于政治上的原因而产生的歧视,有着更为广泛和深远的影响,会直接产生不平等的社会结构。如国外曾为维护不公平统治而推行种族主义,引发了大规模的种族歧视。现代西方的种族歧视主要是从资本原始积累时期开始的,表现为对特定种族权利的剥夺和减损,如剥夺黑人的

---

① 参见毛俊响、郭敏《针对当代形式种族主义:疫情带来的挑战与各国应对——"全球疫情防控与人权保障"系列国际研讨会第七场会议学术综述》,《人权》2020年第4期。
② 参见胡元聪《包容性增长理念下经济法治的反思与回应》,《法学论坛》2015年第3期。

第三章 歧视的历史变迁、现实表现及其原因

选举权、受教育权以及对其进行肆意的逮捕和杀害等。种族歧视的本质其实是阶级歧视和资源分配不均的结果。在美国殖民主义时期，种族歧视已跨越个人层面而成为社会、制度的需要，是维护统治阶级不公平统治的基本工具。统治阶级通过歧视黑人可以合理地维护奴隶制度，而歧视印第安人也可以进一步维护欧美的殖民地统治。在反动统治阶级不断鼓吹和散布"种族优越论"和"种族仇恨说"的背景下，有色人种，尤其是黑色人种在政治、经济以及社会地位等层面都变得比白色人种低下，黑人根本无法获得平等对待，无法享有同等权利，白人也都不愿意与其进行交往交流，更别说促进和实现社会融合或融入。整个社会对黑人的偏见也愈演愈烈，而黑人作为弱势群体，并不能改变社会环境或社会制度，歧视制度和歧视行为在没有得到任何惩罚的情况下，也得以进一步巩固、深化。

此外，"种族主义优生学"还为种族主义提供了"科学"依据。"种族"是一个相对晚近的概念，指的是"就其肤色、国族或人种本源认为自己有特殊历史身份的人群"。[①] 近代西方就曾经采用所谓的"科学种族主义"（Scientific Racism）论证种族的优劣性，即通过"颅相学"和"优生学"对种族进行人为分类，划定优劣种族，以论证种族主义的正当性。自此，从生物决定论角度出发而构造的"优等、劣等种族"理论，也开始为人类实施的偏见和歧视提供"合理化"依据。美国是最早运用"种族主义优生学"来维护不公平统治的国家，在美国国内，科学家、立法机构、行政机构、司法机构以及各大财阀，联合起来对"种族主义优生学"进行了科学论证，引导了社会舆论及社会认知。在此期间，甚至出现了大量的强制绝育、安乐死、人种隔离等灭绝人性的做法。而传播到德国以后，更是成为德国纳粹执政合法性的重要来源，甚至在后续引发了第二次世界大战。

[①] 卢杰锋：《反就业歧视法的保护群体：美国经验及对我国相关立法的再思考》，刘小楠主编，王理万副主编《反歧视评论》（第3辑），法律出版社2016年版，第64页。

基于政治而引发的歧视往往作用的范围更广,影响也更深远,因此,在政治决策中贯彻平等、非歧视的理念就显得尤为重要了。当然,政治层面的原因通常还和制度层面的原因密切相连,将相应的政治理念转化为政治制度,使歧视得以推行和实施。

(三) 歧视的制度层面原因

"见和歧视在立法大厅、权力和立法走廊里无处不在"①,任何制度设计均无法保证让不同的人拥有完全平等的能力。既然制度设计中的许多歧视和不平等是难以避免的,那么我们需要做的就是首先承认这种重大的不平等,然后再看这种不平等是否合理。② 制度其实是人为建构的用以调整或制约人与人之间关系的社会规则,③ 每项确定的规则与制度安排中,也都有其完整的内在运行结构。在现代社会,制度设计的合理性基础往往在于其所要求的是在某个"评估域"当中的平等与非歧视,即要求在个体的某个重要方面对所有社会成员做到非歧视的平等对待。如就伦理方面而言,要使社会制度的设计具有合理性,就需要在某个极为重要的层面上对所有人都给予起码的平等考量,而缺少这种对平等的要求,就会产生歧视。④ 具体而言,制度层面的原因可从以下几个层面展开论述。

1. 制度制定中的不同价值排序引发歧视

在社会行动的背后,通常会有某些主观精神的东西,并且这些主观精神的背后还有相应的社会文化因素,⑤ 以及一定的价值位阶排序。

---

① [菲] 露茜塔·S. 拉佐:《让法律对社会性别做出回应:东亚和东南亚面临的发展挑战》,《环球法律评论》2005 年第 1 期。
② 参见 [印度] 阿马蒂亚·森《再论不平等》,王利文、于占杰译,中国人民大学出版社 2016 年版,第 168 页。
③ 参见 [美] 道格拉斯·C. 诺斯《制度、制度变迁与经济绩效》,刘守英译,上海三联书店 1994 年版,第 4 页。
④ 参见 [印度] 阿马蒂亚·森《再论不平等》,王利文、于占杰译,中国人民大学出版社 2016 年版,第 150—151、19 页。
⑤ 参见 [德] 马克斯·韦伯《新教伦理与资本主义精神》,闫克文译,上海人民出版社 2012 年版,第 180 页。

第三章 歧视的历史变迁、现实表现及其原因

"'平等'和'反歧视'是与价值观相关联的法律概念",[①] 对此，可以通过价值分析的方法，形成反歧视法律制度中的法律原则，从而为反歧视提供价值共识。在不同的时代背景下，面对不同的社会群体与现实情境时，会产生不同的价值判断。[②]

制度往往代表着统治阶级的意志，代表着整个社会主流价值观以及基础道德观。制度的制定一般都会经过审慎的伦理价值选择与价值博弈，当制度代表了某种价值偏好，并作出对特定群体的倾斜照顾时，自然会形成对其他群体利益的侵害。[③] 相比于一般的行为性歧视来说，制度性歧视的危害程度与负面影响要更深远，因此，需要特别关注制度制定中的价值取向与价值选择。功利主义道德哲学所要求的，即一种"无偏见"的价值判断，并尽量避免被有偏见的平等观利用而导致伪善。

反歧视制度的价值取向与价值选择往往表现为平等、人的尊严、正义等，但规则、制度的制定是一项综合性的工作，在制定的过程中会面临价值排序的问题，如对于国家安全、公共安全、公共利益甚至公共秩序、善良风俗以及公民的生命健康权等的价值排序。在不同的价值排序中，会得到不同的规则、制度制定标准与结果。如《中华人民共和国食品卫生法》（1995 年）就曾明文禁止病毒性肝炎等消化道传染病感染者（包括病原携带者）从事接触直接入口食品的工作，从而将乙肝患者和病原携带者完全排除在食品行业之外。在该情境中，立法明显采纳了公共安全的价值位阶高于病毒性肝炎等消化道传染病感染者与携带者的个人平等权的价值取向。而随着社会对病毒性肝炎认识的提高，乙肝的传播途径被明确为血液、母婴与无保护的性行为之后，国家才在 2009 年通

[①] 林燕玲、刘小楠、何霞：《反就业歧视的案例与评析——来自亚洲若干国家和地区的启示》，社会科学文献出版社 2013 年版，第 391 页。

[②] 参见费孝通《江村经济》，内蒙古人民出版社 2010 年版，第 231 页。

[③] 参见吴帆《中国老年歧视的制度性根源与老年人公共政策的重构》，《社会》2011 年第 5 期。

过修订《中华人民共和国食品安全法》，将乙肝从消化道传染病名录中剔除掉。

2. 制度建构中的缺陷引发歧视

制度建构本身是造成制度性歧视的最直接因素。人类社会是多元化的，制度本身亦是多样化的，无论是法律规范等的法律文件，还是村规民约等的社会规范，都有可能存在因制度建构中的缺陷而引发歧视。制度的漏洞与缺陷是在所难免的，当制度和实践不匹配时，便会导致特定群体无法平等地享有机会、行使权利、满足需求、占有社会价值物与社会各项资源等，从而生成歧视。

第一，均势制衡的破坏导致制度建构中的缺陷，进而引发歧视。在规则、制度的建构中，制定者通常会尽可能地保持均势、维持制衡，尽量让每个人都能在规则和制度当中实现自身利益，以保障规则和制度的持久效力和政治的稳定性，避免回归原始暴力。基于制度的歧视的产生就是在一定程度上突破了规则、制度中本应有的"均势制衡"，相关规则制度的制定主体在制定规则制度时，并未能平衡好各个利益主体之间的关系，使一部分社会群体享受了制度优待，而另一部分社会群体遭受了持续性、普遍性且规范化的不合理对待与社会排斥，导致其被剥夺或削减了本应拥有的资源、权利与公共服务等，并且丧失了参与常规社会生活的能力。这不仅会严重影响个体的生活质量，还会从总体上影响社会公正和社会凝聚力。[①]

第二，利益选择的偏向导致制度建构中的缺陷，进而引发歧视。规则与制度其实是基于配给而产生的，往往是利益选择与资源分配的结果，在当下的经济社会中发挥着重要作用，并具有一定的历史合法性。它们或追求效率，或追求稳定，或基于时代的政治背景或社会境况而作出制度选择与安排，总之，在制定规则、制度时，是需要经过一定的利益选

---

① See Ruth Levitas, Christina Pantazis, Eldin Fahmy, David Gordon, Eva Lloyd and Demi Patsios, "The Multi-dimensional Analysis of Social Exclusion", January 2007, pp. 18 – 25.

择和利益博弈的。而在选择与博弈中，规则、制度势必无法满足所有人的利益诉求，因此，难免会产生对某一特定社会群体或利益集团的制度偏向，从而滋生歧视。如在过去的很长一段时间里存在着"同命不同价"的歧视现象，即在同一场车祸中死亡的人员，却因为城市户籍与农村户籍的不同而给予相差甚远的残疾赔偿金、死亡赔偿金、被扶养人生活费等，这便是一种不合理的区别对待。这种歧视起因于最高人民法院2004年颁布施行的《关于审理人身损害赔偿案件适用法律若干问题的解释》，该司法解释主要是基于民事赔偿的实际履行情况作出的。即基于民事赔偿义务人的承担能力，并考虑到由于城乡发展不平衡，农村机动车驾驶人员投保意识不强，无商业保险作为兜底等原因，而在计算受害人残疾赔偿金、死亡赔偿金、被扶养人生活费时，进行了城乡二元的区分。① 正是基于这样的认知与利益选择，使得"同命不同价"被制度合法化，并延续了数十年，形成对农村户籍人口的制度性歧视。随着社会时代的发展进步以及城乡人员流动与户籍一体化的推进，2019年4月，中共中央、国务院发布了《关于建立健全城乡融合发展体制机制和政策体系的意见》，加快了人身损害赔偿制度的改革，各地法院纷纷开始推行对人身损害赔偿的统一标准，以期能够尽快消除差别对待，终结人身损害赔偿"同命不同价"的歧视问题。

第三，资源分配的不当导致制度建构中的缺陷，进而引发歧视。制度的主要作用就是对资源与利益进行分配，进而维护社会结构的稳定。在法治国家建设中，各类资源越是稀缺，就越需要规则制度来保障资源的公平有序分配。好的制度能够避免社会分配的冲突，促进社会效率。② 基于制度的歧视的盛行，正说明社会资源分配还不够公平合理，这种不公平、不合理通常表现为对弱势群体进行了不合理的区别对待，将有限的资源更多地分配给了另一部分群体，使其愈加成为强势群体，形成歧

---

① 参见何勇海《告别"同命不同价"应成统一动作》，《检察日报》2019年12月25日第6版。

② 参见辛鸣《《制度论——关于制度哲学的理论建构》，人民出版社2005年版，第15页。

视与不平等。

通常可以进行社会分配的,并且对歧视的产生起着关键作用的资源类型有:经济、政治、文化、社会、社会地位(声望)、公民、人力资源等。具体而言,(1)经济资源。经济资源是最主要的资源类型,主要包括土地、流动资产、劳动力资源、商事企业等。(2)政治资源。政治资源主要指的是在家庭中拥有家长权威、在工作中掌握管理权威、掌握政党和社会权威、领袖权威等。(3)文化资源。文化资源指的是拥有高学历、有品位的生活和良好的生活举止。(4)社会资源。社会资源主要指的是拥有高层的社交网络关系。(5)声望资源。声望资源指的是保持良好的声望、受人尊敬等。(6)公民资源。公民资源包括拥有个人财产权、公民权、选举权、集会、结社和言论自由等各项国民福利。(7)人力资源。人力资源主要指的是具有专业技术、学历文凭、资格证书、工作或培训经历等的人员群体。[①] 一般而言,在经济、政治、文化等方面的资源分配与获得方面存在的差异与不平等,会直接影响到制度的平等性,并且会进一步在社会中形成贫富两极分化。资源分配是无法做到绝对的平等或平均的,因此,只能在综合考量全体公民实际需求的基础上,出于高效分配和利用资源的目的,作出相对平等的制度安排。我们主张消除基于制度的歧视也并不是在追求绝对的平均主义,而是要在保障不泯灭社会资源创造动力的情况下,进行一定的制度倾斜,使资源分配达到相对的公平、合理。如通过实施对高收入者征税、给低收入者福利的制度安排,来重新分配各社会群体的利益,以补偿受到相对剥夺的弱势群体。总之,要充分发挥法律在资源分配中的作用,注意对先天不占优势的弱势群体予以相应的权益保护,逐渐矫正资源分配中的不平等,保持效率与公平之间的衡平,让全体社会成员共享经济社会发展成果。

第四,信息摄取的非对称性导致制度建构中的缺陷,进而引发歧视。

[①] 参见李敏《制度如何制造不平等——一个北方城市贫困女性社会排斥的制度分析》,中国社会科学出版社2015年版,第42页。

当信息不对称的时候，人们往往愿意就已知信息内的评判标准进行选择，虽然以偏概全的可能性极大，但所节约的成本却很可观。以就业为例，在信息不对称和获取信息的代价或成本较大时，雇主通常无法对每个个体的能力做以精确判断，故只能靠群体特征进行推断。[①] 在不完全信息摄取的情况下，个体的情况往往被所在的群体特征掩盖或平均化。这一点，在规则、制度制定和实施的过程中亦然。如公务员招考公告中往往会对职位属性作出具体要求，尤其是在学历层次与院校类别上提出仅限毕业于"双一流"（或曾经的"985工程""211工程"）院校的学生报考。由于公务员招考制度的特殊性，也使得存在于其中的歧视现象呈现出"集体无意识状态"。通常我们认为，偏见与刻板印象是普遍存在的，然而实践中非但没能建立起有效的制度来消除歧视，反而通过制度规定加深了歧视产生的可能性。如果仅仅凭借对特定群体的刻板印象而不是按岗位职责的要求来设置招考条件，就很容易滋生就业歧视。[②] 特定岗位的需求与招考限制性条件是否成比例关系并不能完全确定，也没有足够的事实或证据可以证明满足这些学历要求的人会比不满足条件的人的能力高，或者说并不能完全以此作为评判工作能力高低的标准。这些是用人单位或招考单位在信息摄取非对称与不完全信息下，追求高效率的做法，该做法将某一特定群体类型化，并形成了对该群体的歧视。

第五，人的有限理性导致制度建构中的缺陷，进而引发歧视。人们往往习惯于通过"归纳—演绎"的方式串联起对各个事物的理解。人们通过归纳的方法，掌握事物运行的异同规律，从而在新事物出现时较快地进行演绎推理，以获取便捷性的认知。这种思维方式虽然节省了对新事物认知的成本，但可能会因为对个体的独特性认知不够而产生以偏概

[①] 参见李昊《美国反歧视法治实践中的社会学理论与方法——兼论反歧视诉讼中的统计证据规则》，刘小楠、王理万主编《反歧视评论》（第6辑），社会科学文献出版社2019年版，第57页。

[②] 参见王理万、韩明生《中央国家机关公务员招考就业歧视的十年观察》，刘小楠主编，王理万副主编《反歧视评论》（第3辑），法律出版社2016年版，第157页。

全的认知。制度是静态的，制度的制定逻辑是简单机械化的，但人类的现实生活是复杂的，制度的执行也远远无法跟上人类现实生活的变动，也就是说，制度与生活在逻辑上既是不可通约的，① 又是相互建构、相互成就的。人的理性能力是有限的，无法对所有事物都做出正确、全面的规律性认知，所以即使在制度制定中集中了全部的公权力智囊团与社会整体的才智、理性与能力，也无法保证能够全面准确地掌握现实际遇与未来情况。这说明制度的规划和设计也只是根据当前出现的情形，做出未来一定阶段内可适用的规定，② 因此，制度在后续实施时产生歧视也在所难免。当然，实践中更重要的是如何有效应对和治理这些基于制度而产生的歧视。

（四）歧视的社会文化层面原因

1. 社会刻板印象与偏见引发歧视

歧视有很大一部分原因是源自社会刻板印象与偏见。如社会中对女性劳动者的歧视往往就是基于"男强女弱""男主外女主内"社会性别刻板印象而产生的，在刻板印象的作用下，不自觉地实施了相应的歧视行为，诸如在招聘时优先选择男性等；又如种族歧视往往源于一种敌对性的负面偏见，但这种敌对性偏见一般是一种缺乏事实基础或第一手经验的判断，其忽视了个体之间的差异，仅因为某个体属于某群体，就判定该个体具有相应的群体特征，尤其是不良的群体特征，并因此产生敌对态度和排斥行为。③ 对黑人的种族歧视便是将黑人群体视为一个整体从而作出了"贴标签式"的负面判断。并且由于历史文化等原因，黑人的整体文明水平确实有待提高，而提高也需要一个很长的历史过程，这难免会在一代又一代人的心中固化对黑人群体的刻板印象，并在刻板印象的作用下，实施对黑人的歧视行为或制度安排。也即这些社会刻板印

---

① 参见李友梅等《中国社会生活的变迁》，中国大百科全书出版社 2008 年版，第 13 页。
② 参见 [英] 安东尼·吉登斯《社会的构成：结构化理论大纲》，李康等译，生活·读书·新知三联书店 1998 年版，第 522 页。
③ 参见 [美] 戈登·奥尔波特《偏见的本质》，凌晨译，九州出版社 2020 年版，第 8 页。

象与偏见是人们认知层面的偏差所导致的。在认知偏差的作用下，个体丧失了自身本应有的独特性，单纯由已经存在的社会刻板印象来判断个体特征，进而实施相应的歧视行为或制度安排。

2. 文化教育传递歧视

从社会文化层面来看，歧视是后天教育的产物。以种族歧视为例，在遗传学家或人类学家看来，"种族"其实是一种没有任何科学依据的人为发明，是人为对个人或群体价值的固定，并进行植入型的位阶排序，划分出高低贵贱和优劣。实际上，科学界曾对人类基因组进行过分析，其显示所有人类的基因99.99%都是相同的，也即"种族"完全是一个社会学概念，而非科学概念。① 人类关于种族、种族歧视的观念，是通过教育得来的，"黑人、白人、拉丁裔"等涉及种族的称呼也是后天的人为建构，而不是感官上获得的生理差异。从社会认知心理学来看，种族主义观念是在人成长的初期阶段，即童年时期形成的，这种习得的刻板印象通常较难改变，并且会持续地存在于个体的整个生命周期当中，影响个体对事物的认知。② 这让本来表现为纯粹的生物学意义上的肤色、种族差异，转变为一个基于生物学范畴，又超越生物学范畴，而与社会阶级、政治文化认同以及主体意识相关联的，极具复杂性的社会学问题、政治问题、法学问题。因此，既然歧视的产生会受到社会文化教育的影响，那么在反歧视或对歧视进行法治化治理时，也可以从文化教育层面来推进。虽然通过文化教育的方式来推进和改变根深蒂固的歧视需要付出很大的精力，并经过漫长的时间，但是从文化教育层面改变人们的认知，是一种根本性的方案。当人们从根本的认知上都不再有偏见和歧视，并将这种认知予以代代相传，那么未来不论是在社会行为还是在制度安排上，都将大大减少歧视的生成。总之，我们要积极营造人人尊重差异，

---

① 参见［美］伊莎贝尔·威尔克森《美国不平等的起源》，姚向辉、顾冰珂译，湖南文艺出版社2021年版，第56—58页。

② See William A. Barnard & Mark S. Benn, "Belief Congruence and Prejudice Reduction in an Interracial Contact Setting", *Journal of Social Psychology*, Vol. 128, No. 1, 1988.

尊重多元的社会文化环境和包容的文化氛围，从而为消除歧视、实现平等贡献社会文化教育的力量。

3. 宗教理念引发歧视

在人类文明不发达的时期，统治者通常会借助鬼神、宗教、神学等的力量来让人们遵守等级规范。如印度的《摩奴法典》即结合了泛神论、灵魂轮回等宗教教义和种姓制度，以神的口吻，向四个种姓安排了不同的"职司"。①印度教利用种姓制度，将宗教等级观念传播到整个社会，②强行将人类划分为不同等级，从而拥有不同的身份、地位，掌握不同的权力，并基于等级而产生对低等级阶层的歧视。如犹太人即主要因宗教信仰方面的因素而受到歧视和迫害。由此可见，宗教理念也是引发歧视的重要原因之一。

（五）歧视的技术层面原因

现代社会是一种风险社会，各种未知和意外充斥于社会当中，甚至成为社会的主宰。③如果将歧视比作风险和灾难，那么技术的发展，让歧视这一风险也随之获得了新的载体和表现形式，呈现出歧视风险的高科技性，这种高科技性可能会让更普遍的群体遭受歧视。如数字经济时代出现的算法歧视即一种因技术的发展进步而呈现的新的歧视样态。算法歧视扩大了"弱势群体"的范围，从过去"老弱病残"等的小范围群体转变为全体社会成员，人人都可能受到算法歧视，成为数字社会的弱势群体。按照理论上的逻辑，算法是根据统一的规则与模型建构起来的，因此会更加客观、中立，可以很好地实现人与人之间的公正和平等，然而在实践中，算法技术反而因这样的技术理论逻辑引发了各种歧视和不平等，成为典型的基于技术而引发的歧视类型。

---

① 参见张观发《维护古代印度种姓制度的〈摩奴法典〉简介》，《中国政法大学学报》1984年第4期。

② 参见陈国光《印度种姓制度与凉山彝族等级制》，《中央民族大学学报》2003年第3期。

③ 参见［德］乌尔里希·贝克《风险社会：新的现代性之路》，张文杰、何博闻译，译林出版社2018年版，第8页。

第三章 歧视的历史变迁、现实表现及其原因

综上所述，各种歧视类型在发生原因上是有交集的，基本都包含着一定的社会性、法治性、国际性、政治性、历史性因素，并且还会受到自然、文化、教育、宗教等因素的影响。歧视的产生往往是对特定特征或属性的一种屈从，而这种屈从实际上是不平等、不公正的，它不仅产生了日常生活中对特定个体的区别对待，而且还会形成制度性或结构性的障碍与区别对待，即制度性歧视。在制度性歧视中，这种屈从性会表现得更加严重，因为其作用对象是特定的整个群体，其中不免含有政府和社会的有关责任等。[①] 知其然，更要知其所以然。对歧视发生原因的探究，能够让我们明晰歧视这一社会现象的产生依据，在此基础上才能进一步进行歧视的法治化治理。

总体而言，我国通过投入必要的公共财政，完善社会保障体系等具体措施，已经为本国人民群众提供了尽可能公正平等的生存、发展环境和制度体系，保障了基本人权。这些成就能够为未来继续进行反歧视积蓄力量，创造动力。然而歧视是复杂且较难克服的，每一个历史时期或每一个社会阶段，都有与之相对应的歧视类型出现，并成为该历史时期或社会阶段的歧视问题的具体体现或时代使命。就当前时期而言，需要直面的歧视问题分别是算法歧视这一新技术时代下的歧视问题的最新表现，以及制度性歧视这一国家或者社会制度中暗含的较为隐蔽存在的制度化社会歧视问题。对这两个问题的法治化治理具有相当的紧迫性和必要性，也起着抓"主要矛盾"的作用，本书将在接下来的两章中对此分别作出系统论述。

[①] 参见金韬《歧视错误的多元理论：评索菲亚·莫罗〈不平等的诸面孔：错误歧视的理论〉》，刘小楠、王理万主编《反歧视评论》（第8辑），社会科学文献出版社2021年版，第305页。

第四章

算法歧视的法律治理

歧视在人类思维意识中从未缺席过,并且会随着文化的发展与时代的变迁而演化出新的歧视理由和种类。算法歧视即在数字社会所演化出来的新的歧视类型,是新技术时代下的歧视问题的最新表现。随着数字技术的快速发展,人们已经能够利用算法来帮助处理社会生活各领域的复杂问题,如利用算法决策系统作出信用评价、用人管理、政府治理、产品定价等。这极大地提高了决策效率,给人们生活带来了诸多便利。但与此同时,我们还发现,算法对人们生活领域的渗透还带来了新的问题,如在不同的手机端预订机票、酒店或打车时会得到不同的报价;亚马逊公司使用的简历分析系统,自动将女性求职者的排名置于男性之后……这表明,歧视已经随着时代发展而呈现出新的表现形式。算法与大数据的应用不仅无法解决公正和平等问题,反而让本应是"呈现观念"的算法场景产生了"创造观念"的歧视效果,进一步加重了不公正和不平等,并引发新的伦理问题。数字科技带给人们的这些最直观的挑战和问题,势必需要法律作出回应,给予法律治理。

第一节 算法歧视的基本要义

数字社会与人类社会实际上是一种镜像关系,即人类社会无法避免的歧视问题,在数字社会也同样无法避免,甚至在数字空间中愈演愈烈。算法歧视对人类社会制度与经济、政治、文化发展的影响越来越深远,不仅限于传统的种族、性别等因素,而且还投射到数字社会中人类的日常生活和社会事务当中。① 对算法歧视的法律治理首先是要明晰算法歧视的基本要义,对此,可以从大数据、算法等的基本定义出发,逐步提炼出算法歧视的核心要义。

一 算法的基本定义

数据产生于人类开始有文字与数字的时期,其将计量工具与技术相融合,具有极强的精确性和实用性。步入信息化以来,原本建基于"量"的数据已进一步扩展至"数"以及可以转换为数字的"图形""表格""文字"等新的表征形式。② 这些以二进制数据为物理存储形式的数的范畴,也已经不再仅限于表征事物特定属性而成为推演事物运动和变化规律的依据。③ 进入21世纪,各类移动设备开始普及,物联网、云计算与云存储等技术也获得了飞速发展,各类数据开始了井喷式的生产,逐渐进入"大数据"阶段。作为一场新的技术革命,大数据日益改变着我们的工作、学习和生活方式。在海量数据聚集、"信息过载""混沌"的境况下,大数据成为克服各种不确定性,建立数据信息加工与数据运行秩序的新技术,可以说是用传统的信息技术和软硬件工具所进行的感知、获取、管理、处理与服务的数据集合。④

而作为数学与计算机科学领域中运算程序的算法,则是用以执行计算、处理数据,并进行自动推理的技术规范。其最早可追溯至古希腊欧几里得关于计算正整数的最大公约数的算法。现代算法主要来自计算机领域,20世纪,英国数学家图灵曾提出"图灵机"这一假想的计算机抽

---

① 参见徐琳《人工智能推算技术中的平等权问题之探讨》,《法学评论》2019年第3期。
② 参见张玉宏《品味大数据》,北京大学出版社2016年版,第14页。
③ 参见刘红、胡新和《数据革命:从数到大数据的历史考察》,《自然辩证法通讯》2013年第6期。
④ 参见李国杰、程学旗《大数据研究:未来科技及经济社会发展的重大战略领域——大数据的研究现状与科学思考》,《中国科学院院刊》2012年第6期。

象模型，并运用算法作为该图灵机解决不同问题的各种不同程序。① 至于人工智能领域下的机器学习算法，乃是一种能够通过设定相应的参数而使计算机自动生成并自动改进算法的程序。

总体而言，算法是大数据技术最重要的抓手之一，能够深度挖掘大数据中隐藏的有用信息，进而实现数据价值，是凭借设计者或者开发者的主观创造，以代码的形式表达的一种设计者的需要。算法和数据在机器学习的交互中，以"输出预测"作为设定目标的实现情况，"以当前的运行作为下一步指令的基础，根据实际的状态而不是规范的预期作为策略选择的依据"②。通俗来讲，算法即一系列的指令或规则，通过这些指令或规则来解决问题、实现目标，更多体现的是一种基于统计学的随机性控制。

二 算法歧视的核心要义

作为人为建构的产物，算法技术在开发与应用中，会不自觉地将人类社会固有的偏见与歧视通过数据传递到同构属性的算法上产生算法歧视，同时算法所具有的"预测"功能，在逻辑理路上类似于心理学上的"预判"，因此也极易将偏见与歧视夹带其中，正如牛津大学数据伦理和算法领域研究人员桑德拉·沃彻（Sandra Wachter）所言："世界存在偏见，历史数据存在偏见，因此，我们得到带有偏见的结果，不足为奇。"③ 实际上，算法歧视是归属于歧视的一种特殊表现形式，是智能机器的设计者或使用者在数据分析中按照不合理的类别化区分标准所作出的系统性的、可重复的不平等对待。本质在于算法处理海量数据时，因重视效率而违背了公平正义。对此，可以进一步提炼出算法歧视的核心要义。

---

① Turing A. M. I., "Computing Machinery and Intelligence", *Mind*, Vol. 59, 1950.
② 余成峰：《法律的"死亡"：人工智能时代的法律功能危机》，《华东政法大学学报》2018年第2期。
③ 《人工智能已出现种族和性别偏见：是人类教坏了它》，搜狐网，https://www.sohu.com/a/133958967_223764，2021年3月26日。

(一) 算法歧视是一种不合理的区别对待

如果将歧视比作风险和灾难，那么算法技术的发展让歧视这一风险也随之获得了新的载体和表现形式，呈现出歧视风险的高科技性，这种高科技性可能会让更多、更普遍的人遭受歧视。歧视是"一切对公民群体或个人所实施的，其目的或效果在于不合理的区分、限制、排斥、优待或侵害人尊严的行为或制度安排"。① 简言之，歧视即一种不合理的区别对待。算法歧视虽然是一种新型的歧视类型，但它并没有创造歧视本身，也没有改变歧视的本质，而只是改变了歧视的产生方式和存在方式，使得歧视有了更广阔的外延，是歧视在数字社会中的一种特殊表现形式。因此，算法歧视也具有歧视的一般性要义，同样是一种不合理的区别对待。

(二) 算法歧视是智能机器自动化决策的产物

算法的建构与运行极具复杂性。算法是在计算机程序中由包含百万级的数据点与代码建立起来的决策模型，是通过对海量数据进行排序、分类并予以标签化，进而建立若干数据集才得以运行的。它会不断地在动态数据的统计学习中作出决策选择，具有"输出预测"的功能。算法歧视就是在算法的动态数据的统计学习中所产生的不合理的区别对待。人们在算法技术的开发与应用中，难免会将人类社会固有的偏见与歧视通过数据传递到同构属性的算法上，当在数据分析中按照不合理的类别化区分标准进行内部演算，进而对不同的人作出系统性的、可重复的不平等对待时，就会形成算法歧视。也即算法歧视主要是嵌入了人类的认知与价值观后，由智能机器自动化决策后的产物，是一种自动化歧视(Automated Discrimination)。②

(三) 算法歧视以"隐蔽性"和"不可逆性"为表征

虽然算法歧视归属于歧视，但又不完全等同于一般意义上的歧视，具有"隐蔽性"与"不可逆性"，会产生更为严重、更为普遍的歧视性

---

① 石颖：《歧视的法律判断标准》，《河南大学学报》（社会科学版）2022 年第 1 期。
② See Laura Carmichael, Sophie Stalla, Steffen Stab, "Data Mining and Automated Discrimination: A Mixed Legal/Technical Perspective", *IEEE Intelligent Systems*, Vol. 31, No. 6, 2016.

后果。(1) 隐蔽性。算法的运行过程是一个深度学习的过程,会在掌握数据属性、人类偏好等的基础上做出算法预测。在这一过程中,一方面,由于高度的专业性使得算法设计人员与普通用户之间形成了巨大的"数字鸿沟"。普通用户根本无法从专业的程序代码层面理解算法决策的过程、依据以及决策结构。另一方面,算法黑箱也使得算法决策过程处于不公开不透明的状态,普通用户往往只能得到最终的决策结果,并被动地接受结果,而无法发现算法歧视。(2) 不可逆性。算法歧视的不可逆性,体现在算法决策的过程与结果的双重不可逆性上。整个算法运行程序其实就是从"输入"到"输出"的过程。当自动化决策的算法"输出"歧视性结果或产生歧视性的危害后果时,是根本无法逆转的。而这一歧视性结果的输出还将会进一步分别反馈给算法的内部循环系统与外部流通系统,造成进一步的歧视循环与流通。

第二节 算法歧视的现实表现

实践中可以发现诸多涉及算法歧视的案件或事件,如2018年有媒体曝出滴滴网约车平台存在利用大数据杀熟客的行为,即在相同时段相同始发地,使用不同品牌、不同型号的手机进行约车时,会得到不同的报价。又如2019年意大利户户送有限责任公司被起诉,称该公司使用的数字送餐平台系统对骑手实施了集体性的算法歧视,在对骑手进行荣誉排名时并未考虑骑手因合法合理原因而导致的未按预定的时间和配送区域进行送餐的情形,因此使得骑手丧失了对工作条件优先选择的机会,构成了算法歧视。① 由此可见,算法自动化决策过程并非中立的,算法决策结果的输出会在实践中产生对特定群体不合理的区别对待。以算法歧视所产生的不同层级的危害为标准,可以将现实中的算法歧视划分为扰

---

① 参见罗智敏《算法歧视的司法审查——意大利户户送有限责任公司算法歧视案评析》,《交大法学》2021年第2期。

乱市场经济秩序的算法歧视、危害社会公平正义的算法歧视以及侵害公民平等权利的算法歧视三种类型。

一 扰乱市场经济秩序的算法歧视

交易中不合理的区别定价往往构成不正当定价，我国对于交易中的不正当价格行为已作出了相关立法规定，如《中华人民共和国反垄断法》第十七条规定，"禁止具有市场支配地位的经营者从事下列滥用市场支配地位的行为：……（六）没有正当理由，对条件相同的交易相对人在交易价格等交易条件上实行差别待遇"；《中华人民共和国价格法》第十四条规定："经营者不得有下列不正当价格行为：……（五）提供相同商品或者服务，对具有同等交易条件的其他经营者实行价格歧视。"随着算法在商业领域中的广泛应用，算法平台逐渐具备了技术优势和市场优势，为了获得更高的商业利益而开始运用算法实施对消费者的价格歧视，将线下的价格歧视带至线上。即利用算法技术对不同消费者的支付能力和支付意愿进行评估后作出区别定价的销售策略，从而形成算法价格歧视。算法价格歧视进一步扩大了线下价格歧视的影响力，严重违反了"明码实价"的传统商业道德标准，改变了竞争博弈的基本规则和市场运行的基本结构，扰乱了市场经济秩序，未能充分尊重和平等保护消费者的合法权益。对此，《中华人民共和国电子商务法》第十八条第一款规定，"电子商务经营者根据消费者的兴趣爱好、消费习惯等特征向其提供商品或者服务的搜索结果的，应当同时向该消费者提供不针对其个人特征的选项，尊重和平等保护消费者合法权益"。

二 危害社会公平正义的算法歧视

算法歧视的出现，往往是算法在面对公平和效率的选择时，选择了效率而忽视了公平。当前社会，算法自动化决策涉及的领域已经非常广泛，不仅应用在房屋租赁、融资信贷、保险、招聘筛选等商业领域中，还应用在公共政策的制定和执行中。在公共领域，一旦使用了歧视性的数据或作出了歧视性的算法设计，将会产生比商业领域更严重的歧视性后果。受歧视群体往往因"外团体"[①]身份而遭受着"弱势循环"，呈现出"强者越强，弱者越弱"的生存状态。从资源与利益分配的角度来看，算法歧视严重破坏了分配正义，不论是在物质资料分配方面，还是在劳动分工和社会制度分配方面，都承受着严重的歧视，对社会公平正义带来了非常大的负面影响。因此，有待于作出相应的技术和法律治理。

三　侵害公民平等权利的算法歧视

平等是一种价值目标，亦是法律的精神与生命。平等作为基本权利已经被大多数国家以宪法或法律的形式予以确认。"宪法上的平等，是禁止在本质相同的情况下基于对个人或群体的某些自然性、社会性的固有特征，作出任何旨在损害、克减、限制或剥夺他人合法权利的不合理的差别对待，或者任何基于不合理的区别措施具有损害特定群体或个人的法律效果。"[②]禁止歧视是平等权的主要内容之一。受歧视者往往是在相同情况下受到了不合理的区别对待，这种不合理的区别对待严重侵害了公民的平等权利。而算法歧视则在一定程度上固化了社会中的歧视和不平等。

第三节　算法歧视的挑战

通过对历史数据的聚类和分析，实现对新数据的归类和预测的算法运行模式，似乎是按照孔德"社会物理学"的构想而进行，即基于不断推进的理性科学认知，人们将能够根据现状进行统计分析，掌握社会规律，进而实现社会预测。[③]然而实践中，算法技术反而因这样的技术理

[①]　"外团体"（out-group），指的是处于弱势地位、背负污名、遭受排挤的群体，是平等与反歧视措施的主要适用对象。

[②]　周伟：《禁止歧视：法理与立法》，法律出版社2020年版，第1页。

[③]　See Comte A., "System of positive philosophy", *The Making of Society*, New York: Random House Press, 1959, p.192.

论逻辑引发各种歧视和不平等的挑战。总之，算法歧视不仅带来技术建构上的结构性挑战，还带来算法运行上的功能性挑战，更有平等权消解、算法权力扩张以及法律功能异化等隐藏性挑战。

一 技术建构上的结构性挑战

算法的结构是以技术为依托而建立起来的，因此，算法歧视的结构性挑战主要体现在算法技术建构方面，是基于算法技术本身的逻辑与技术的缺陷而引发的。算法主要是对既有的数据信息进行改造和再生产而建构起来的。在此过程中，算法的"技术逻辑"能够使结构化了的事实和规则"推理"出可重复的新的事实与规则，"在'事实、规则—事实、规则—事实、规则'的螺旋上升过程中，既有的以及推导出的事实和规则成为下一次计算的基础，并且被不断强化，最终印证系统设计的目的"。[①] 这一技术建构过程符合人类思维方式与认知规律，而且这样的算法技术设计能极大地提高效率，减少运行成本，但是技术的建构逻辑是以既有知识作为算法运行的前提性要素的，因此，算法技术的逻辑推论过程并不能做到全面而周延，所得出的结论也只能是既有知识范围基础上的经验性结论，其存在技术建构逻辑上的瑕疵，构成技术建构上的结构性挑战。

二 算法运行上的功能性挑战

算法的功能主要是在算法运行的过程中实现的，因此，算法歧视的功能性挑战主要体现在算法运行方面。在此，以算法运行中的算法个性化推荐和冗余编码为例，对算法运行上的功能性挑战加以论述。

第一，算法个性化推荐产生的算法歧视挑战。常见的"大数据杀熟"现象（"动态差异化定价"机制，又称"区别定价"）即商家利用

[①] 李文静、栾群：《人工智能时代算法的法律规制：现实、理论与进路》，《福建师范大学学报》2020年第4期。

与消费者之间的信息不对称,而将消费者锁定在一个封闭式的消费空间中,其遵循的不再是以往那种公开透明的商业模式或消费模式,而是通过系统评估用户的心理承受价位,以一对一定价的方式推送给用户相应的商品,并提供不同的价格,形成了违反公平交易的算法价格歧视。这表明,"大数据杀熟"不再仅仅涉及商业道德、商业伦理方面的问题,而是已经上升为一种涉嫌价格歧视的法律问题。消费者在不知情甚至是在完全信任交易平台的情境下,接受着这种差异化定价的算法歧视。这样的算法运行严重影响着市场经济的健康有序发展,侵害着公民的合法权益,不利于算法功能的实现。

第二,"冗余编码"产生的算法歧视挑战。"冗余编码"产生的算法歧视指的是将本应受到保护的敏感性数据,与其他可合法获得的数据进行编码与关联性应用,从而产生的歧视性的决策结果。[1] 如用人单位利用大数据算法从人才库中选聘(或解雇)应聘者本是常见的人才选拔与淘汰方式,但在此过程中,如果单纯以通勤时长作为评价策略,作出拒绝录用(或解聘)通勤时间过长员工的决策,那就有可能构成对该群体的算法歧视。虽然此处的住址与通勤时间等数据信息都是用人单位合法收集获取的,但是当这些合法获取的数据信息与特定群体的行为建立起某种属性的关联时,便会对该群体产生意料之外的歧视性决策结果,因为以通勤时长作为评估和判断员工胜任工作与否的标准,实际是对员工进行了不合理的区别对待。通常情况下,通勤时间过长往往是因为经济条件等原因而居于远郊或交通不便的地方,如果以通勤时长作为员工胜任工作与否的标准,会进一步降低该群体的雇用率,将现实社会中可能已经存在的歧视转化为算法歧视,强化歧视的作用力,扩大歧视的覆盖面。[2]

---

[1] See Solon Barocas & Andrew D. Selbst, "Big Data's Disparate", *California Law Review*, Vol. 104, 2016.

[2] 参见张玉宏、秦志乐、肖乐《大数据算法的歧视本质》,《自然辩证法研究》2017年第5期。

三 平等权消解、算法权力扩张以及法律功能异化的隐藏性挑战

算法时代所带来的各种社会问题，往往与技术要素、资本要素密切相连。算法歧视是算法技术的衍生物，是垄断性的算法技术与营利性的资本深度结合而产生的，是一个相当复杂的问题。因此，除了上述结构性挑战和功能性挑战以外，还需格外注意隐藏在算法歧视背后的，基于平等权消解、算法权力扩张以及法律功能异化所带来的隐藏性挑战。

（一）算法歧视隐藏着平等权消解的挑战

技术的发展进步要始终以人为最终目的，坚持以人为本，实现人的全面发展，避免发生人被智能技术排斥且无法得到救济的情况。算法除了带来外部法律治理的技术危机以外，还对一些基本权利保护体系产生了极大的影响。算法歧视对公民基本权利的侵害正表现在权益侵害程度以及侵害后果的不确定性上，而且受侵害的个体通常较难获得救济。

"平等"是一个具有多重含义的概念，其所指对象既可以是政治参与的权利、收入分配的制度，又可以是不得势群体的社会地位和法律地位。[①] "'免受歧视'是从平等权引申出来的一项权利……免受歧视，实现平等，也就成为实现弱势群体人权首要的基本要求，而平等和不歧视原则则成为弱势群体人权保护制度的核心。"[②] "机会平等"和"消除歧视"已经是各国反歧视法的目的条款。算法歧视既违反了"对相同的人给予相同待遇"的形式平等原则，又违反了以机会平等和结果平等为基础的实质平等。从算法歧视不平等的来源上看，一方面，源自算法模型设计本身存在的歧视和不平等的技术规则体系；另一方面，源自数据收集利用时，将具有歧视性的或敏感性的数据信息进行了收集利用，从而将受歧视群体转化成为潜在的歧视对象。

[①] 参见［美］E.博登海默《法理学——法律哲学与法律方法》，邓正来译，中国政法大学出版社2017年版，第310页。

[②] 张爱宁：《平等和不歧视：弱势群体人权保护国际标准研究》，世界知识出版社2021年版，第27页。

(二) 算法歧视隐藏着算法权力扩张的挑战

进入信息化时代，算法在本质上已经不单单是一种数据计算程式，而是日益成为一种"算法权力"，与社会化的知识、利益以及公共权力越来越密切地联系在一起，深刻影响着社会生活中每个人的行为选择。作为一种越来越重要的"非国家力量"，"算法权力"甚至演化为一种"准公权力"，其利用自身在数据处理与算法上的技术优势，产生对政府、公民、社会组织的影响和控制，造成传统"权利—权力"格局的失衡。[①] 尤其会在分析人类的各项主观偏好的基础上，将带有该种偏好的信息推送给相应个体，从而影响人们的判断和决策。如爱彼迎民宿预订平台就在2017年时被曝出，使用歧视性算法优先筛选或引导受欢迎的潜在租户入住高质量房间，为平台创造最大化的经济利润。[②] 这种影响力和控制力其实是源于隐藏在算法权力背后的资本权力的崛起，而这样的资本权力实际掌控着算法设计、研发及运行的全过程。

第一，算法具有高度的专业性，算法权力这种新型权力体系只被算法技术持有者这一少数群体掌握。由于高度的专业性使得算法设计人员或算法平台等算法技术持有者与普通用户之间形成了巨大的"数字鸿沟"。普通用户基本只能被动地接受最终的决策结果，根本无法追溯并理解以技术代码的形式呈现的算法决策的过程、决策的依据、决策的结构，并发现其中所存在的算法歧视。第二，算法不再只具有传统网络平台的工具性特征，而是作为具有信息配置主导权的规则本身而存在。无论是在社会治理当中还是在商事交易当中，算法技术已然成为基本的应用工具，掌握着算法权力的资本，同时掌握着算法建构的基础——数据。海量数据的存储、计算和运用，使得资本在数据占有方面享有绝对优势，

[①] 参见郑智航、徐昭曦《大数据时代算法歧视的法律规制与司法审查——以美国法律实践为例》，《比较法研究》2019年第4期。

[②] See Benjamin Edelman, Michael Luca, Dan Svirsky, "Racial Discrimination in the Sharing Economy: Evidence from a Field Experiment", *American Economic Journal: Applied Economics*, Vol. 9, No. 2, 2017.

甚至演化成数据霸权,如阿里巴巴的网络交易平台就掌握着包括个人身份识别信息、金融信息、消费信息等的海量个人数据信息,从而得以进一步商业化地开发利用其所掌握的数据信息,发挥数据价值。第三,政府在数据信息挖掘方面需要加以改进。除了存在因科层体制所产生的数据壁垒的原因以外,技术人员的欠缺、数据信息利用度低也是重要原因。而现代化国家治理对算法技术的运用又具有极大的依赖性,因此政府需要与资本开展合作,以获得算法技术和数据信息的开发共享。本该由政府监管的算法平台转化成为政府的合作对象,又一次拓宽了自身的影响力。

在技术视角下,算法权力对规制国家公权力起到了重要的作用;而在资本视角下,算法权力逐渐帮助拥有算法和数据技术优势的资本建立起相对于国家来说的优势地位。在数据优势、算法技术优势以及资本优势的叠加作用下,使得权力与社会秩序、资本与国家的关系逐渐发生异化。

(三) 算法歧视隐藏着法律功能异化的挑战

作为智能科技,算法技术对现行法律制度和法律体系都带来了极大的风险挑战,不仅为未来法律规范创造了新的规范对象,还深刻改变了现有法律实践的运行逻辑。算法歧视这一经由数据收集与算法运行而形成的技术秩序带来了新的法律治理难题,引发法律功能的危机和异化。

算法是基于统计学而建立起的具有描述性、学习性、动态性的随机性控制,在这样的动态随机数据中不断地进行自我适应和改进,根据实际的状态而非规范的预期来作出策略选择。[①] 常见的算法种族歧视、算法性别歧视以及算法价格歧视,就是在动态数据的统计学习中所作出的策略选择,这种歧视性选择在技术领域是符合一定技术秩序的,在法律领域却严重违反了法律规定。无论社会实际与现实法律状况如何,法律总致力于实现平

---

① 参见余成峰《法律的"死亡":人工智能时代的法律功能危机》,《华东政法大学学报》2018 年第 2 期。

等。而算法技术则是以效率为根本导向,这也决定了算法技术中对不同主体区别对待的特性,与法律所追求的平等对待相悖。因此,规范性的法律在认知性的算法作用下,面临着法律功能异化的挑战。

第四节 算法歧视的发生逻辑

算法歧视作为算法技术的衍生品,使得算法的预测功能发生偏离,损害了人们平等和非歧视的基本权利,带来了诸多的挑战,对此,需要深入探究算法歧视的发生逻辑,从而为相应的法律应对和治理奠定基础。具体而言,算法歧视的发生逻辑体现为以下三个方面,即"先行存在的歧视——人类社会歧视的算法转化""技术本身的歧视——算法设计所导致的歧视"和"决策性歧视——算法运行所产生的歧视"。

一 先行存在的歧视——人类社会歧视的算法转化

歧视在人类社会中是普遍存在并不断发展的,算法决策又是对人类决策的深度学习,因此,算法歧视在很大程度上源于对人类社会歧视的算法转化,是在对现有文化中存在的歧视进行归纳或"同构"后形成的数字社会中的文化禁锢或社会禁锢。种族歧视、性别歧视等传统的社会歧视类型,就随着算法技术的广泛应用而进一步转化为了算法歧视。如美国虽然在经过艰难而漫长的"平权运动"后颁布了《平权法案》,确立了黑人的平等权,但时至今日也没能完全消除种族歧视。如 2020 年 5 月 25 日,以德雷克·肖万为首的四位美国警察暴力执法致非裔男子乔治·弗洛伊德死亡;又如在此次新冠疫情中,有关数据显示,拉丁裔美国人的新冠病毒感染率与死亡率是白人的四倍,非裔美国人则高达五倍。[①] 这些在现实生活中无法根除的歧视,也被自觉

---

① 参见《种族歧视成为"常态",美国悲剧再重现》,百度网,https://baijiahao.baidu.com/s? id =1685497210372507293&wfr = spider&for = pc,2020 年 12 月 8 日。

或不自觉地带到了算法的设计运用当中，成为现代文明国家需要持续面对的问题。如2015年7月，黑人程序员 Jacky Alcine 发现自己与另外一名黑人异性朋友的合照被 Google Photos 标记为"大猩猩"，此即算法根据人类社会现实中存在的歧视所进行的学习、演化与展示的典型样本之一。数据源于社会现实，社会现实本就是存在群体差异的，因此，基于历史和现实的事实数据生成的算法模型，必然会反映出群体差异，并进一步形成歧视。算法歧视反映着的正是一种社会权力关系中深层次的不平等。

在算法中，算法技术并没有也无法完全消除或避免歧视的发生，反而是将社会歧视进行了算法转化，并在这一过程中进一步加重了歧视，尤其是强化了间接歧视。[①] 在算法空间中，受歧视群体被转化成为潜在的歧视对象，无形中扩大了受歧视群体的规模；算法使人人都有受歧视的风险，受到歧视性对待的群体或个人基本难以察觉，因为发生在算法技术中的歧视具有相当强的专业性，社会大众无法轻易跨越技术门槛找到算法代码中的歧视因果关系，[②] 算法歧视也因此得以隐蔽起来。如银行在运用算法决策进行信贷分析时，会通过数据来挖掘出与种族相关的属性特征，并单纯以这些属性特征作为拒绝提供贷款的理由，从而不动声色地对并无征信问题的黑人和其他有色人种施加歧视。

二 技术本身的歧视——算法设计所导致的歧视

技术本身的歧视是算法歧视产生的一项基础性成因，主要是基于算法设计所导致的，集中体现在归纳式的算法思维逻辑、算法黑箱与算法的非中立性方面，而这在一定程度上也构成了算法歧视的挑战。

[①] 间接歧视是指：在不具有合理理由的情况下，看似中性的政策或实践（在算法中表现为看似中立的算法技术）却使特定群体受到了不利影响。该类型的歧视在算法时代获得了新的发展契机，以更加隐蔽或是合法化的方式而存在着。

[②] See Jenna Burrell, "How the Machine 'Thinks': Understanding Opacity in Machine Learning Algorithms", *Big Data & Society*, Vol. 3, 2016.

（一）归纳式的算法思维逻辑导致算法歧视

算法作为人类思维的外化物，在学习方法的本质上是类似于人的，即算法运用的也是一种在特定条件、特定范围下的因果推论，是通过归纳法（在既有知识的基础上总结经验、得出结论）建立并运行起来，进而发挥相应的预测功能的（从经验和结论出发而对更多现象予以分析，进行预测）。心理学家奥尔波特（Allport）曾指出："人性中自然而正常的本能使他们易于做出泛化、概念和分类，这些都是对经验世界的过度简化"，[①] 这种类型化的、归纳式的人类认知，极易产生对某群体或事物的刻板印象，进而形成歧视。正如古语所言："唯女子与小人为难养也，近之则不逊，远之则怨"，此处，将女子与小人归纳为"难养"（难相处）的一类，以当今时代的思维来看，其实是一种典型的偏见与歧视，因为并不能基于个别或只具有相对普遍性的女子"难养"的特质而得出全体女子皆"难养"的歧视性结论，因此犯了不完全归纳的逻辑错误。

经过人的训练和改进，算法实际亦遵循着该种思维逻辑和运作机制，通过对海量历史和现实数据的整合、排序、分类、训练，将问题分解为同类子问题，建立若干数据集，予以标签化，再利用机器自身的深度学习能力，实现对新数据的归类与"预测"。因此，当含有歧视性的标签被设置出来或是算法自动将某标签关联至歧视性的结果，都会导致算法对该标签项下的群体做出系统性的歧视。简而言之，算法的底层逻辑是从现有的样例特征中提取、归纳、总结出可普遍适用的规则来指导实践。[②] 但这种概率性的预测并不完全是准确的，很容易因不完全归纳而导致歧视。如在就业招聘中，算法平台对应聘者所进行的学历、种族、年龄、户籍等的信息筛选与统计区分，便是一种根据群体特征而对个体进行的归类与预测，这样的招聘方式虽然是在信息不对称状态下所进行的理性筛选，但其仅根据概率性的群体身份特征来判断个体能力的做法

[①] ［美］戈登·奥尔波特：《偏见的本质》，凌晨译，九州出版社2020年版，第30页。

[②] Paul R. Cohen & Edward A. Feigenbaum eds., *The Handbook of Artificial Intelligence*, Volume III, William Kaufmann & HeurisTech Press, 1982, p. 360.

极易引起就业歧视。总之，算法所建构起来的预测模型是基于过去而面向未来的，这种以过去定义未来的算法决策模式在一定程度上背离了超验的伦理价值，缺乏对社会实在的批判性精神，[①] 因此，产生歧视便也就不足为奇了。而且大数据算法的处理速度和迭代更新速度都很快，也进一步加快了系统性算法歧视的影响范围，这样一来，更增大了算法歧视监管的难度。

（二）算法黑箱与算法的非中立性引发算法歧视

整体来看，人们并不能充分了解算法内部的决策规则，数据和编程的内幕也无法做到公开透明，有关算法的运行机制、决策原则和决策依据也只有相关的程序设计人员才知晓，由此形成的"算法黑箱"便成为算法技术最大的不可控因素。算法在"GIGO 定律"（Garbage In, Garbage Out），即"偏见进，则偏见出"（Bias In, Bias Out）的作用下发生异化，产生算法歧视。并且这种非法目的与歧视性结果还得以掩盖在算法技术的合法外衣下而持续存在。

人们普遍会认为通过自然科学模式推算出来的机器算法决策，是处于技术中立的，不存在价值判断，不需要面对诸如"电车困境"[②] 等人类现实社会中的伦理难题，因此能够作出既符合效益又切合情理的判断与决策，可以无条件信任算法。但实际上，算法具有与人类社会同构的特质，算法并非完全中立的，算法决策也并非完全可靠。这是因为：（1）数据的偏差性会导致算法歧视。算法决策是在数据分析的基础上建

[①] 参见洪丹娜《算法歧视的宪法价值调适：基于人的尊严》，《政治与法律》2020 年第 8 期。

[②] "电车困境"由哲学家菲利帕·福特（Philippa Foot）在 1967 年发表的论文《堕胎问题和教条双重影响》中提出。他描述了这样一个场景：一辆失控电车行驶在一条绑着五个无辜之人的电车轨道上，此时，可拉动一个拉杆让电车开到另一条轨道上，然而问题是另一条轨道也绑了一个人。那么是否该拉动拉杆？对此，功利主义认为应该拉动拉杆，因为牺牲一个人可以拯救五个人，符合"最大多数的最大利益"；而从目的原则出发的康德却持相反观点，认为人是目的而不是工具，一个人的生命与五个人的生命之间不应有孰轻孰重的区分，不能以舍弃一个人生命的方式来拯救其他五个人，因此，一旦拉动拉杆，将会成为一个不道德行为的同谋，需要为另一条轨道上的人的死负部分责任。但其实在该场景中，人们是陷入了伦理困境，因为不论做出何种选择都不会是完全的道德行为，也就没有人能做出完全正确的决策。

立起来的，因此，若数据存在错误，或数据本身即具有歧视性，又或是数据参数或属性不够全面，就会使算法模型产生对特定群体的特定预测，从而造成不合理的区别对待，[①] 形成歧视性的算法结果。（2）算法设计人员的有限理性会产生算法歧视。不论是算法的总体设计目的、数据运用，还是最后的结果呈现，其实都在以价值判断的形式体现着算法设计人员的认知层级与认知水准。算法与法律均是一种理性主义的产物，能够通过建构结构化的知识，将混沌的现实归整到整齐的认知框架中，从而避免经验主义所带来的不确定，但是此种理性主义也并非完全的理性，而是一种有限的理性。[②] 正如法律会由于立法者的有限理性而产生立法空白、漏洞一样，算法虽然能够在一定程度上掌控现实世界的变量，但也难免会由于算法设计人员的有限理性或认知盲区而产生算法歧视等问题。（3）算法设计人员的歧视性价值渗透形成算法歧视。算法的编辑和数据的收集、训练都是在人的操作下进行的，因此难免会携带设计人员的某种"偏见"。实际上，算法技术的研发和应用需要大量的包括资金和人力等的资本投入，在这样的境况下，少数的网络服务提供者或运营商以及算法技术开发企业会逐步形成垄断，拥有影响、左右甚至规训人们选择的能力。技术人员的某些具有利益倾向或其他歧视性倾向的价值观念便被不自觉地融入到算法中来，甚至是在有意无意地借用技术中立的外衣进行着价值渗透，谋求着相应的利益，[③] 从而赋予了算法进行区别对待与区别影响的权力。这样一来，由少数精英掌握的算法技术将实现对人类整体而全面的控制，在新的历史条件下，上演少数人创造历史、

[①] 在此需要明确的是，只有不合理的区别对待才属于歧视，因为公平与平等不等于平均，对不同属性的群体予以区别对待本是应该的，只是要对所要区别对待的属性进行区分，看其是否与区分的目的具有直接而合理的必要关联。如用人单位根据籍贯而非能力来给予员工不同的薪酬，即一种不合理的差别对待，因为籍贯与待遇之间并没有直接而合理的必要关联，也就不能作为区别对待的依据。

[②] 参见蒋舸《作为算法的法律》，《清华法学》2019年第1期。

[③] 参见苏令银《透视人工智能背后的算法歧视》，《中国社会科学报》2017年10月10日第5版。

控制历史的局面。[1]

三 决策性歧视——算法运行所产生的歧视

算法是一种基于统计学而建立起的具有描述性、学习性、动态性的随机性控制。在算法的实际运行交互中，会因为在不同的数据条件或运行环境下而发生变动，产生不同的决策结果。算法歧视其实也是算法运行中的策略选择，它虽然生成了歧视性结果，但也是符合一定的技术秩序的，是在算法运行环境中所产生的"决策性歧视"。它包括但不限于在数据动态交互中，由于"冗余编码"和"信息茧房"而产生的算法歧视以及因数据评估的导向性而引发的算法歧视。

（一）数据动态交互中产生的算法歧视

第一，"冗余编码"导致的算法歧视。数字社会中，几乎处处存在监视与监控，公民的个人姓名、性别、民族、住址、籍贯等涉及隐私的个人身份信息已经越过国家机关而被商业算法平台收集、存储，并进行开发与应用。算法按照设定的标准，通过利用公民的数据信息来重新分配公民身份，识别公民的社会关系。公民无法决定自己在算法上是谁，公民的各种数据信息对自己没用，而对算法平台有用。[2] 算法决策之所以会产生歧视，一项重要的原因即在于算法运行中的"冗余编码"。

我们可对此作以更深入的解读。实际上，在算法运行中所产生的对某类特定群体的区别对待，其实并非完全是依据人们所认为的区分属性或特征（如籍贯、性别等属性）来作出区别对待或决策的，而只是在算法运行时挖掘出了数据中的标志性特征，并进行了匹配性判断，从而对某类特定群体进行了区别对待和决策的。如浙江温州是皮革业的聚集地，算法即认定一名温州人应该有从事皮革行业的人士的待遇，从而在与该

---

[1] 参见［以色列］尤瓦尔·赫拉利《未来简史》，林俊宏译，中信出版社2017年版，第296页。

[2] 参见崔靖梓《算法歧视挑战下平等权保护的危机与应对》，《法律科学（西北政法大学学报）》2019年第3期。

人的户籍进行关联的基础上，进一步发掘了该人从事皮革业的特征。此外，美国曾在司法领域引入风险评估系统 COMPAS、PSA 等来预测罪犯的再犯概率，并作为法官辅助量刑的依据，然而 2016 年 ProPublica[①]调查显示，COMPAS 系统在对罪犯进行再犯评估时，被标注为高概率会再犯的群体（但实际未再犯）中，黑人比例高达 45%，而白人只有 23%，也即对黑人所做的再犯评估率是白人的两倍，增加了黑人被处以严厉刑罚的可能性。[②] 这些原本基于事实数据训练出来的结果却使黑人遭受了不合理的区别对待。实际上，算法并非明确知悉罪犯种族，而是通过训练数据集的其他属性数据（如居住地、职业等）推测并提取出了种族的特征值。而且考虑到现实中黑人的再犯罪率确实会更高的情况下，算法在分析具有黑人属性特征的罪犯时，也难免会将其纳入"高概率再犯"的范畴内，将黑人属性的特征值与"再犯概率"进行了关联，从而产生算法歧视。

第二，"信息茧房"[③] 导致的算法歧视。运用数据交互所实现的算法个性化推荐，原本是为了给不同用户提供个性化和差异化服务，以获得更好、更符合需要的用户体验。如在浏览器、客户端等终端上，算法在掌握用户使用习惯的基础上，分析和解读其喜好，并为其推送相关信息，指引用户选择。然而在这样的商业营销下，"信息茧房"编织的速度变得越来越快，人们也被不自觉地困在茧房之中，并在获取信息时为算法所左右。如 2016 年 "魏则西事件"，即由于搜索平台的竞价排名而导致魏则西误信了算法所推荐的医疗机构，最终贻误了病情。

在现代法治理念中，基于个人或群体的固定特征，如种族、性别、

[①] ProPublica 是一家总部设在美国纽约曼哈顿区的非营利性新闻编辑部，主要为公众利益进行调查报道。

[②] See Sam Corbett-Davies, Emma Pierson, Avi Feller and Sharad Goel. A computer program used for bail and sentencing decisions was labeled biased against blacks. It's actually not that clear, https:// www. Washingtonpost. com/news/monkey-cage/wp/2016/10/17/can-an-algorithm-be-racist-our-analysis-is-more-cautious-than-propublicas/noredirect = on, 2020 年 12 月 10 日。

[③] "信息茧房"是桑斯坦在《信息乌托邦》中提出的，主要是指人们关注的信息领域会习惯性地被自己的兴趣引导，从而将自己的生活桎梏于像蚕茧一般的"茧房"中的现象。

肤色、宗教信仰等作出区别性对待的公共决策与私人决策都会有歧视的嫌疑。而在算法中，算法决策反倒可以规避反歧视的约束，肆意对基于个人或群体的固定特征进行自动化的分类。那种通过干预算法所实现的个性化推荐实际上是赋予了算法决策系统区别对待的权力，而这种区别对待却在算法运行中，形成了以差异化的不平等和特权为表现形式的算法歧视，严重侵犯了个人权益。在日常交易中，人们的正义感会附着在"允诺"和"对应允诺""履行"和"对应履行"之间的平等与公平上。因此，一旦其中的交易一方在讨价还价能力方面存在实质性的不平等时，便会对交易公平产生严重的威胁。如果算法掌控者存在"看人下菜碟"的故意，那么就不可避免地会产生算法歧视。实际上，在算法的运作下，线下的价格歧视已经被扩展到线上，并且危害性与影响程度都会比线下要更大、更深。表现为"大数据杀熟"的算法歧视在更深层次的机制上即一种由"交换不对等"所引起的不平等，企业利用特殊的算法掌握消费者的消费记录、上网记录等，"绘制出消费者的偏好、习惯、支付能力等画像，通过个性化定价的尝试和验证，获取消费者的最大支付意愿信息，从而使得对不同消费者收取不同的价格成为可能"。[①] 这为企业谋求到了更大的市场价值，但在这样的交易模式下，由于买卖双方的信息是极为不对称的，买方（消费者）实际是处于一种讨价还价能力上的实质不平等，基本丧失了对区别定价知情的权利，常常在不知情但完全信任交易平台的情境下，接受着这种差异化定价的算法歧视。由此可见，算法在商事经营中乃是一种商家为最大限度地获得商业利润而使用的技术手段，而巨大的商业利益也在推动着信息"茧化"的速度与程度，用户无法自主决定自己所接收到的信息，而是被算法"精准预测"并"精准推送"，在这一过程中也不自觉地形成了算法歧视。实际上，当算法掌控者根据各种数据变量进行对象分组而产生算法画像时，歧视便产生了，因为

---

① 杨成越、罗先觉：《算法歧视的综合治理初探》，《科学与社会》2018 年第 4 期。

这种依据算法画像来分配资源的方式，本即具有歧视性。

（二）数据评估的导向性引发算法歧视

数据评估在自然科学领域是很常见的，如工程师会用一千座桥梁的数据来评估接下来可能会塌方的桥。然而这种数据评估方法运用在社会科学领域中时却产生了诸多问题。如我们所知，自动化系统中的信用评估，即通过交易记录的批量分析来预测用户的违约概率。不同的是，工程师的数据评估根本不会对被评估对象（桥梁）产生任何影响，而为测试违约概率的信用评估却会影响相应的测评对象（人），因为"信用评分系统一旦将某人定为高风险用户并随即提高贷款利率，那么就会增加这个客户的违约概率"。① 这种非公开、不可测、保密化的分析程序很难得到相应的监督，因此，歧视问题便很容易隐藏其中。

而且某些表面客观的数据却极有可能强化固有的偏见和歧视。如当警察在一定时间内持续关注某些街区或居民区时，便会使该地区的犯罪率不降反增，原因正是由于警察的关注而使该地区的客观数据将其认定为"犯罪高发区"，从而进一步加强了该地区的警方关注度，进行了更严格的巡查，故而逮捕到更多的罪犯。因此，当警务调配有所偏重时，执法者所收集到的数据便不再是对犯罪的客观评估。由此可见，该种数据评估所具有的导向性会在很大程度上引发算法歧视。再加上人们对于机器算法决策的滥用与盲目自信，使得算法歧视被持续性生成并被进一步放大。而算法歧视又具有不可逆性，整个算法运行程序其实就是从"输入"到"输出"的过程。当自动化决策的算法"输出"歧视性结果或产生歧视性的危害后果时，人们在无知的状态下又吸收、采纳了带有歧视的算法决策结果；机器算法进而再次进行深度学习，分别反馈给算法的内部循环系统与外部流通系统，使得歧视被永远地固化在算法程序

---

① ［美］弗兰克·帕斯奎尔：《黑箱社会：控制金钱和信息的数据法则》，赵亚男译，中信出版社2015年版，第60页。

中，形成"自我实现的歧视性反馈循环"。

第五节　算法歧视的法律治理

在数字社会中，数字平台搭建、数据利用、算法设计等都需要依靠技术规则和契约规则来加以治理和保障。我国《关于加强互联网信息服务算法综合治理的指导意见》（2021年9月17日发布）明确指出，要"以算法安全可信、高质量、创新性发展为导向，建立健全算法安全治理机制，构建完善算法安全监管体系，推进算法自主创新，促进算法健康、有序、繁荣发展，为建设网络强国提供有力支撑"。因此，为有效地应对算法歧视，就需要将法律的知识体系、价值体系与算法的技术体系相弥合，搭建起各利益相关者之间的对话和商谈场域，以实现对算法歧视的法治化治理和互联网信息服务算法的安全治理，让算法技术能够在平等和非歧视的状态下为人类社会服务。建立起由科技理性（技术良序）和法律理性（法律良序）共同支撑的、人与人之间相互协作配合的，以追求社会成员的共同利益为社会主要目标的算法时代的"良序社会"[①]。根据算法歧视的发生逻辑，结合算法歧视带来的挑战，具体可以采取的措施如下所示。

一　建立算法伦理审计与公平性约束机制

人是信息持有者，"先行存在的歧视"这种人类社会歧视的算法转化，归根结底还是人的问题。因此，要想实现对该种歧视的治理，就要从算法平台或算法设计人员入手。（1）算法平台或算法设计人员要经过严格的伦理审计。在算法的设计应用中，按照行业技术标准与技术伦理

---

① 良序社会是罗尔斯为论证正义原则而建构出的一种社会形态，其基本特征是社会成员具有普遍的正义感，并以追求社会成员的利益为社会主要目标，在这样的社会中，人与人之间基于相互间的协作配合，形成了自由而平等、良序而正义的社会。（参见［美］约翰·罗尔斯《正义论》（修订版），何怀宏等译，中国社会科学出版社2009年版，第359页。）

规范，核查并监督算法设计与算法决策中所可能产生的歧视，并根据外部环境的流动变化及时调整和更新算法运行规则，遵循内心的道德律，获取合法合理的算法利益。（2）在具体的算法模型设计中，要执行严格的公平性约束规则。秉持平等、非歧视的技术规则体系，将算法技术限定在平等、正义、安全又守秩序的数字人权界限内，从权利视角来规范算法技术利用上的不平等，推动实现算法决策的公平公正、安全可控，防止算法设计人员或使用人员为了商业利益而利用算法权力对个人数据进行用户画像，实施恶意歧视。尤其是对于主观数据较为集中的算法模型，"可以通过使用修正度或相似度计算，将算法输出与期望的公平行为进行比较"，[①] 从而让算法平台或算法设计者处于公平性约束之下，以尽可能地规避算法歧视。

二 实施数据信息的区别保护与算法解释

对于算法设计所导致的技术本身的歧视，可通过以下两方面措施来进行治理。第一，通过合理处理数据信息，治理"归纳式的算法思维逻辑导致的歧视"。由于在现有的技术条件下，根本无法使得算法在穷尽所有的数据信息并经伦理价值判断后，作出完全精准的归纳和预测，便只能从对数据信息的规制入手，通过数据信息的区别保护机制，来尽可能地保障数据输入时的平等和非歧视，从而确保算法归纳预测的客观公正。《中华人民共和国民法典》即以法律的形式确立了数据信息的权利属性，《国家人权行动计划》也已将个人信息权益作为互联网时代的基本人权。以强制性规定的方式来保障公民个人数据信息安全、治理算法歧视是大势所趋也是必经之路。对此，（1）要以平等保护和"无害化"为基本原则。"无害化"是欧盟《统一数据保护条例》（GDPR）所确立的大数据处理与自动决策算法的基本原则。2019年6月，我国国家新一代人工智能治理专业委员会也印发了《新一代人工智能治理原则》，确立了公平

[①] 汝绪华：《算法政治：风险、发生逻辑与治理》，《厦门大学学报》2018年第6期。

公正、尊重隐私、安全可控的人工智能发展原则。对算法技术的治理，首先就是要保障其"无害化"，将其对人的影响控制在合理的范围内，在安全无害的基础上，做出客观公正的归纳预测。（2）按照是否存在歧视性的标准，将数据信息区分为"敏感数据信息"与"一般数据信息"。譬如按照是否具有普遍流动性的标准来划分，便可将生物识别数据、遗传数据、个人犯罪记录、个人生理数据等数据信息认定为敏感数据信息，从而进行区别保护。（3）通过法律来对敏感数据信息进行大数据分析式的分类与评级，实现对数据信息的反歧视筛选与过滤。可以直接对性别、种族等可能产生歧视后果的敏感数据信息进行预先排除，并对关联属性的数据进行严格审查，确保大数据所收集记录的数据信息都是"负责任的""非歧视的"数据信息，以降低因概率性预测而导致的歧视。《中华人民共和国网络安全法》即要求网络运营者在收集用户信息时必须是必要且正当的，同时不得收集与其所提供的服务无关的用户信息，也不得违反法律法规的相关规定和双方的约定，收集和使用个人信息。《中华人民共和国个人信息保护法》还专门对敏感个人信息的处理规则作出了规定：对于敏感个人信息的处理，必须基于特定的目的，具有充分的必要性，并取得个人同意。即确立了个人信息保护中的核心制度——"告知—同意"。[①] 通过这样的方式起到对平台采集和利用公民个人数据信息的限制作用。

第二，通过课以算法设计人员"解释"的义务，应对算法黑箱与算法非中立性引发的算法歧视，保障算法的合法性和合伦理道德性。算法解释既是一种权利，也是一种义务。对于用户而言，算法解释是一种权利，而对于算法设计人员而言则是一种义务。并且对于不同领域、不同主体还会有不同的解释义务：在公共决策领域要尽可能地向公众公开算法决策的参考权重，并作出合理解释，防止其利用算法辅助决策系统对特定公民造成侵害。而对于商业机构来说，则需要在保障科技创新发展

[①] 参见丁晓东《个人信息保护原理与实践》，法律出版社2021年版，第88页。

和竞争性商业机密的前提下，对算法设计过程及算法决策进行有针对性的解释，以此来实现对数据参数、算法模型以及算法设计人员的审查和追溯，保障大众知情同意的数据权利，避免因算法黑箱或算法非中立性而引发算法歧视。此外，还要允许一些可以利用算法黑箱达到社会扶助目的不公开情形。如为保护高校贫困生的自尊而利用算法黑箱进行的扶贫助学，即是通过算法黑箱起到了规避歧视的作用。它通过后台算法来监测学生每月在食堂的消费频次、每顿在食堂的消费金额来判定是否贫困，从而为其饭卡内打入生活补助，避免传统的公开评定与资助所可能带给贫困生的心理伤害和歧视。①

三 处理好公权力与算法权力之间的关系，完善算法的监管制度

（一）处理好公权力与算法权力之间的关系

算法权力的日益扩张，除了带来算法技术的突飞猛进，还带来了对政府、公民、社会组织的影响和控制。作为算法权力背后的资本更是全面控制着公民各项数据信息，并利用算法技术作出了诸多区别对待的歧视性决策。对此，需要我们切实处理好公权力与算法权力之间的关系。第一，政府等公权力主体要提高对算法技术的应用能力，善于在工作中借助算法垄断平台的设备与技术来提高决策和执行效率。可以看到，在算法的帮助下，政府可以更轻松地实现对公民个人信息的采集，并进行精准监控，如在新冠疫情期间，政府借助算法平台记录感染者的运动轨迹的方式来筛查隐患，极大地提高了筛查效率，也有利于疫情防控措施的有效推行。② 第二，公权力在运用算法决策时，应进行审慎的考量并接受必要的监督，防范公权力对公民权利的侵犯以及对算法技术创新的阻碍。数字社会中的算法应用虽然给人类带来了诸多便利，但其所引发的不公正、不平等和歧视等问题也不容小觑，因此，要做到不滥用机器

---

① 参见《暖心！给学生偷偷打钱 西安一高校"隐形资助"贫困生》，中新网，https://www.chinanews.com/sh/shipin/cns/2019/09—25/news832702.shtml，2020年12月10日。

② 参见郭哲《反思算法权力》，《法学评论》2020年第6期。

算法决策,更不对算法决策产生盲目自信。在特定重大领域要慎用算法决策系统,以免被算法程序实施进一步的歧视性评价,或由于数据评估的导向性引发算法歧视的反馈循环。如美国旧金山市政府就曾为了避免种族不平等的加剧,颁布并实施了《停止秘密监视条例》,禁止当地的警察局、交管部门等政府部门依据人脸识别的算法程序来逮捕具有"坏人"特征的个体。第三,要始终将算法平台置于被监管的地位,强化公权力对算法平台的监管。

(二)完善算法的监管制度

对算法的监管,主要是应对数据动态交互和数据评估的导向性所引发的算法歧视。需要在充分明晰算法的应用范畴与算法规则的基础上,完善对算法的监管制度,以法律价值来影响算法,以强制性的法律规范来确保技术规范的正确实施。重塑算法时代人与人、人与社会之间的和谐关系,让算法技术的开发和利用能更好地为社会服务、为人类利益服务,建构起更符合人类理想状态下的人文关系,使每位公民都能够在以算法为主导的智能社会法律秩序中享有充分的平等、自由、尊重和不受歧视的权利。从而能够在承认人的价值、保障人的自由、尊严及利益的基础上,实现公民权利的价值性质量。[①]

具体可分不同情形采取不同监管措施:(1)建立算法歧视风险监测预警和周期复查制度。在严格准确记录算法所收集的必要的数据信息、算法应用过程、算法策略等的基础上,进行算法歧视风险监测和预警,并建立相应的周期复查机制,对算法进行周期性的安全测试审查或安全评估,防止算法在运行中将本应受到保护的敏感性数据,与其他可合法获得的数据进行编码与关联性应用,形成"冗余编码",产生算法歧视。(2)建立算法的分类分级管理制度。《中华人民共和国电子商务法》特别规定,算法平台经营者在提供搜索服务时,需要明示算法推荐的参考

[①] 参见任瑞兴《公民权利质量的意义之维》,《河南大学学报》(社会科学版)2019年第2期。

依据，并提供不同参考因素下的推荐服务作为备选，以此来强化算法平台的审核机制的作用。通过强化对算法推荐的监管来排除由于"信息茧房"等数据动态交互所带来的算法歧视，同时也为后续的归责奠定基础。(3) 进一步健全平台法律责任制度，治理数据评估的导向性所引发的算法歧视。从算法歧视的损害结果出发，通过考察某行为是否直接或间接地侵害了特定群体的合法权益，是否产生了歧视的不利后果（差异性影响），进而对平台施以相应的法律责任，并矫正其因数据评估的导向性所引发的算法歧视。《互联网信息服务算法推荐管理规定》第三十一条至第三十三条，即分别对算法推荐服务提供者的法律责任作出了规定，包括警告、通报批评、责令限期改正、责令暂停信息更新、罚款、给予治安管理处罚以及追究刑事责任等。当然，平台可以通过算法目的的合法性、手段和方式的必要性与合比例性来作出抗辩。与此同时，还要在追究责任的基础上，畅通对受到算法歧视群体的救济途径，为其提供相应的法律救济，以尽可能地降低算法歧视的损害。

  总之，作为数字社会中的新型歧视，算法歧视的发生有其内在的必然性，其中既有人的因素，也有技术本身的因素，更有算法运行决策的因素。算法歧视在实践中往往以隐蔽的形式取得合法的外衣，并使得受歧视群体难以获得有效救济，引发算法时代更深层次的歧视和不平等。正因为如此，我们迫切需要从伦理审计与公平性约束、数据信息的区别保护与算法解释、处理好公权力与算法权力之间的关系、完善算法的监管制度等方面入手，对算法进行技术性纠偏和法律治理，同时还不得滥用机器算法决策，在特定重大领域要慎用算法决策系统，以此来维护算法时代的社会良序底线。总的来说，对算法歧视的法律治理可以通过规则与价值的塑造来影响算法技术、平衡各类价值与权利，从而进一步打破歧视的恶性循环，塑造算法时代的法律秩序，确保人类的安全和发展。

第五章

制度性歧视的法律消解

在不同国家、不同时期和不同阶段，有着不同的需要重点解决的歧视问题。我国虽然在反歧视领域中取得了不错的历史成就，但由于歧视的复杂性，使得其仍然在当前时期、当前阶段的中国以不同的形式存在着。在不同形式的社会歧视中，来自社会分配关系和社会不平等结构所导致的制度性歧视，是法学界更应当高度关注的问题。制度性歧视是诸多歧视类型中更为复杂、对社会影响更加深远的一种歧视类型，其涉及很多现实的制度性的问题，如法律规范、政策和社会规范。从纵向来看，制度造成的不平等已经形成代际传递，不平等的社会现象也已经被制度化。[①] 制度具有很强的惯性，一旦形成便很难改变；具有惯性的不平等的制度安排会严重影响国家各个领域的健康发展，对民生和公民权利保障等方面带来一系列的制度性问题，影响公民平等权利的实现。对于我国来说，当前反歧视的时代使命之一就是要解决制度性歧视这一具有广泛影响力和紧迫性的歧视类型，这也是我国歧视的法治化治理的一个重要任务。

第一节 制度性歧视的基本要义

相较于日常生活中人与人之间行为上的歧视，以制度化的形式体现

---

① 参见宋晓梧等主编《不平等挑战中国：收入分配的思考与讨论》，社会科学文献出版社2013年版，第3页。

出来的制度性歧视表现形态更为复杂和隐蔽,所带来的影响和后果也更为严重。因此,对制度性歧视进行治理和矫正,意义更加重大。

一 制度的含义与规范形态

（一）制度的含义

从哲学上看,制度是对人行为的一种指向,属于规范范畴的内容,即用规范的方式告诉人们能够做什么、应该做什么、必须做什么以及违反规范所可能产生的后果。制度对人的生存和发展起着重要的保障作用。① 作为共有信念的自我维系系统,制度其实只是对博弈均衡的概要表征（信息浓缩）[Summary Representation（Compressed Information）],当人们共同分享或维系某种信念时,会在达到均衡的基础上,演变出制度。② 法学中关注的制度,往往与规则联系在一起,是被人制定和建构出来的,以规则、程序或伦理规范为表现形式的,用以约束个体或群体在追求主体福利或实现效用最大化利益的个人行为。③ 制度还隐含着对违规行为的惩罚,在法律文本中,它与规则可以被互换使用。④ 简而言之,制度"是人类围绕一定目标形成的普遍的、稳定的和正式的社会规范体系,是大家共同遵守的办事规程或行为准则"。⑤ 良好的社会规范体系为人们提供了行为标准,规定了人们所享有的权利和所应承担的义务等,也为社会提供了稳定的预期,营造了和谐有序的环境。然而制度在确保社会关系产生、巩固和再生产的同时,也制造并维持了社会差异和不平等。制度还是一种博弈规则,在不同的制度参与者的实践和不断地

---

① 参见辛鸣《制度论——关于制度哲学的理论建构》,人民出版社2005年版,第59页。
② 参见[古希腊]亚里士多德《尼各马可伦理学》,廖申白译注,商务印书馆2003年版,第135页。
③ 参见[美]道格拉斯·C.诺斯《经济史中的结构与变迁》,陈郁等译,上海人民出版社1994年版,第225—226页。
④ 参见[德]柯武刚、史漫飞《制度经济学：社会秩序与公共政策》,韩朝华译,商务印书馆2000年版,第35页。
⑤ 陈宇光:《论制度性弱势群体及其保障》,《学术界》2006年第6期。

协商调整中，制度还会出现一些变化。①

(二) 制度的规范形态

制度的规范形态主要指的是构成制度的各类规范体系或规范形式。在社会秩序中，构成制度的规范是多元的，也即制度的规范形态是多元化的。通常人们会将制度的规范形态等同于法律规范，即由国家正式规则确认或由公权力主体推行的规范体系，但实际上，制度的规范形态除了法律规范以外，还有党内法规、国家政策以及各式各样的制度化形态的社会规范，如村规民约（居民公约）、企事业单位规章制度、大学与社团章程等。此外，还有社会风俗习惯、伦理道德规范等的非制度化的社会规范类型。虽然社会风俗习惯、伦理道德不具有正式制度化的形态，但它们长期存在于民间社会生活当中，实际发挥着重要的社会规范作用。当这类社会规范类型获得公权力的认可和接受时，便能够成为调整公权力或私权利关系的"非正式制度"。② 如当乡民以自身熟悉并信仰的习惯性规则为由提起诉讼，法官对该习惯进行了下意识认同和分享，那么这种民间习惯即获得了司法适用，成为指导司法裁判的非正式制度。

各类规范形态对人们的行为起着重要的约束、指导和规制作用，并分别在不同的层级、不同的场域发挥着各自的独特作用。③ 具体而言，构成制度的规范形态主要可以分为以下几方面：（1）法律规范。法律规范往往是一国主导性的规范体系，是各类规范的准绳。按照《中华人民共和国立法法》的规定，我国的法律规范主要包括宪法、法律、行政法规、国务院部门规章等的国家立法和地方性法规、地方政府规章、自治条例、单行条例等的地方立法。（2）党内法规。根据《中国共产党党内

---

① 参见［英］坎迪达·马奇、伊内斯·史密斯、迈阿特伊·穆霍帕德亚《社会性别分析框架指南》，社会性别意识资源小组译，社会科学文献出版社 2004 年版，第 148 页。
② 参见任喜荣、周隆基《制度性歧视的类型化研究》，孙笑侠主编《复旦大学法律评论》(第五辑)，法律出版社 2017 年版，第 84 页。
③ 参见刘作翔《构建法治主导下的中国社会秩序结构：多元规范和多元秩序的共存共治》，《学术月刊》2020 年第 5 期。

法规制定条例》第三条的规定可知，党内法规是指："党的中央组织，中央纪律检查委员会以及党中央工作机关和省、自治区、直辖市党委制定的体现党的统一意志、规范党的领导和党的建设活动、依靠党的纪律保证实施的专门规章制度。"党内法规是中国共产党管党治党的制度实践，包括党章、准则、条例、规定、办法、规则、细则。（3）国家政策。国家政策既包含国家宏观层面的大的决策部署和发展目标等的总政策，也包含具体的立法政策（如立法规划）、司法政策以及行政政策等。（4）社会规范。社会规范"是由社会自身产生的以及由各类社会组织制定的规范类型所形成的体系性组合或集合"。[①] 具体包括习惯、道德规范、宗教规范、社会组织自制规范（如人民团体、社会团体章程和规则；大学等教育机构章程；企事业单位规章制度；村规民约、乡规民约、居民公约等基层群众自治组织制定的规范）、各级政治权威机关（如各级党的机关，国家立法机关、行政机关、监察机关、司法机关等）制定的专门用于管理内部成员的自制规章等。

法律规范、党内法规、国家政策都是与政治权威相关联的，而村规民约等社会规范则是由社会组织制定或社会自身产生的。[②] 本书的研究所涉及的制度的规范形态主要有法律规范、国家政策、社会规范等。

二 制度性歧视的含义

目前，学术界关于制度性歧视的概念还没有形成统一的认识标准，这一概念也缺少相关立法的明确界定。周伟教授认为，制度性歧视是"由于历史原因而非故意实施造成通过广泛的中性政策、习惯和待遇固定形成的特定群体遭受的普遍的有规律的社会不利状况"。[③] 任喜荣教授认为，制度性歧视是指"由国家的正式规则所形成或被国家的正式规则所

[①] 刘作翔：《论建立分种类、多层级的社会规范备案审查制度》，《中国法学》2021 年第 5 期。

[②] 参见刘作翔《论建立分种类、多层级的社会规范备案审查制度》，《中国法学》2021 年第 5 期。

[③] 周伟：《宪法基本权利：原理·规范·应用》，法律出版社 2006 年版，第 80 页。

接受和保护的歧视",① 通常是公权力主体实施的不合理对待,不同于一般的行为性歧视,它是以制度形态表现的。② 制度性歧视的"合法性"体现在这种制度安排是由公权力实施或接受的,因此,这种歧视性的制度安排为社会带来了更为复杂且长久的不公正。③ 郭彬认为,制度性歧视是指"系统性的、结构性的政策和实践,直接或间接地使得特定的人群受到不公平对待"。④ 周大鸣教授认为,制度性歧视指的是"普遍存在于地方性法律法规和行政文件中有关就业管理制度、社会保障制度、劳动监察制度以及中国社会从 20 世纪 50 年代末以来实施的户籍管理制度等,此外,还包括企业内部成文和不成文的管理制度等"。⑤ 加拿大皇家委员会报告称,制度性歧视意味着这样一种实践或态度,"它的后果是因为个人或者一个群体被强加的而非其真正的特征从而限制其享有普遍可得之机会的权利……无论它是因为妨碍他人潜能之发挥的主观愿望而激起的,还是因为完全无辜的受鼓动的实践或态度而无意中产生的副作用,如果以不成比例的方式对某些团体产生了消极影响,那么,它就给出了一个信号,那就是产生这种负面影响的实践很可能就是歧视性的"。⑥

学者们从不同层面对制度性歧视作出了界定,也在一定程度上揭示了制度性歧视的特征,如周伟教授指出的"特定群体遭受的普遍的有规律的社会不利状况",就属于制度性歧视的最基本的特质;任喜荣教授指出的"以制度形态表现的",是制度性歧视的最为基本的表现形态,也是传统的制度性歧视的界定标准。而以下学者或委员会报告的观点则共

---

① 任喜荣:《制度性歧视与平等权利保障机构的功能——以农民权利保障为视角》,《当代法学》2007 年第 2 期。
② 参见任喜荣、周隆基《制度性歧视的内涵与辨异》,《北方法学》2014 年第 2 期。
③ 参见任喜荣、周隆基《制度性歧视的类型化研究》,孙笑侠主编《复旦大学法律评论》(第五辑),法律出版社 2017 年版,第 80 页。
④ 郭彬、黄诗欣、杨琦:《公务员录用体检标准下的制度性歧视》,刘小楠主编《反歧视评论》(第 2 辑),法律出版社 2015 年版,第 34 页。
⑤ 周大鸣、刘朝晖:《制度性歧视与社会公正——以厦门农民工为例》,《西南民族大学学报》(人文社会科学版)2006 年第 11 期。
⑥ R. S. Abella, Equality in Employment: A Royal Commission Report, 1984.

同构成了更广泛意义上的制度性歧视的表现形态：(1) 郭彬指出的"系统性的、结构性的政策和实践"；(2) 周大鸣教授指出的"企业内部成文和不成文的管理制度"；(3) 加拿大皇家委员会报告指出的"制度性歧视，意味着这样一种实践或态度"。也即"企业管理制度""实践""态度"等也属于制度性歧视的表现形态。本书认为，随着社会时代的发展和理论研究的推进，对制度性歧视的认定应当从更广泛的意义上来进行。制度性歧视不仅可以由国家正式规则这一种规范形态构成，也可以由诸如村规民约、民间习惯、企业内部章程规范等社会规范以及实际运作情况构成。实际上，以不同的实施主体为划分依据，我们可以将制度性歧视分为"狭义上的制度性歧视"和"广义上的制度性歧视"。其中，"狭义上的制度性歧视"主要指的是公权力机关、政治组织等制定出台的法规、制度、政策中存在的，造成对特定群体的不合理的区别对待的歧视性规定。"广义上的制度性歧视"除了公权力机关、政治组织等作为主体以外，还有自治组织、私团体等。本书正是将制度性歧视界定为"广义上的制度性歧视"，并在此基础上探究对制度性歧视的法治化治理。

综合研究成果，本书将制度性歧视的含义界定为：普遍存在于法律规范、政策文件和其他多种社会规范（如村规民约、民间习惯、企事业单位规章制度等）当中的，主要通过结构性、系统性的制度安排或实践活动，对公民群体或个人作出的不合理的区别对待。这种歧视性的制度安排或实践活动可能基于性别、年龄、民族（种族）、户籍、学历、职业等多种因素而作出，并在制度的作用下被固定下来，造成对特定群体或个人权益的侵害。制度性歧视又可被称作"体系性歧视"或"系统性歧视"，往往体现为政治、经济、文化、社会等多方位的群体性不平等，由此可见，制度性歧视涵盖的范围是很广的。简而言之，制度性歧视往往反映着这样一种制度安排或实践——这种制度安排或实践所依据的并不是特定群体或个人的本质特征，而是被强加的外在特征，而被强加特定外部特征的个人或者群众常常承受着特定制度对自身基本权利的限制、排斥、优待或对自身基本尊严的侵害。

三 制度性歧视的特点

根据广义上的制度性歧视的含义，结合实践中的现实情况，我们可以对制度性歧视的特点作出如下归纳。

第一，从制度性歧视的实施主体来看，公权力机关、政治组织、社会团体、企业等多元主体都可以成为制度性歧视的实施主体。具体而言，主要的制度性歧视的实施主体有：(1) 国家机关。国家机关是典型的制度性歧视的实施主体，作为公权力机关，其凭借独特的外在强制力制定出相应的规范性文件，并通过执法机关、司法机关等对此实施。因此，当国家机关制定、实施的规范性文件中存在歧视性的规定或者是在执法、司法中存在歧视性的实践操作时，都可能构成制度性歧视。(2) 行使一定公权力或政府职能的主体。包括国有企业、事业单位、特定政治组织、社会团体（如工会、共青团等人民群众团体、各种学会等学术研究团体、文联等社会公益团体，这些组织在很大程度上行使着部分政府职能或一定的公权力）等。这些主体拥有着一定的社会影响力，当其所制定的章程、规则等的规范内容中存在歧视或实施了歧视性的实践操作时，也可能构成制度性歧视。(3) 自治组织、私团体等。诸如村委会、居委会等基层群众自治组织以及企业等私团体，同样可能通过歧视性的章程、规则、管理制度或实践操作，形成对特定群体或个人的不合理的区别对待。而这些特定群体或个人既包括自治组织、私团体的内部成员，也可能包括自治组织、私团体的外部人员，如消费者等。

第二，从制度性歧视的规范基础来看，法律法规、各级地方政府出台的各类"条例""实施办法""暂行办法""规定""通知""意见""说明"等的政策性文件、社会和企业运行中的各类规章制度、管理制度（管理章程）等规范、民间习惯、行业习惯等都可以构成制度性歧视的规范基础。制度性歧视的规范基础的多元性，主要源于构成制度的规范形态的多元性，也即法律规范、政策文件和各类社会规范等均可能存在歧视性的制度安排或实践操作。

第三，从制度性歧视的外在表现来看，其或是具备合法性外衣，或是具备正当性外衣。在社会生活中，不同的规范形态会形成不同的秩序，如法律规范形态会形成法治秩序，具备合法性基础；习惯规范形态会形成习惯秩序，具备正当性基础等，而每种秩序的形成，都会反过来维护和固化相应的规范形态，巩固制度的稳定性以及不同规范形态所具有的合法性、正当性。因此，在一定程度上说，在制度性歧视的规范基础没有被修改或废止之前，法律规范和政策中的制度性歧视便是"合法的"，社会规范中的制度性歧视便是"正当的"。当然，这种表面上的"合法"与"正当"会带来持久的、隐蔽的社会歧视问题。

第四，从存在的形态来看，制度性歧视既有直接性，又有间接性。(1) 制度性歧视可以是直接在规范中作出消极性规定，形成不利后果，从而以直接性的制度性歧视的形态存在。如在特定历史时期，在建构经济发展的相关制度政策时，有关主体人为地将公民进行城乡二元划分，通过户籍制度、教育制度、就业制度、人事制度、医疗制度、社会保障制度等城市管理制度对城乡居民作出差异化对待，从而进行城乡二元治理，这种基于身份而进行的公民分类与社会治理，使得一部分公民获得了保护，享有了特权，另一部分公民则被限制或剥夺了相应的权利。(2) 制度性歧视还可以是表面平等中立的规范，但实质对特定群体产生了不利影响，从而以间接性的制度性歧视的形态存在。如《中华人民共和国工伤保险条例》规定，因工致残的职工享受工伤保险待遇的依据是个人工资，这一中性的规定实际是存在制度性歧视的，因为在一般情况下，农民工工资水平是低于城镇职工的，而在一线劳动场景中，女性劳动者的工资水平是低于男性的，因此该规定在一定程度上可能构成对农民工和女性劳动者等群体的制度性歧视。

第五，从危害后果来看，制度性歧视既可能造成对人的危害，产生制度性的弱势群体；又可能造成对规范秩序的破坏，形成制度性的失序状态。(1) 制度性歧视通过制度安排或实践活动，使得特定的社会群体处于相对不利地位,并沦为弱势群体,陷入生存和发展的困难处境。弱势群体是一个相对的概念,通常指的是在一个特定的社会中,由于各种因素的影响,一部分人较另一部分人在智能、体能、权能方面处于相对弱势,进而在社会地位、财富分类、政治权力行使、法律权力享有等方面处于相对不利地位以及发展潜力相对匮乏的人。① 制度因素是导致特定群体沦为弱势的关键因素,甚至是决定性因素;一个群体一旦沦为制度性的弱势群体,除非该制度发生变革,否则将会面临长期的权利缺失问题和生存发展问题等,处于困厄状态。(2) 制度性歧视对规范秩序的破坏,让本应有的规范秩序变为失序。规范是多元的,依据规范而建立起来的社会秩序状态也是多元的。当规范中存在歧视性安排时,便会让该种规范所建立的社会秩序状态变得失序,这非常不利于社会长远稳定发展,当然更不利于处在该种社会秩序下的公民的生存发展与权利保障。

第六,对制度性歧视的最好矫正措施就是通过制度化的方式进行矫正。既然制度性歧视是基于歧视性的制度安排或实践活动而产生的,那么对制度性歧视的矫正也需要制度化的方式。如通过税收、法律监督、法律制裁等制度化的方式纠正企业章程、管理制度等规范中的歧视性安排或实践活动,是现代法治国家的基本治理方案,也是更为有效的矫正措施。又如针对适龄女职工就业的身份歧视等突出的制度性歧视问题,国家可以制定并出台相应的促进性法律制度,推动育儿、养老等服务事业的社会化,减轻女性在家庭中的负担以及怀孕、生产等的后续负担,从而减轻企业压力,为女性提供更多的就业机会和就业可能。就目前来看,我国的生育保险制度可能在运行中增加了企业的用工成本。生育本来应该是一种社会责任,生育保险如果完全由企业来承担的话,会使得女性作为劳动力的成本直线上升,面对这种制度设计,用人单位难免会作出拒绝或减少招录女性职工的选择,进而产生对女性的制度性的就业歧视。为解决这一问题,国家应当推进生育保险制度改革,实现生育保

---

① 参见齐延平《社会弱势群体的权利保护》,山东人民出版社2006年版,第1页。

险社会化，由社会来分担女性生育成本，从而在源头上保障女性的平等就业权，坚持以制度化的方式对这一歧视问题加以矫正。

我们一般要对社会歧视行为进行判断，就需要引入国家法律制度为基本参照依据；但是，与此不同，我们对制度性歧视的判断常常无法再找一个规范作为参照依据，因为在很大程度上，制度规范本身就是歧视性的。歧视制度往往由公权力主体制定，且其实施主体也常常是公权力主体或自治组织、私团体，以"合法性""正当性"为外衣，通过直接性的消极规定或间接性的隐匿规定，制造制度性的弱势群体，引发制度性的社会失序，严重侵害公民合法权益，危害了社会公平与正义。

建设公平正义的社会是我国一直以来所追求的目标，也是中国特色社会主义的内在要求。从社会整体上看，经济学更多考虑的是如何在最小经济成本的基础上实现最大化的经济效益，却忽略了自由市场竞争理论的缺陷以及歧视所带来的社会成本增加的问题、社会制度结构扭曲的问题以及侵害人的基本尊严等的问题。如在少数民族地区，由于长期落后的教育与经济社会发展，当地人无法掌握充足的现代劳动技能，也因此而不具有就业竞争力，常常被整体排除在主流的就业市场之外。可见，在制度歧视的背景下，制度性歧视会产生严重的社会不公，制度性弱势群体会呈增长趋势，弱势群体在教育、医疗、就业、社会保障等诸多领域都会产生"相对的被剥夺感"，并降低个人幸福感与安全感，丧失社会的归属感。制度性歧视问题异常复杂，因而对制度性歧视这一问题的化解，需要基于人文主义正义去考量社会资源或负担分配的平等、公正情况以及所制定的制度、法律规则系统的优劣与正当性，从而对制度性歧视予以有效治理，提升群众的获得感、幸福感、安全感。

第二节 制度性歧视的现实表现

制度性歧视有着多样的现实表现，学术界根据不同的现实表现也作出过不同的类型化分析。比如任喜荣教授在对制度性歧视进行类型化研究时,先是根据制度的表现形式,将制度性歧视划分为"正式制度性歧视与非正式制度性歧视";而后根据侵犯权利的类型不同,将制度性歧视划分为"对公民权利、政治权利和社会权利的制度性歧视";最后则根据侵权主体的不同,将制度性歧视划分为"立法机关制度性歧视、行政机关制度性歧视、司法机关制度性歧视"。① 对制度性歧视的研究可以有多种角度和思路,学者们可以针对不同分类标准对制度性歧视作出不同的类型化划分。从制度性歧视的规范基础上可以看出,制度性歧视既可以表现为基于法律法规的制度性歧视,也可以表现为由各级地方政府所出台的各类"条例""实施办法""暂行办法""规定""通知""意见""说明"等政策性文件上的制度性歧视,还可以表现为社会和企业运作中的各类规章制度、管理制度(管理章程)、民间习惯、行业习惯等方面的制度性歧视。

本书采用一种新的分类标准,即根据制度性歧视的不同规范基础,将制度性歧视的现实表现划分为"法律文件中的制度性歧视""社会规范中的制度性歧视"。其中,"法律文件中的制度性歧视"主要以法律规范、政策文件等为规范基础,表现为制度性的身份歧视、制度性的公务员招录歧视、制度性的男女退休年龄歧视、制度性的"非全日制"学历歧视、制度性的权利保障缺失的歧视、制度性的实践行为上的歧视等。"社会规范中的制度性歧视"主要以社会规范为规范基础,表现为村规民约、企事业单位规章制度以及社会实践的实际运作中的歧视等。

一 法律文件中的制度性歧视

法律文件中的制度性歧视属于典型的制度性歧视,是由国家公权

---

① 参见任喜荣、周隆基《制度性歧视的类型化研究》,孙笑侠主编《复旦大学法律评论》(第五辑),法律出版社 2017 年版,第 79 页。

力机关等制定实施的有形的、成文化的法律规范、政策文件等所产生的歧视。法律文件中的制度性歧视，通常以公权力对私权利的不合理的区别对待为表现形式，由于这种不合理的区别对待是以法律规范、政策文件等的正式制度为基础，因此表面上具有一定的合法性。在合法外衣下，这种制度性歧视通常会被社会公众乃至国家机关忽视，从而产生更深远的社会影响。以法律规范中的制度性歧视为例，法律本身是用来消除歧视，实现平等的。按照自然法学派的观点，法律能够实现强者和弱者的平衡，不至于让两者力量过于悬殊，从而以自由和平等为立法体系的最终目的。① 但如果法律本身就带有歧视，或直接产生了歧视，那么这种法律实际就丧失了合宪性与合法性。因此，要谨防掌握规则、制度制定权的群体制定出排斥弱势群体的政策制度或法律法规。

法律文件中的制度性歧视大致可分为以下三种情况。（1）法律文件文本本身呈现出的不平等和歧视。这种是最显而易见的歧视，因为其以文本语言词句直接确认歧视。但随着立法水平和立法质量的提高，这种形式呈现的制度性歧视有所减少，曾经存在的情形也渐渐被逐步修订或废止。（2）表面平等，但实际隐含着不平等和歧视。这种隐性歧视类型是当前法律文件中歧视的主要表现。由于歧视的目的或效果被隐蔽，制度的歧视性通常难以被发觉，但实际却造成严重的社会影响。（3）法律文件文本本身不含歧视，但在实施中产生了歧视，造成权利冲突，侵害公民的基本权利。在法学逻辑中，当社会共识已经被法律或制度体系纳入为规则时，我们可以援引这些规则来进行资源分配，但是当社会现实条件发生变化时，就需要回溯整个法律或制度体系所赖以为基的背景正义原则，从而调整规则的内容，② 保障立法的合宪性、正当性以及法律体系、政策体系的统一性。

---

① 参见［法］卢梭《社会契约论》，何兆武译，商务印书馆2003年版，第66页。
② 参见何建志《基因歧视与法律对策之研究》，北京大学出版社2006年版，第94页。

法律文件中的制度性歧视的现实表现有以下几方面。

(一) 制度性的身份歧视

"狭义上的制度性的身份歧视"主要指的是户籍歧视，表现为根据户籍而在城市准入、行业准入、社会保障、政策福利以及人身损害赔偿等方面作出不合理的区别对待。"广义上的制度性的身份歧视"除了包括户籍歧视，还存在诸如针对独生子女、病残老年人子女、非机关、事业组织职工以及适龄女职工就业等的身份歧视等。

第一，户籍歧视。户籍歧视是我国较为常见的一种制度性歧视，主要源于我国特殊的户籍制度。一方面，按照不同的户籍类别，我国有着农村户籍和城市户籍之分，而由于城乡发展差异，农村户籍往往是被歧视的对象；另一方面，不同的户籍地域，也有着相同类别户籍之间的地域之分。由于不同级别城市或不同地域的发展差异，一线大城市等高速发展的地域往往会歧视外来户籍人口。通过对户籍歧视的梳理，可以发现其具体表现如下所示。

(1) 城市准入与行业准入方面的制度性的户籍歧视。城市准入与行业准入制度实际构成了对外地劳动力的管控，在准入制度中的限制性规定使得外地务工人员被排挤在高级劳动力市场之外，无法获得良好的就业机会，形成就业中的制度性的户籍歧视。为保障本地人员的充分就业，维持本地原有的利益分配格局，减少外地务工人员，尤其是农民工的大量涌入所造成的公共设施建设压力以及管理成本，各地方政府曾纷纷作出对外来人员在城市准入、行业准入方面的限制性规定。如1993年，上海市政府出台的《上海市单位使用和聘用外地劳动力分类管理办法》就将职业岗位分为A、B、C三类，对外来劳动力可以进入的行业、职业条目作出了限制性规定。其中A类可以根据需要雇用外来劳动力，B类可以适当雇用外来劳动力，C类则禁止雇用外来劳动力（主要包含的职业有金融保险业、各类管理和服务人员、出租车司机、商场营业员、绘图员等）。1994年，上海市人民政府制定并出台《上海市蓝印户口管理暂行规定》（1998年修正），对外省市来沪人员申请蓝印户口的条件作出了包括在沪不同地区的投资数额、项目竣工投产、开业或营业年限等的具体限制性规定。① 该规定对于绝大多数流入上海的外来劳动者而言是很难达到的，因此，构成了对外来劳动者的制度性歧视。又如 1995 年，《北京市外地来京务工经商人员管理条例》以立法的形式设置了农民工的就业门槛，实施了对农民工的制度性歧视。1996 年北京市劳动和社会保障局发布的《1996 年本市允许和限制使用外地人员的行业工种范围》，将 12 个行业 204 个工种设置为允许使用外来工的行业工种范围。同时还发布了《关于用人单位招用外地务工人员有关问题的通知》，设置了"先城镇、后农村，先本市、后外地"的歧视性的用工原则。1997 年底，北京市人民政府出台了《北京市外地来京人员务工管理规定》，对外地来京人员的总量、所从事的行业和工种以及所要求的文化程度、职业技能作出了明确要求。随后，1999 年北京市劳动和社会保障局发布的《2000 年本市允许和限制使用外地人员的行业、职业范围》，进一步扩大了对外地务工人员的行业和职业的限制范围。并且对外地务工人员设置了较为烦琐的进城务工审批手续和较高的各类附加性收费标准，如暂住证工本费、外来人口管理费、子女教育借读费、赞助费、社会办学发展督导费、城市增容费等，形成对外来务工人员的制度性歧视。2002 年厦门市政府颁布了《厦门市人民政府关于促进本市居民就业的若干意见》，规定"……劳动保障部门要指导用人单位多招收本市居民；就业服务机构应积极搜集空缺岗位，优先推荐本市居民；用人单位应当配合劳动保障行政部门开展的空岗调查。列入市政府规定须使用本市居民的岗位，

---

① 《上海市蓝印户口管理暂行规定》第四条规定："在本市投资、具备下列条件之一的投资者，可以为本人或者其外省市亲属或者其聘用的外省市来沪人员申请 1 个蓝印户口：（一）外商和港、澳、台人士在本市投资达到 20 万美元、项目竣工投产、开业或者营业 2 年以上的；（二）外省市单位或者个人在本市市中心区和浦东新区投资达到 100 万元人民币、项目竣工投资、开业或者营业 2 年以上的；（三）外省市单位或者个人在本市嘉定、闵行、宝山、金山、松江区和南汇、奉贤、青浦县投资达到 50 万元人民币，或者在崇明县投资达到 30 万元人民币，项目竣工投产、开业或者营业 2 年以上的。"

用人单位应及时到劳动力市场发布信息"。2004年广州市人事局、广州市发展计划委员会发布了《关于做好我市普通高等学校毕业生就业接收工作的通知》，要求有关单位在招用高等院校毕业生时要优先安排本地生源的毕业生，或者对招收本地生源高校毕业生的单位进行奖励。并规定不将外来人员纳入社会保险体系中，或者给予本地劳动力和外来劳动力不同的社会保险待遇。而《上海市外来人员综合保险暂行办法》也规定，外来从业人员享受的综合保险不同于上海市本地员工享受的社会保险。

此外，更有以行政收费的方式来分别提高外来务工人员的就业成本以及用人单位使用外地务工人员的生产或经营成本的情形。虽然2001年国家计委、财政部按照中央指示联合发布了《关于全面清理整顿外出或外来务工人员收费的通知》，将针对农民工的7项收费项目予以取消，但某些地方政府在制度惯性的作用下仍然在以各种名义收取各类就业费用，保持对外来务工人员的制度性歧视，如《广东省流动人员劳动就业管理条例》（1999年）第十六条规定："用人单位招用流动人员需缴纳的调配费按省人民政府规定执行"；《南京市外来劳动力劳动管理规定》（1999年）第十六条第一款规定："用人单位支付外来劳动力的工资或劳务费用，必须纳入国家对工资总额实行宏观调控和工资基金管理，并按规定交纳就业管理费、就业调节金、暂住人口管理服务费等有关费用"；《福州市流动人员劳动就业管理办法》（2001年）第十九条规定："用人单位应按省人民政府和省物价、财政、劳动行政部门的规定，向劳动就业服务机构缴纳使用流动人员的就业调节费。"直至当前，这种城市准入与行业准入方面的制度性的户籍歧视也仍然存在，如浙江省某市《某区流动人口居住证制度实施意见（试行）》关于居住证申领条件等的规定中就存在对流动人口的合法权利作出不合理的限制或剥夺的情况。2016年3月，浙江省某市某区人大常委会法制工作委员会对该实施意见作出主动审查，认为该实施意见所设置的居住证申领条件与上位法国务院《居住证暂行条例》所规定的条件不一致；所规定的落户条件也未对提取和使用住房公积金、公共文化体育服务等权利以及办理出入境证件、机动车登记等便利事项作出规定。因此，认定该实施意见设置的更严格的落户条件，对基本服务做出的更严格的限制条件违反了上位法，构成对流动人口合法权利的不合理的限制或剥夺，是一种制度性歧视。①

（2）社会保障、政策福利等方面的制度性歧视。实践中，社会保障和政策福利等方面更容易产生歧视性的制度安排。如1999年国务院针对城市居民颁布了《城市居民最低生活保障条例》，顾名思义，该条例只适用于城市居民，而忽视了同样需要社会保障的农村居民，尤其是在城市化进程中被征地的农民，对这部分农村居民而言，既失去了土地，也失去了基本的生活保障，更没有对接到很好的就业岗位，成为"种田无地，就业无岗，劳保无份"②的群体。实际上，农村居民也同样需要社会保障，甚至更需要社会保障，而最低生活保障条例却没有将其纳入其中，在一定程度上可能构成了对农村居民的制度性歧视。直至2007年，我国制定了《农村居民最低生活保障条例》，最终建立起农村居民的最低生活保障。即便如此，城镇居民的社会保障体系仍然比农村居民的社会保障体系更健全。城镇居民的社会保障包括社会福利制度（如最低生活保障、灾害救助、社会互助、流浪乞讨人员救助等）、社会保险制度（如医疗保险、养老保险、工伤保险、失业保险、生育保险等）、住房保障制度（如住房公积金、经济适用房、廉价住房等）、社会保障制度（如优抚安置老年人、儿童、残疾人等弱势群体），而农村居民的社会保障则较为有限，主要有养老、合作医疗、"五保"供养、低保、特困户基本生活救助等。由此可见，城乡在社会保障等方面还是存在差距的。又如2014年7月，某省人大常委会法制

---

① 参见全国人大常委会法制工作委员会法规备案审查室编著《规范性文件备案审查案例选编》，中国民主法制出版社2020年版，第217—219页。
② 张建飞：《城市化进程中失地农民社会保障机制的法学思考》，《政治与法律》2006年第4期。

工作委员会收到关于《某省人民政府办公厅关于印发城市居民最低生活保障工作规程的通知》的审查建议。审查建议提出，该通知的第十五条第十四、十五款作出的"除政策性规定在当地落户之外的其他在当地落户不满5年"和"计划外生育"的居民不予享受最低生活保障待遇的规定，让部分困难群众不能依法获得平等的生活保障，同时也违反了国务院《社会救助暂行办法》的规定，对部分困难群众平等的生活保障权利造成侵害，构成制度性歧视。[①]

一些对城乡居民的就业区分以及对农民工的歧视实际上已经被固化在了政府公共管理和用人单位的政策当中。直至现在，一些地方仍然对外来务工人员保持着某种歧视性的态度。2017年11月，北京市大兴区西红门镇火灾事故后，北京市安全生产委员会为了人民生命的安全而发出《关于开展安全隐患大排查大清理大整治专项行动的通知》，然而在整治过程中却出现舆论曝出的清理"低端产业人口"的倾向；实际上，此次行动所针对的是存在安全隐患的违法建设和违法经营，而许多外来人口恰恰租住于此，在矛盾之下，便出现"清退低端人口"的社会舆论。且不论此次专项行动通知中有没有歧视性安排，单就此次事件背景来说即反映出了外来务工人员的实际生存状况，他们一般只能从事"脏、险、累"的工作，往往被安排在安全保护设施不达标，无法保障人身安全的岗位上，并且无法享受城市的配套设施以及城市职工的福利待遇，这也反映出其在社会保障、政策福利等方面受到的制度性歧视。

（3）人身损害赔偿中的制度性歧视。2003年12月26日，最高人民法院发布了《关于审理人身损害赔偿案件适用法律若干问题的解释》，规定"死亡赔偿金按照受诉法院所在地上一年度城镇居民人均可支配收入或者农村居民人均纯收入标准，按20年计算"。该规定为城

---

① 参见全国人大常委会法制工作委员会法规备案审查室编著《规范性文件备案审查案例选编》，中国民主法制出版社2020年版，第133页。

乡居民人身损害赔偿设定了不同的赔偿标准，使得"同命不同价"在一定程度上获得了制度合法性，形成城乡居民人身损害赔偿方面的户籍歧视。此外，相关机关也对残疾赔偿金、被扶养人生活费等作出了城乡区分的赔偿标准，这样的规定实际是将城镇居民与农村居民对立起来，产生制度性的户籍歧视。好在2014年国务院颁布并施行《关于进一步推进户籍制度改革的意见》第十一条指出，要统一城乡户口登记制度，全面实施居住证制度，为居住证持有人员设定与本地户籍人口同等的社会保障权利，如教育、医疗、计生等服务，并保障其平等地参加劳动就业。同时，国家也扩大基本公共服务覆盖面，对社会保险、随迁子女教育等问题也一并提出了解决方案，以稳步推进城镇基本公共服务，对当地常住人口的全覆盖；通过建立居住证制度这一新型户籍制度，逐步消除户籍制度所导致的各种制度性歧视。2019年，最高人民法院发布了《关于授权开展人身损害赔偿标准城乡统一试点的通知》，经过两年的试点，"同命同价"新规获得了较好的实施效果。2021年，最高人民法院在《审理人身损害赔偿案件适用法律若干问题的解释（征求意见稿）》中，打破了城乡人身损害赔偿"同命不同价"的情况，而统一按照"城镇居民人均可支配收入"来计算残疾赔偿金、死亡赔偿金，着力消除农村户籍歧视，促进城乡一体化发展。当然，从制度的变革到实践的推进，还存在很大的努力提升空间。从城市准入、行业准入方面的制度性的户籍歧视，到社会保障、政策福利方面的制度性的户籍歧视，再到人身损害赔偿中的制度性的户籍歧视，反映出了户籍身份对人的生存、发展及安全保障等多方位的负面影响；而这些负面影响均是以制度化的方式产生的。而要对这些制度性歧视问题进行消除，就必须通过制度化的方式来推进，通过制度的变革和完善来逐渐消除。

第二，针对独生子女、病残老年人子女、非机关、事业组织职工以及适龄女职工就业的身份歧视。这些群体之所以会受到制度性歧视主要是源自身份的特殊性，行政机关等在制定相应的政策措施时，形成了对这部分群体的歧视性对待。具体表现如下所示。

（1）针对独生子女、病残老年人子女就业的身份歧视。2017年11月，全国人大常委会法制工作委员会法规备案审查室收到公民针对六省区地方性法规中关于老年人护理假的规定①的审查建议。这六个省区分别对独生子女、非独生子女、赡养人、抚养人的父母患病住院、失能等情况，作出了保障其相应的护理假以及工资福利待遇不变等的规定。对此，有公民提起的审查建议指出，这些地方性法规在保障老年人陪护假的同时，也加重了企业的负担，是将具有社会福利性质的老年人护理假推卸给了企业等非财政拨款单位来负担，违反了权利义务对等的原则，会产生对独生子女、病残老年人子女的就业歧视。② 从大的方向来看，老年人护理假是保障老年人权益的具体措施，因此，以上规定是符合《中华人民共和国老年人权益保障法》的，但是将具有社会福利性质的老年人护理假的责任全部施加给用人单位，用人单位可能会为了降低企业成本而拒绝招录独生子女或病残老年人子女，形成"上有政策，下有对策"的效果，从而产生对这部分群体平等就业权的侵犯，形成制度性的身份歧视。

（2）针对非机关、事业组织职工以及适龄女职工就业的身份歧视。

---

① 该六省区的规定内容如下，A省的地方性法规规定："独生子女的父母年满六十周岁，患病住院治疗期间，用人单位应当支持其子女进行护理照料，并给予每年累计不超过十天的护理时间，护理期间工资福利待遇不变。"该规定自2017年3月1日起实施。B省规定："在国家提倡一对夫妻生育一个子女期间，自愿终身只生育一个子女家庭的老年人患病住院治疗期间，用人单位应当支持其子女进行护理照料，并给予每年累计不超过十五天的护理时间，护理期间工资福利待遇不变。"该规定自2017年9月1日起实施。C区规定："独生子女父母年满六十周岁的，患病住院期间，用人单位应当给予其子女每年累计不超过十五天的护理假。护理期间的工资、津贴、补贴和奖金，其用人单位不得扣减。"F省规定："独生子女父母六十周岁以上的，患病住院期间，独生子女所在单位应当对其护理照料父母给予必要照顾。"D省规定："对赡养人、抚养人照顾失能或者患病住院老人的，用人单位应当提供便利，并给予每年累计不少于十天的护理时间；对独生子女照顾失能或者患病住院老人的，每年护理时间应当累计不少于十五天。"E省规定："老年人患病住院期间，子女所在单位应当给予其陪护假。独生子女的陪护假每年累计二十日，非独生子女的陪护假每年累计十日。陪护期间工资福利待遇不变。"

② 参见全国人大常委会法制工作委员会法规备案审查室编著《规范性文件备案审查案例选编》，中国民主法制出版社2020年版，第39—42页。

如 2017 年 3 月，全国人大常委会法制工作委员会法规备案审查室收到了公民针对《某省人口与计划生育条例》提出的审查建议。实际上，该条例确实存在着多种制度性的身份歧视，如其中第二十六条第二款规定："独生子女父母为机关、事业组织职工的，退休时按照省有关规定给予本人一次性退休补贴，其经费从原渠道列支。独生子女父母为企业职工的，退休时由所在单位按照设区的市上一年度职工年平均工资的百分之三十发给一次性养老补助。对农村年满六十周岁，符合计划生育家庭奖励扶助条件的夫妻，按照国家和省有关规定给予奖励扶助。独生子女父母为城镇其他居民的，由县（市、区）人民政府参照农村部分计划生育家庭奖励扶助制度给予奖励扶助。"这一制度首先是将个体经济组织、民办非企业单位、会计师事务所等组织的从业人员排除在外的规定，构成了对该部分群体的身份歧视；其次是按照条文规定，机关事业单位人员的独生子女奖励费由公共财政负责，城镇其他居民的独生子女奖励费也由政府负责，而只有企业职工的独生子女奖励是由企业负责的，这无疑增加了企业的负担，形成了制度性的身份歧视。而且这样一来，企业会逐渐以"只招用完成计划生育任务的职工"为用工导向，从而又助推了对适龄女职工的就业歧视。[①] 除了本书列举的这几种身份歧视外，实践中还有很多不同形态的身份歧视，比如民族（种族）歧视、前科歧视等，这些基于身份而作出的对其基本权利的不合理的限制、排斥、剥夺或优待的制度安排或实践，让特定群体丧失了相应的生存发展机遇，逐渐沦为制度性的弱势群体。

（二）制度性的公务员招录歧视

公务员招录的过程中也存在着较多的歧视问题，如招录公告中对年龄、性别、身体健康状况、户籍、地域等作出的一般性的报考限制；在体检中设置的过高标准等。这些在公务员招录制度与实践中发生的歧视

[①] 参见全国人大常委会法制工作委员会法规备案审查室编著《规范性文件备案审查案例选编》，中国民主法制出版社 2020 年版，第 55—58 页。

已成为典型的制度性歧视。① 下文以制度性的报考年龄歧视和健康歧视为例进行详细论述。

（1）报考年龄歧视。1994年6月，人事部（现为人力资源和社会保障部）发布《国家公务员录用暂行规定》，其中第十四条规定，报考国家公务员，必须具备下列基本条件："……（六）身体健康，年龄为三十五岁以下。"2007年11月，人事部（现为人力资源和社会保障部）发布《公务员录用规定（试行）》则延续了公务员招考设置的35岁以下年龄的限制。这一规定也逐渐成为社会各行业招聘时的年龄标杆，涉嫌成为一种公开性的歧视。我们至今仍然能在各省公务员招录公告中看到这一年龄限制，如2022年仍有多省市公务员考试公告将报考条件限定为："……（二）年龄为18周岁以上，35周岁以下（1986年3月1日至2004年3月1日期间出生）。"《中华人民共和国宪法》第二条规定，"人民依照法律规定，通过各种途径和形式，管理国家事务，管理经济和文化事业，管理社会事务"，由此可见，管理国家事务、社会事务是公民的基本政治权利。《中华人民共和国公务员法》也只规定了年满18周岁的要求，并无35周岁以下的规定，只是在第二十四条对于不得录用为公务员的情形作出如下规定："（一）曾因犯罪受过刑事处罚的；（二）曾被开除公职的；（三）有法律规定不得录用为公务员的其他情形的。"因此，我国法律并没有对35周岁以上的人不得报考公务员或被录用为公务员作出硬性规定。《国家公务员录用暂行规定》对国家公务员招考年龄的限制实际构成了年龄歧视，在没有对特定职业进行区分的情况下作出"一刀切"的年龄限制，是对35周岁以上公民参与管理国家和社会事务权利的剥夺，也损害了公民平等的就业权利，可能构成制度性的报考年龄歧视。

（2）健康歧视。《公务员录用体检通用标准（试行）》（2005年颁

---

① 参见王理万、韩明生《中央国家机关公务员招考就业歧视的十年观察》，刘小楠主编，王理万副主编《反歧视评论》（第3辑），法律出版社2016年版，第155页。

布实施，以下简称《体检标准》）中存在着针对健康弱势群体的歧视。公务员招录体检制度是由包括政府、事业单位等在内的公共部门制定通过的，适用于中央、地方的公务员招聘、事业单位招聘等公开招录场合，甚至适用于城市入户的场合。该体检标准所确立的二十一项检查条款也并非全都基于影响正常履职和影响公共健康的科学判断，因而在一定程度上存在着对健康弱势群体的制度性歧视。即其规定了与工作岗位、职业能力无直接或必要联系的身体健康要求，限制或剥夺了该部分群体平等就业的权利。如《体检标准》中设置了对糖尿病项目的体检规定，对患有糖尿病等内分泌系统疾病的报考者会按照体检不合格进行处理。实际上，糖尿病的病症是可以通过药物等方式予以有效控制的，并且糖尿病也没有传染性，不会威胁到公共卫生和健康。而且根据《中国糖尿病防治指南》的规定，"糖尿病患者原则上应避免重体力劳动，不宜从事高温、高空及潜水作业，最好也不从事火车及公共汽车司机的工作"，因此，在不涉及上述工作内容的公务员岗位上，还是可以录用能够正常履行工作职责的糖尿病患者的。也即《体检标准》对糖尿病患者的排斥，其实是一种歧视性安排，形成了制度性的健康歧视。[①]

在《体检标准》的影响下，各地方政府也随之制定和颁布了许多构成健康歧视的法律文件。如1988年吉林省人民政府颁布了《吉林省病毒性肝炎防治工作管理办法》，其中第九条规定："凡属下列人员应定期接受体检，如体检发现患有病毒性肝炎或乙肝表面抗原阳性者，治愈前应调离原岗位或暂停现职工作……（四）公共场所直接为顾客服务的工作人员。"1994年9月29日，黑龙江省人民政府颁布了《黑龙江省实施〈中华人民共和国传染病防治法〉细则》，其中第十七条规定"下列传染病病原携带者不得从事易使该传染病扩散的工作：……

[①] 郭彬、黄诗欣、杨琦：《公务员录用体检标准下的制度性歧视》，刘小楠主编《反歧视评论》（第2辑），法律出版社2015年版，第41页。

（三）艾滋病病原携带者不得从事生物制品、血站（库）、医疗、美容、整容、幼托、教育和服务性行业工作。"实际上，"一刀切"式的统一体检标准是不具有合理性的，因为不同职位对身体条件的要求是不同的，未来的制度完善应当根据不同职位、不同工作性质和特点来确立不同的体检标准，否则便会侵犯公民的平等就业权，形成看似合理但实质却是制度性的健康歧视。

（三）制度性的男女退休年龄歧视

2005年1月，55岁的中国建设银行平顶山市分行原出纳科副科长周某某接到单位的退休通知，让其办理退休手续，随后周某某提起劳动仲裁，认为自己足以胜任现在的工作，单位让其退休的决定违反了《中华人民共和国宪法》《中华人民共和国劳动法》等法律中对男女平等的有关规定，要求与单位男职工享有同等的60岁退休的权利。虽然该案以"申诉人未提供支持其观点的有效证据和法律依据"为由而败诉，但引发了社会关于男女退休年龄的关注和讨论。

男女退休年龄是由1978年《国务院关于安置老弱病残干部的暂行办法》和《国务院关于工人退休、退职的暂行办法》作出规定的。但其对男女可以退休和应该退休的年龄进行了区别性的制度安排，即男年满60周岁，女工人年满50周岁，女干部年满55周岁。从事井下、高温、高空、特别繁重体力劳动或其他有害身体健康工作的，退休年龄为男年满55周岁，女年满45周岁。也即女性比男性要早5年退休。[①] 各地方政府则据此颁布了各行业的退休制度，如1993年深圳市政府颁布《深圳市国家公务员管理办法》，其中第八十九条规定，公务员除国家另有规定外，凡男性年满六十周岁，女性年满五十五周岁，或者丧失工作能力的，均应当退休。2015年中共中央组织部、人力资源和社会保障部共同发布了《关于机关事业单位县处级女干部和具有高级职称的女性专业技术人员退

[①] 参见《国务院关于安置老弱病残干部的暂行办法》第四条；《国务院关于工人退休、退职的暂行办法》第一条。

休年龄问题的通知》，实现了处级以上女干部、女性高级知识分子与男性同龄退休，但仍然没能改变普遍意义上的退休性别歧视。①

虽然男女差异化退休制度的初衷是为了保护女性，即基于女性生理特点及抚育子女的需要而作出的针对女性的保护措施，但随着时代的发展，女性的生理健康状况已经发生了极大改变，女性的受教育程度获得了普遍提升，就业形势也发生了较大变化，因此，"减少女性工作年限"这一以保护女性为初衷而作出的区别对待的条款，已经随着时代的发展和各方面客观因素的改变而演化为制度性的性别歧视。因为这一规定对女性来说，既不利于她们收入的增长和财富的积累，也不利于职业的晋升与发展。一方面，在工龄和学历等基础条件相同的情况下，由于女性比男性要提前五年退休，因此在工作岗位的选择、干部提拔任用等诸多方面都会受到区别对待，极大影响了女性的权益，造成对女性职业发展权的限制。另一方面，提前五年退休使得女性的退休金、住房公积金以及其他各项福利待遇都受到了影响。同时也不利于女性人力价值的充分发挥，浪费了女性人力资源。实际上，劳动既具有义务属性，又具有权利属性，针对女性提前退休的制度安排强调的是劳动的义务属性，想要通过提前退休来实现对女性的保护，但它忽视了劳动同样具有权利属性，劳动者应当依法享有平等的不进行劳动的权利，因此，有些制度应当随着社会时代的发展而作出调整和改变，否则便可能逐渐演化为制度性歧视。

（四）制度性的"非全日制"学历歧视

全日制和非全日制是教育体制中的两种基本教育形式。2022 年南京理工大学非全日制研究生刘某某以自己受到"非全日制"学历歧视为由提起行政复议，在行政复议不被受理的情况下，以石家庄市人民政府为被告提起了行政诉讼，认为《石家庄市高校毕业生一次性就业安家补贴等 5 项奖补实施细则》中对全日制和非全日制两种教育形式的学生进行

---

① 参见《就业性别歧视的制度根源及其破解之道——专访西北工业大学郭慧敏教授》，刘小楠、王理万主编《反歧视评论》（第 5 辑），法律出版社 2018 年版，第 129 页。

了区别对待，其中非全日制本科和研究生不享有就业补贴的政策规定是对非全日制学生的歧视。

实际上，2016年教育部办公厅印发的《关于统筹全日制和非全日制研究生管理工作的通知》即明确规定，自2017年起，全日制和非全日制研究生由国家统一下达招生计划，考试招生执行相同的政策和标准，培养质量坚持同一要求，学历学位证书具有同等法律地位和相同效力。而2019年，教育部办公厅等五部门发布《关于进一步做好非全日制研究生就业工作的通知》进一步指出："用人单位招用人员应当向劳动者提供平等就业机会。各级公务员招录、事业单位及国有企业公开招聘要根据岗位需求合理制定招聘条件，对不同教育形式的研究生提供平等就业机会，不得设置与职位要求无关的报考资格条件。各地要合理制定人才落户条件，精简落户凭证，简化办理手续，为不同教育形式的研究生提供平等落户机会。"由此可见，国家层面已经明确了全日制和非全日制两种教育形式的平等地位，因此包括人才政策在内的各项政策措施均应当逐步消除对两者的区别对待，对于已制定并印发的各项制度政策、文件也要进行严格审定，避免制度性歧视的产生。①

总体而言，全日制和非全日制两种教育形式在就业实践中遭遇制度性歧视的事件屡屡发生，已经成为每年毕业季的热点事件。然而即使教育部等有关部门出台过关于两种学制具有同等法律地位和相同效力的政策文件，明确要求为不同教育形式的研究生提供平等落户机会，各地也仍然有制度性歧视的发生，并逐渐将焦点引向人才引进政策和保障措施等方面，以国家对此无统一规定和要求为由，继续实施区别对待。实际上，这些政策措施也要严格避免歧视性的制度安排，以维护公民合法权利，营造平等、非歧视的社会环境。

(五) 制度性的权利保障缺失的歧视

在更为宽泛的意义上来看，一种制度如果未对基本权利作出保障的

---

① 参见澎湃新闻微信公众号《毕业生状告石家庄市政府，还没开庭就有结果了》，https://mp.weixin.qq.com/s/8YAgA8ESlzYdZF80GW4owA，2022年7月15日。

情形，也可能对特定人群构成制度性歧视。如我国仍然只承认建立在异性婚姻基础上的家庭关系，而未承认同性恋者的权益，因此，在各类与家庭相关的社会保障、社会救助等制度政策中，都忽视了同性恋者。2015年我国发生了"同性婚姻合法化第一案"，孙某某、胡某某在湖南省长沙市芙蓉区民政局办理结婚登记时被拒绝，随后将民政局诉至法院，法院经审理认为我国婚姻法律法规明确了申请结婚以及办理结婚登记的基本程序，对结婚的主体要求是符合法定结婚条件的男女双方，而孙某某与胡某某二人皆为男性，因此，不符合法律规定的要求，其诉讼的理由不能成立。①

在正式规则不予承认和保护的情况下，同性恋者同时受到了来自社会公众的歧视和来自国家制度的歧视，成为名副其实的社会弱势群体。实际上，医学上已不再认为同性恋等性倾向问题是任何形式的疾病。世界卫生组织《国际疾病诊断》第10版（ICD－10）规定："单纯的性取向问题不能被视为一种障碍"，这个标准对于同性恋者和异性恋者均适用。《中国精神障碍分类与诊断标准》第三版（CCMD－3）也已将同性恋从精神障碍诊断标准中去除了。因此，同性恋等性倾向问题并非病态，社会公众及国家法律制度理应对此做出更多的包容，而非进行各类歧视性对待，尤其是制度性的歧视对待。

（六）制度性的实践行为上的歧视

除了体现在文本规定上的制度性歧视以外，还有执法等具体实践行为上的制度性歧视。具体包括：（1）在执行特定立法的具体行为中产生的歧视。对于在执行特定立法的具体行为中产生的歧视的矫正，不仅应追究该具体行政行为，还应对该部立法予以审查。比如在城市治安管理、工商税务、交通等部门的一线执法中，就存在对农民工等社会弱势群体或对拆迁户采取粗暴执法、不正当惩处和刁难等打压性执法，对此类行

---

① 参见"孙某某等与长沙市芙蓉区民政局婚姻登记行政纠纷案"，聚法案例网，https://www.jufaanli.com，2022年5月20日。

为的真正矫正，不仅应当追究歧视性执法行为，还应当溯及执法所依据的条例、规章等规范性文件，审查该规范性文件本身是否违反上位法或宪法关于平等权的规定，以从规范根源上解决制度性歧视问题。（2）事实行为中的制度性歧视。事实行为中的制度性歧视主要指的是，没有立法依据的行政执法行为或公权力的具体行为中的歧视。如公务员招考实践中的学历歧视。公务员招考中的学历歧视主要指的是在各地方公务员招考实践中做出的高于《中华人民共和国公务员法》《公务员录用规定（试行）》等正式制度规定的要求所产生的制度性歧视。《中华人民共和国公务员法》作为正式制度，对公务员招考中的学历要求是"符合职位所需"，《公务员录用规定（试行）》对公务员招考中的学历要求是大专以上文化程度。但是从各省市具体的公务员招考实践中可以发现，公务员招考其实有着更高、更严格的、与岗位职责没有直接关联性的不合理的学历要求。如对从事事务性工作的公务员岗位提出硕士研究生以上的学历层次要求，在选调生招考中提出"双一流"等重点院校层次的要求，这些在招考实践中所作出的更细化的学历层次要求或院校层次要求，实际上形成了学历层次、院校层次等的制度性歧视。[①] 2013 年北京市公务员招录公告中就存在学历层次、院校层次的歧视，其公告称："……招考职位面向 2013 年应届毕业生的，限于列入国家统一招生计划（不含定向、委培）的全日制普通高等院校、普通高等职业技术院校的北京生源 2013 年应届毕业生，北京地区列入国家统一招生计划（不含定向、委培）的全日制普通高等院校非北京生源本科以上（含本科）2013 年应届毕业生，列入'双一流'京外院校中获得校级以上'三好学生''优秀学生干部'或者一等以上'优秀学生奖学金'的本科以上（含本科）2013 年应届毕业生报考……"该招考公告将很多非"双一流"院校等的大学毕业生排除在外，形成了事实行为上的制度性歧视。

[①] 参见任喜荣、周隆基《制度性歧视的类型化研究》，孙笑侠主编《复旦大学法律评论》（第五辑），法律出版社 2017 年版，第 83—86 页。

二　社会规范中的制度性歧视

作为多元规范的重要组成部分，社会规范在人们社会生活中起到了非常重要的作用，2020年12月7日中共中央印发的《法治社会建设实施纲要（2020—2025）》提出，"促进社会规范建设。充分发挥社会规范在协调社会关系、约束社会行为、维护社会秩序等方面的积极作用"。社会规范的种类和数量都是繁多的，但是就目前来看，一些社会规范的制定还未完全做到程序化、规范化，存在很多歧视性安排和运作，直接或间接影响了公民的平等权利。本书以村规民约、企事业单位规章制度以及社会实践的实际运作情况等为例，对社会规范中的制度性歧视加以论述。

（一）村规民约中的制度性歧视

村规民约是基层村民自治的主要规范。在传统观念和文化习俗的影响下，很多农村集体经济组织往往在程序不合法、不规范的情况下制定出大量含有歧视性条款的村规民约。最为典型的就是将妇女权益和土地利益结合在一起，对"外嫁女"的土地承包权益进行严重的克减，侵犯农村妇女的平等权利。如在黑龙江省，部分农村的村规民约将男性视为"自己家的人"，将女性分为"别人家的人"（姑娘）；"暂时的自家人"（媳妇）；"永久的自家人"（婆婆），并将土地分配、财产继承、福利待遇等围绕这一分类展开，从而使得女性处于绝对的劣势地位。[①] 又如四川省双流县四圣村八社村规民约规定：嫁与非农户者，从办理结婚手续之日起，就由村上收回其承包地，也不能参加本社的经济分配；如愿缴纳2万余元的农业发展基金，才可以享受与村民的同等对待。[②] 而相类似的规定还有河南省郑州市金水区柳林镇路寨村村委会制定的《柳林镇路寨村村规民约》，其中第八条第一款第四项规定，"出门闺女只享受当年

[①] 参见郭毅、张冲《黑龙江省废除妇女歧视条款万余条》，《法制日报》2013年1月24日。
[②] 参见张抗私《劳动力市场性别歧视与社会性别排斥》，科学出版社2010年版，第218页。

的福利待遇（以农历为准）"。该规定实际是对"出门闺女"（出嫁女）基本权利的限制和剥夺，是一种歧视性的制度安排。2016年该村村民徐某某及两个女儿即因被取消村民待遇而开始了艰难的维权之路，先是向金水区政府提出纠正违法村规民约，依法享有村民待遇的申请，申请无果后，又先后向法院提起一审、二审、再审；2017年最高人民法院行政审判庭根据《中华人民共和国行政诉讼法》第十二条第一款第六项①的规定以及《中华人民共和国村民委员会组织法》第二十七条②的规定，将其纳入行政诉讼受案范围，从而受理了该再审案件。此外，还有的村规民约规定二婚不能办酒席，该规定也侵犯了公民的合法权益，构成了制度性歧视。实际上，村规民约中存在着大量的侵犯村民人身权利、民主权利、财产权利的规定，在未被发现、未被修改或被废止之前，一直以具有正当性的规范形态而存在着，并发挥着相应的作用，对人们的生产生活产生了深刻的影响。

（二）习惯规范中的制度性歧视

习惯是一种自生自发的规范。在一定意义上讲，习惯是符合社会自由意志的，但即便如此，仍然可能存在歧视性安排。如我国古代女性缠脚的习俗虽然为女性所遵从，但这显然是对女性的非人道的歧视性安排。习惯规范是一种地方性知识，往往只适应特定地区社会生活的调整需要。虽然在特定地区被特定群体长期遵循，且已经获得了很强正当性，但并不代表其具有真正的合法性。实际上，很多传统习惯规范，如果按照现代法治社会标准来衡量，都是违法的歧视性的制度安排，侵犯了公民的平等权利。如四川凉山彝族习惯法规定曲诺（奴隶）的命价钱只值黑彝

---

① 《中华人民共和国行政诉讼法》第十二条第一款规定："人民法院受理公民、法人或者其他组织提起的下列诉讼：……（六）申请行政机关履行保护人身权、财产权等合法权益的法定职责，行政机关拒绝履行或者不予答复的。"

② 《中华人民共和国村民委员会组织法》第二十七条规定："村民会议可以制定和修改村民自治章程、村规民约，并报乡、民族乡、镇的人民政府备案。村民自治章程、村规民约以及村民会议或者村民代表会议的决定不得与宪法、法律、法规和国家的政策相抵触，不得有侵犯村民的人身权利、民主权利和合法财产权利的内容。村民自治章程、村规民约以及村民会议或者村民代表会议的决定违反前款规定的，由乡、民族乡、镇的人民政府责令改正。"

(奴隶主）命价钱的四分之一。① 暂且不论该习惯法中命价制度的合法性，只看该规定内容本身即是一种对人生命不平等对待的歧视性的制度安排。又如内蒙古阿拉善旗的蒙古族"台吉"（贵族）实行长子继承制，② 而且还有的民族对女性的继承权进行了完全的剥夺，这些实际都是一种歧视性的继承制度。

（三）招生实践与校园管理中的制度性歧视

受教育是公民基本的宪法权利，教育公平是社会公平的重要基础，习近平总书记指出："新时代推进教育公平，要把促进社会公平正义、增进人民福祉作为一面镜子，审视教育领域的体制机制和政策规定，完善包括机会公平在内的教育公平保障体系。优化教育公平的体制机制，改善社会公平环境，在更大程度上实现教育公平。"③ 但实践中，一些高校的招生以及校园管理，会存在因不合理的区别对待而导致侵犯公民平等受教育权，损害教育公平的情况，从而产生制度性歧视。

第一，招生实践中的制度性歧视。一方面，由于教育资源的非均衡分配，受教育权有时成为需要政府积极作为才能实现的权利。如北京市教委曾采用对非京籍适龄儿童"资格审查"的方式，拒绝了许多非京籍学生接受北京义务教育，教育部门的这种不作为甚至积极歧视的行为，使得这部分学生因无法接受义务教育，受教育权受到了制度性歧视。另一方面，在"就近入学"招生政策的指引下，许多城市学校会在不违背政策的原则下，按照自己的招生标准来招生，即优先招录附近商品房业主的子女，之后才招录附近村民的子女；或者是招生完成后，在入学分班时，将村民子女单独分在一个班，不与商品房业主子女同班上课。这样的安排其实是一种歧视性安排，构成了对农村学生平等受教育权的侵犯。

---

① 参见吴大华、潘志成、王飞《中国少数民族习惯法通论》，知识产权出版社 2014 年版，第 51 页。

② 参见吴大华、潘志成、王飞《中国少数民族习惯法通论》，知识产权出版社 2014 年版，第 60 页。

③ 本书编写组《习近平总书记教育重要论述讲义》，高等教育出版社 2020 年版，第 148 页。

第二，校园管理中的制度性歧视。如一些学校依据自身管理制度的规定，对于怀孕的在校生采取了开除学籍的处理措施；实际上，依照法律规定，即使是怀孕了的青少年也同样拥有受教育的权利，要保障其继续受教育的机会。① 因此，前述的学校管理制度和处理方案是违反法律的，侵犯了公民平等受教育的权利。对于青少年怀孕等问题，学校在事后作出开除学籍等惩罚性决定并不能从根源上杜绝此类行为；合理应对该类行为更为根本的做法是，国家应当在国家性卫生、生殖卫生和青少年健康服务政策中深化教育，为青少年进行充足的性卫生和生殖卫生的科普。而如果非要作出一定的处罚，其前提也应当保障青少年平等的受教育权，否则学校的制度与行为便是一种侵权行为。

（四）劳动力市场中的制度性歧视

中共十八届三中全会审议通过的《中共中央关于全面深化改革若干重大问题的决定》中强调要对招人用人制度进行规范，消除任何形式的就业歧视。但是在劳动力市场中，仍然会有基于户籍、身体状况（健康状况）、受教育程度等因素而作出的歧视性安排，并存在于企事业单位规章制度以及招聘等的社会实践中。这些歧视性安排，已经跨越传统的制度性歧视，转化为以劳动力价格信号失灵为基本表现形式的市场扭曲式的制度性歧视，侵犯了劳动者平等就业的基本权利。劳动力市场中存在的制度性歧视主要表现在职业分割、部门分割以及教育报酬率差异等方面。这些私权力系统下的制度安排和实践操作，亦使得歧视被结构化，对公民平等权利产生负面影响。而很多劳动力市场中的歧视也同样存在于法律文件中的制度性歧视当中，是两者共有的歧视类型。从社会规范中的制度性歧视来看，主要的表现如下所示。

第一，学历歧视。以高校招聘实践为例，虽然博士学历作为高校招聘最基本的学历要求已经获得了普遍认可，但具体实践中，博士学历也

---

① 参见张爱宁《平等和不歧视：弱势群体人权保护国际标准研究》，世界知识出版社2021年版，第124页。

仍然会受到歧视，主要体现为"第一学历歧视"与"学历性质歧视"。（1）"第一学历歧视"。"第一学历歧视"主要是高校招聘中"唯出身论"的观念所导致的，一些高校在招聘时往往会"查三代"，依据求职者学士、硕士和博士阶段就读院校的层次来作出限制性要求等不合理的区别对待。如有的高校在招聘时不仅要求最终的学历（博士学历）是"双一流"院校，而且要求学士和硕士院校同样也符合该条件，否则会拒绝录用，或者是录用后作出差别待遇，例如先给予无编制的身份，待产出一定的高质量科研成果后再给予编制。这样的第一学历歧视忽视了博士生的实际能力和发展潜力，对于博士生求职者而言构成了歧视，不利于人力资本价值的发挥和人才市场正常秩序的维护。（2）学历性质歧视。通常各高校会要求应聘人员的各级学历均应为全日制统招统分的毕业生，而不愿接收自考生、专业学位、定向生、委培生、同等学力以及专升本、成教生等类型的毕业生。此外，有的高校会特意要求应聘者具有海外留学经历、博士后经历，或者海外从事教学科研的工作经历。在提高教师国际化水平的理念引导下，一些高校依据《关于鼓励海外高层次留学人才回国工作的意见》《关于鼓励海外留学人员以多种形式为国服务的若干意见》等文件，为海外留学人才创设了比国内毕业生更优越的条件，以期能够更好地留住海外人才，形成海外人才的引进和聚集，甚至不惜投掷重金引进海外博士。实际上，这些歧视性的用人制度反而无法真正招聘到优秀人才，也非常不利于人才的真正发展。①

第二，地域歧视。如在"闫某某诉浙江喜来登度假村有限公司平等就业权纠纷案"② 中，用人单位浙江喜来登度假村有限公司在招用员工时，即以地域等与"与工作内在要求"无必然联系的"先赋因素"为由，作出拒绝录用闫某某的决定，且无法提供证据证明地域因素与

---

① 参见秦建国《高校青年教师招聘歧视现象调查分析——以2014年北京"211"高校教学科研岗应届毕业生（博士后）招聘为例》，《北京青年研究》2015年第4期。
② 参见浙江省杭州市中级人民法院（2020）浙01民终736号判决书，中国裁判文书网，https://wenshu.court.gov.cn，2021年9月5日。

工作岗位之间存在必要的内在关联。显然该用人单位以地域因素来做出区别对待的行为，违背了公平正义的一般原则，侵害了劳动者平等获得就业机会和就业待遇的权益，构成企业运作中的制度性的地域歧视。

第三，健康歧视。新冠疫情发生以来，针对新冠感染者或曾经新冠病毒核酸检测阳性的康复者的歧视层出不穷，尤其是在就业领域，很多用人单位在招聘时，作出了"阳过的不要""进过方舱的不要""外地刚来的不要""行程码必须显示14天内的本地绿码+48小时内核酸"等歧视性的招聘录用规定，这些规定严重侵犯了劳动者的平等就业权。健康码机制在疫情期间显示了大数据运算的治理效率优势，但同时也为用人单位提供了劳动者的"健康符号"信息，使得企业在与劳动者进行劳资谈判时，占据了事实上的信息优势，让本身就处于相对弱势的劳动者陷入了更难的境地。[①] 实际上，这些歧视性的招工规定，是在毫无法律根据和制度成本的状态下，仅通过数字技术的操作，就剥夺特定群体基本权利的歧视性做法。[②] 而早在2020年初，国务院就专门颁发过规范性文件，禁止对新冠疫情严重地区的劳动者实施就业歧视。同年4月，最高人民法院还出台了《关于依法妥善审理涉新冠肺炎疫情民事案件若干问题的指导意见》，其中指出，用人单位仅以劳动者是新冠确诊患者、疑似新冠患者、无症状感染者、被依法隔离人员，或者劳动者来自疫情相对严重的地区为由主张解除劳动关系的，人民法院不予支持。对于新冠康复者来说，能够回归正常的生产生活是被科学诊断过的，已经是安全无碍，不再具有传染风险的状态，因此，不必也不能对他们设置不合理的就业门槛或从业限制，否则便可能构成企业运作中的制度性歧视。

---

① 参见章安邦《疫情防控中健康码应用的权利隐忧》，徐显明主编，郑智航执行主编《人权研究》（第二十四卷），社会科学文献出版社2021年版，第508—509页。
② 参见季卫东《电子手环、"历史无阳"就业歧视背后，如何防止数字技术滥用？》，微信公众号南都观察家，https://mp.weixin.qq.com/s/1ZZu_ PXvbBReICel93827A，2022年6月5日。

第四，性别歧视。为保障企业自身的利益不受损，有的企业会以性别为由限制女性求职就业，如梁某某诉广东某经济发展有限公司、广州市越秀区某酒楼人格权纠纷案①，即因该公司在招聘时设置了拒招女性的用工标准，从而涉嫌企业运作中的制度性歧视。此外，有的用人单位会在录用时询问妇女婚育情况，将妊娠测试作为入职体检项目，或者以限制生育作为录用的条件，包括签署生育保证书或口头禁孕等；还有的用人单位会在企业管理中将怀孕女职工调岗，或扣减孕期的收入，又或者让其产后无法回到原职等，②这些都是用人单位实施的就业性别歧视。不论是用人单位拟订的招聘计划，还是在招聘中实际遵循的招聘标准或实际实施的招聘行为，又或者是对已录用员工的管理规定等，都有可能构成企业运作中的制度性歧视。

第五，残疾歧视。在社会实践中，很多用人单位在招聘时会作出"身体健全，无残疾"的工作要求，拒绝给予残疾人工作机会。虽然我国法律规定了比例就业制度，即在《中华人民共和国残疾人就业条例》第八条、第九条分别规定，"……用人单位安排残疾人就业的比例不得低于本单位在职职工总数的1.5%……""用人单位安排残疾人就业达不到其所在地省、自治区、直辖市人民政府规定比例的，应当缴纳残疾人就业保障金"。然而在实践中，很多用人单位在雇用员工时，宁愿缴纳就业保障金，也不愿雇用残疾人。这样一来，原本为了促进残疾人就业的制度政策不仅没有实现保障残疾人就业的制度预期，反而成为残疾人的制度性就业障碍，并因此而受到更多的来自社会规范中的制度性歧视，让雇主与残疾人双方利益都受到损害。③

社会实践中还存在一些对残疾的间接歧视，包括未能提供无障碍环

---

① 参见《中华人民共和国最高人民法院公报》，中华人民共和国最高人民法院网，http://gongbao.court.gov.cn/Details/e9b78db005caaa180faa14da58b33d.html，2022年5月20日。
② 参见刘畅《我国消除怀孕歧视的困境及改革路径》，刘小楠、王理万主编《反歧视评论》（第6辑），社会科学文献出版社2019年版，第190页。
③ 参见杨世建《反就业残障歧视应从消除其制度本源入手》，刘小楠主编《反歧视评论》（第1辑），法律出版社2014年版，第92—93页。

境等引发的残疾歧视。"无障碍"是一项人权，剥夺残疾人无障碍地进入或获得向社会公众开放的物质环境、交通、信息和通信技术以及设施和服务的权利的，可能会构成歧视。而在现实中，很多工作场所空间的设计和建造并不利于轮椅通行，这实际上剥夺或限制了轮椅使用者的工作权利；这些都是社会所设置的实际障碍，用人单位再以此作为残疾人不能就业的理由，客观上减少了残疾人就业的机会，构成了对残疾人的隐形歧视。①

总体而言，制度性歧视涉及非常广泛的范围，在很多领域中都有可能存在。本书对制度性歧视的现实表现的类型化分析也只是较为粗浅的一种划分方法，社会中很多歧视问题，还可以依据许多分类标准进行。但无论如何，任何一种制度的存在都应经历合法性和正当性的拷问，包括构成该种制度的规范是否非法或不正当地施加了资格剥夺、权利限制或者是处罚，是否非法或者不正当地减损了他人的人格尊严。而在进行这些拷问之前，要先对制度性歧视的成因进行分析，从而作为基本的理论准备。

第三节 制度性歧视的成因分析

制度的设计、制定与实施、执行会对经济社会发展产生重要的作用，产生深刻的影响；失误的制度设计或执行不当的制度政策，还会引起严重的不平等。实际上，制度在有意无意中创造或者维护了各类区别，尤其是基于年龄、性别、身份、户籍等非属个体能力的特征差异而作出区别化对待，使得制度安排维护或引导了社会认知，减少或者加深歧视的社会危害程度。制度性歧视的成因可从以下几个方面进行分析。

---

① 参见张爱宁《平等和不歧视：弱势群体人权保护国际标准研究》，世界知识出版社2021年版，第162—165页。

一 平等目标的多元性以及平等与自由的矛盾

平等是反制度性歧视的基本价值，是国家立法机关在制定法律规范时所应遵循的基本法律准则，禁止对法律关系主体不合理的区别对待是立法内容和目的的基本出发点。也即，立法应严格遵守"相同情况相同对待，不同情况区别对待"的原则，对于权利、义务以及惩罚都要平等对待，禁止不合理的区别对待。然而，平等问题是复杂的，这种复杂性主要体现在平等目标的多元性以及平等与自由的矛盾上。

（一）平等目标的多元性

平等目标的多元性，可能会带来形式平等和实质平等的冲突。当形式平等观占主导时，制度政策会引入竞争机制来选拔更有能力者，比如高考选拔制度。而当实质平等观占主导时，制度政策便会以暂行特别措施的方式来为弱势群体提供一定的帮助和照顾措施。如高考时为少数民族考生加分，予以录取优待。[①] 可见，形式平等和实质平等两种不同的平等目标的价值追求，正是平等的矛盾所在。制度设计者在不同的平等目标指引下，可能会制定出不同的法律、规则和社会制度，进而导致同一制度发生形式平等与实质平等的冲突，内含制度性歧视的可能因子。

（二）平等与自由的矛盾

平等与自由的矛盾主要体现在社会规范中的制度性歧视当中。为便于理解，本书此处以就业歧视为例，对这一对矛盾问题予以具体化讨论。就业中的平等与自由的矛盾具体表现为"平等就业权"和"用人自主权"之间的矛盾。实际上，"平等就业权"和"用人自主权"两者的关系问题是市场化体制下处理就业关系的一个关键问题；两者具有一种竞争的关系。《中华人民共和国劳动法》秉持的是保障"用人自主权"的

[①] 参见阎天《川上行舟——中国平等就业法引论》，中国民主法制出版社2021年版，第280页。

基本理念,从而设置了劳动合同"平等自愿、协商一致"的订立原则。这一原则与"平等就业权"势必会产生一定冲突。用人单位在行使用人自主权的同时,会在市场机制的作用下择"优"、择"强"录用,而这显然不利于"劣"势者或"弱"势者的平等就业。在当前的就业形势下,劳动力市场面临着就业总量压力,存在着劳资双方的紧张关系,资方也习惯性地以效率为导向来进行招工,其中还不乏凭借个人喜好用工的情形。如在刻板印象的作用下,部分用人单位认定某某地域籍的人品行不佳,从而拒绝招录该地域籍的员工。用人单位虽然拥有用人自主权,但是国家对该种自主权如果不加以干预,实际上就是在容忍企业对劳动者平等就业权的侵犯。

《中华人民共和国劳动合同法》对于用人单位规章制度建立的要求较为宏观,即"遵循程序民主、内容合法、结果公示";2001年最高人民法院《关于审理劳动争议案件适用法律若干问题的解释(一)》提出,用人单位根据《中华人民共和国劳动法》第四条规定,通过民主程序制定的规章制度,不违反国家法律、行政法规及政策规定,并已向劳动者公示的,可以作为人民法院审理劳动争议案件的依据。由此可见,这些规定对于用人单位并未起到实质性约束,用人单位享有很大的用人自主权,且常常通过打法律"擦边球"的方式来赋予管理规范等规章制度或招聘实践的合法性。但实际上,一些用人单位的劳动管理制度事实上还是产生了对劳动者平等就业权的侵犯,形成了制度性歧视,由此也显现出了平等和自由之间所存在的矛盾。

二 制度政策设计与实施不尽合理

制度政策往往是在公共目标的指引下作出的,体现着特定的价值追求。但当制度的设计和实施不尽合理时,便可能会产生制度性歧视。主要表现在由于资源配置的失衡,导致结果的不平等;成本—效益分析下的理性人选择;制度在实现特定目标时的副作用而引发的制度性歧视等。

(一) 资源配置的失衡，导致结果的不平等

形成制度性歧视的一个很重要的原因是资源配置的失衡，主要表现为通过立法等形式对特定群体人为设置制度性壁垒，导致其在资源配置阶段即处于弱势地位。通常而言，立法和公共政策的制定与执行的权力基本掌握在强势群体手中，因此该部分群体也控制着初始的社会利益分配的权力。在此情况下，强势群体便很容易做出权利、义务的不合理分配以及对平等权利的限制或忽视，从而导致权利失衡与制度的不平等。也即社会权力和资源的失衡会使歧视被泛化，形成固定化的歧视性制度安排，让社会中一部分群体获益，而另一部分群体处于被排斥或被限制的境地，利益遭受损失。

人类的生活资料按照来源可以分为自然资源和人类劳动的产品。其中人类劳动产品的分配和享用尤其涉及分配正义的问题。"与人类日益增长和变化着的需求相比，产品的稀缺是绝对的，而丰富则是相对的、暂时的、有条件的。"① 在资源稀缺的情境下，资源占有者往往会为了实现自身利益而作出相应的不公平配置。不同利益集团之间的利益博弈成为歧视产生的经济根源。掌握资源分配的权力者难免会带有一定的价值选择性与利益代表性，并与特定时代的道德、文化、社会状况密切相关。因此，在这样的背景下，资源的分配其实是很难实现绝对的结果平等的，只能实现相对的、有条件的结果平等。而即使是按需分配也仍然难以达到结果平等，因为按需分配也会有交换，有交换就会涉及统一量度的问题。虽然自愿交换代表着平等，但此时的平等是一种程序权利的平等，也并不是实质结果的平等。

(二) 成本—效益分析下的理性人选择，生成制度性歧视

成本—效益分析下的理性人选择主要体现为趋利避害式的选择，即理性人通常会按照降低成本、提高效益的理念来指导实践，以让自身效益最大化，即使这种降低成本的方式是一种歧视性的制度安排或实践活

---

① 毛德操：《论平等——观察与思辨》，浙江大学出版社2012年版，第34—35页。

第五章 制度性歧视的法律消解

动。同时，当违法成本低于可获利益时，很多"理性人"也会在利益的驱使下以身试法，强化歧视选择。

第一，降低成本、提高效益的理性人选择。在一定程度上，"一刀切"式的做法其实是理性人的理性选择。无论是企业招工还是政府制定制度政策，"一刀切"式的做法虽然不是最佳或最科学合理的选择，但却是最高效快捷的做法。随着改革开放的不断深入，国家逐渐退出很多微观经济领域，尤其是在就业领域，包括在就业岗位、薪资待遇、职务晋升等方面，已经不再由国家行使就业计划分配权力，而是由市场进行自由支配。① 市场和再分配安排之间的互动，很容易产生歧视和不平等，即当社会中普遍以社会劳动力供给量过大，就业机会稀缺为基本状态时，稀缺的就业资源必然会在人与人之间产生不均衡、不平等的配置。这种不均衡、不平等配置尤其在对男性与女性的就业资源分配方面最为明显。不论是从先天的身体素质还是后天的社会角色来看，男性都在一定程度上强于女性，这种优势难免会在就业中自动占据主导地位，引发歧视。可见，单纯的市场调节和经济增长并不能消除制度性歧视，反而会助长甚至固化制度性歧视。如用人单位在招聘时，往往以尽可能低的"信息成本""搜索成本"来获得尽可能高质量的劳动力，从而在雇用活动中，以较容易获得的群体特征信息［如性别、年龄、种族（民族）、肤色、受教育程度、院校层级、社会阶层、工作经验等各类的自然属性、社会属性］来推定个体能力或生产力水平，作出符合自身效益最大化的决策，避免付出更大的信息成本来获取更精准的个体能力或生产率水平的信息。这种所谓的最优决策虽然为企业节约了招聘成本，简化了招聘程序，但是以群体的典型特征作为评价标准来认定个体能力的做法实际上带来了统计性歧视，并逐渐成为企业运作上的制度性歧视。

第二，违法成本低于可获利益时的理性人选择。当社会文明程度还无

---

① 参见刘龙芳《法院裁判妇女权益案例的分析》，刘小楠、王理万主编《反歧视评论》（第8辑），社会科学文献出版社2021年版，第218页。

法达到让所有人在任何情况下都自觉遵守法律的程度时,往往就需要制定严格的法律和明确的罚责,并通过强有力的执行来保障法律的实施,起到对企图违法者的威慑作用,以保障良好的社会秩序。对于社会规范中的制度性歧视而言,当立法中的罚责不够明确时,很多主体便会以"法无明文规定即可为"作为指导原则,在利益的驱使下以身试法,作出歧视性的制度安排。可见,对制度缺少敬畏的一个关键原因就在于惩处性规定不明;如果法律后果若隐若现、违法成本低于守法成本,就必定有人铤而走险。因此,当制度制定存在不合理因素并在执行后带来歧视性后果,相应机构对违法行为的行政处罚力度不大,没能起到对违法行为的震慑效果时,制度性歧视便会愈演愈烈。如在就业、教育、服务等领域内,很多制度性歧视现象并没有得到及时的惩处,未经矫正的制度性歧视在现实中引发了合法的不平等结果,助推了歧视行为的发生和发展。

(三) 制度在实现特定目标时的副作用,引发制度性歧视

在特定历史时期,管理者往往会基于特定的经济社会目标或政治目标而制定特定的制度政策,而这些制度政策会在达成一定目标的同时引发一定的不良后果。如在城乡分割的户籍制度、政府财政支出和转移支付制度、医疗保险制度、医疗卫生资源配置制度、医疗卫生筹资制度等制度的相互作用下,一方面我国经济社会获得了空前的发展,另一方面也不可避免地造成了城乡和区域差异,产生居民健康权利方面的不平等。[①] 实际上,歧视,尤其是制度性歧视都是由一定时期内经济社会发展的阶段性特征所决定的。在城乡二元结构下,户籍成为公民享受教育、就业、医疗卫生、福利待遇等政策的基本依据,农村人口往往无法享有与城镇人口一样的待遇,从而在经济社会发展中处于劣势地位。同样,地方政府作出的对本地居民优先招用的就业政策,也构成了对外地居民,包括进城务工的农民工群体的限制和排斥。而这些就业政策出台的背景

---

① 参见肖峰《我国反健康不平等问题的经济学分析》,经济日报出版社2019年版,第64页。

是产业结构调整、经济体制转轨,大量的城市职工被迫下岗失业;在一些地方,政府和城市职工一度认为外地居民尤其是进城务工人员将会进一步加剧就业竞争,进而为了实现特定的权利保护而对外来务工人员设置不合理的限制性制度。这就是制度为了实现特定目标而生成的副作用。又如为了保障老年人权益所制定的关于老年人护理假的地方性法规,也因涉嫌加重了企业负担,引发对于独生子女、病残老年人子女就业的身份歧视,也是制度副作用的示例。

也即,在特定的历史时期,一些制度政策的制定本身具有一定的正当性和合理性,它们往往是基于特定的经济社会发展目标或政治目标而被制定出来的,只不过在实施的过程中,一些制度的副作用引发了歧视性的不良后果,带来了制度性的社会歧视。

三 法律制定与实施监督制度有待完善和落实

制度性歧视产生的另外一个重要原因就是,法律制定与实施监督制度有待完善,具体表现在代议民主制度有待完善和法律实施监督制度有待落实等方面。

(一)代议民主制度有待完善

从程序上看,即使是歧视性的制度安排,也都是按照代议民主的程序制定的,甚至有的正式规则还经过了充分的公共商谈,吸纳了公众的意见、建议,但是从结果上看,很多原本看似合理的制度还是出现了歧视和不平等,产生了对特定群体平等权利的限制和剥夺。这在一定程度上说明,民主制度的设计还是不够完善的。民主往往体现在程序方面,并不保证结果。[①] 虽然法律是由代议机关制定的,但代议机关仍然有可能制定出违反平等权的法律规定;这主要是由于代议机关的民意代表的不充分性所导致的。代议机关是由人民代表组成的,但不是由全体人民

---

① 参见任喜荣、周隆基《制度性歧视的类型化研究》,孙笑侠主编《复旦大学法律评论》(第五辑),法律出版社 2017 年版,第 82 页。

组成的，在选举制度下，并不能保证人人都参加立法的制定。因此，代议机关的代表组成就非常关键，如代表的数量、结构是否具有合理性，代表是否具有广泛性等，都有可能对最终的决策情况产生影响。

(二) 法律实施监督制度有待落实

对法律实施监督制度的落实问题的分析，我们可以通过以下两方面展开。(1) 各层级法律规范之间或部分条款之间是否存在冲突或抵触。在我国，不同层级的法律规范可以由不同层级的机构来作出，其中，全国人大及其常务委员会作为国家立法机关拥有国家立法权；国务院拥有制定行政法规的权力；地方人大及其常务委员会拥有制定地方性法规的权力。在上位法对某一事项作出原则性规定后，需要下位法制定出具体的实施细则，以供实践操作。但是当下位立法者事先没有进行认真的立法准备，就有可能出现自己制定出来的规范与上位法冲突或抵触的情形。如就公务员体检标准而言，《中华人民共和国就业促进法》《中华人民共和国传染病防治法》《中华人民共和国艾滋病防治条例》作为上位法对体检项目作出了原则性的规定，《公务员录用体检通用标准（试行）》对体检项目作出了具体的细化规定，在实践中，用人单位和体检单位也主要是按照《公务员录用体检通用标准（试行）》《操作手册》来具体实施和操作的。但是《公务员录用体检通用标准（试行）》中却作出一些与工作岗位、职业能力无直接或必要联系的身体健康要求，涉嫌对健康弱势群体的就业歧视。在未经过合宪性审查或备案审查时，用人单位和体检单位便仍会根据此标准来进行实践操作，实际上已经侵犯了健康弱势群体的平等就业权，形成制度性歧视。(2) 立法机关对一些法律规范没有及时审查和清理。首先，地方立法修改滞后。实际上，随着社会的发展变迁和政治经济体制的变革，很多法律规范和政策文件的适用背景已经发生了变化，很多规范之间、规范与政策精神和政策理念之间已经存在矛盾冲突，但是立法机关仍未对其进行及时审查和清理，从而使得制度性歧视继续存在。如虽然国家已经在对户籍制度进行了相应的改革，但很多地方政府的法规政策并没有及时进行修改和废止，仍然在实施限制农民工就业的制度政策，未能依法给予农民工同等福利待遇和保障，让其继续承受制度性歧视。其次，很多社会规范当中存在着歧视性的制度安排或实践操作未受到清理和审查。社会规范在协调社会关系、约束社会行为、维护社会秩序等方面发挥着重要作用，但是在实践中，很多社会规范徘徊在违法的边缘，产生了侵犯公民平等权利等的负面效果。如村规民约中的制度性歧视、习惯规范中的制度性歧视、招生实践与校园管理中的制度性歧视以及劳动力市场中的制度性歧视等，均存在合法性存疑的问题。通常来说，这些社会规范中的制度性歧视在未经受歧视者通过司法个案来维权时，是很难被发现和矫正的，因此，在一定意义上，国家要解决制度性歧视问题，就应当及时建立和完善相应的备案审查制度来对其进行审查和清理，对其中带有歧视性和违法的内容予以矫正。①

四 法律体系和救济机制之不足

目前，我国对于制度性歧视的救济和矫正机制还存在一定的不足。

（一）反制度性歧视的法律体系不健全

我国立法中并没有对制度性歧视作出明确界定，缺乏对制度性歧视的治理对象、判断标准、纠纷处理机制以及法律责任的规定。一般来说，立法主要是为了达到对社会调整的平衡，对特定不合理社会现象如社会偏见与歧视予以限制，但无法直接控制人们的歧视心理态度。虽然如此，立法也能通过特定的规则表达，规范社会行为，并间接改善整个社会人们内在的心理态度。因此，无论是农耕文明时代、工业革命时代，还是算法时代，都需要一定的制度规则来建立起相应的秩序，以服务于时代的经济社会发展。良法是善治的前提，依法治国乃是规则之治、良法之治。为了增强歧视纠纷的可诉性，也为了使法院在审理歧视案件中能够

---

① 参见刘作翔《论建立分种类、多层级的社会规范备案审查制度》，《中国法学》2021年第5期。

拥有相对统一的判断标准和法律准则，做到"类案类判"，未来，立法就必须推动对反制度性歧视法律体系的完善。当然，完善反歧视法律制度，离不开法学理论的指导。目前，学术界对制度性歧视概念的认识还没有达成共识，也未能够形成具有指导性价值的判定标准或归责方案，这导致对许多制度性歧视的立法治理，尚无法作出更加合理的制度安排。

(二) 反制度性歧视救济机制不健全

第一，对于法律文件上，尤其是法律规范中的制度性歧视来说，歧视本身就发生在规范体系当中，这就使得传统的歧视约束机制失效了。由于司法无法审查抽象行政行为，只能在审理具体的行政行为中对抽象的规范性文件作附带审查，因此，很多以法律规范为表现形式的制度性歧视往往会逃避掉司法审查，让受歧视群体难以获得有效救济。

第二，对于社会规范中内含的制度性歧视来说，虽然相比过去而言，许多受歧视群体或个人已经能够通过司法的方式获得相应的救济，但由于各种因素制约，很多遭受制度侵扰的权利受损者，并未能得到有效救济。以就业歧视为例，虽然2018年12月最高人民法院发布的《关于增加民事案件案由的通知》（自2019年1月1日起实施）将"平等就业权纠纷"纳入新的案由清单，但实际上从"艾滋病歧视第一案"判决以来，诸多相似案件还是未能获得法院受理，更别提胜诉获得救济。

不论是法律文件中的制度性歧视还是社会规范中的制度性歧视，对于受到制度性歧视的群体或个人来说，想要通过司法的方式来获得帮助和救济都还有很长的路要走。而对于受到制度性歧视的群体来说，其往往处于社会弱势地位，在权力、机会、收入、财富等方面都是最少获得者。不论是采用司法救济还是采用行政救济，都需要按照相应的程序来严格进行，这些严格的程序其实是弱势群体所无法承受的高成本的救济形式，需要付出大量的时间成本和机会成本等，而这也进一步加剧了制度性歧视的问题的恶化。

总之，制度性歧视因具有合法性或正当性外衣而常被人们忽视，但这种歧视类型的危害性又远远大于一般性社会性的歧视行为。制度性歧视最为显著的危害在于，它将弱势群体边缘化的地位以制度的形式固定下来，不仅直接侵害了社会成员所应有的平等与尊严的基本权利，使法律背离了机会平等的基本法律原则，而且违背了分配正义，破坏了社会的和谐、社会合作与社会整合。因此，面对制度性歧视问题时，国家应及时推进相关制度的变革，对歧视的法律制度、社会规范进行有效矫治，以维护社会基本秩序的公正，实现对公民基本权利的保障。

第四节 制度性歧视的法律破解路径

"一种法律规则永远是建立在一种社会需要之上，建立在一定时期人们自觉意识上所存在的公平感之上，不符合公平的一种规则，永远也不是一种法律规则。"① 通常来说，制度性歧视这种体系性的歧视，往往依托外在的形式合法性与长期被接受和被遵守的制度惯性而常被社会乃至国家公权力忽视，再加上歧视本身是一个非常复杂的问题，因此，对其进行真正的有效治理具有非常大的难度。虽然如此，我们依然可以从多角度、多方位来推动歧视性制度的合理变革。

一 平衡平等的多元目标，协调平等和自由的关系

应对制度性歧视，首先是要平衡平等的多元目标，协调平等和自由的关系。（1）秉持实质平等是对形式平等的修正和补充的理念，更好地平衡形式平等和实质平等的关系。作为近代宪法所确立的平等原则，形式平等是一种朴素的平等观，强调的是抽象意义上的人的平等，指代的是"机会平等"或"机会均等"。在这种抽象意义下，立法并不顾及具体的人的出身、职位，也不顾及人的先天或后天差异而强调统一的平等对待。从立法一般角度而言，过分注重形式平等的法律，并不能实现实质结果平等的社会效果。而实质平等则是现代宪法确立的平等原理，强

---

① 严存生：《论法与正义》，陕西人民出版社1997年版，第105页。

调的是"条件平等",针对不同主体、不同的属性作出不同的制度安排,从而对不同主体的人格发展所必需的前提条件做出了实质意义上的平等保护。不过,需要注意的是,实质平等是形式平等的修正和补充,形式平等和实质平等是共同在现代宪法下运行的,只是作用于不同的领域而已。因此,立法的关键就是要明晰哪些类型的平等权可以适用形式平等原则,哪些类型的平等权可以适用差别对待的实质平等原则。① 一般而言,形式平等主要适用于人身自由、精神自由、人格尊严、政治权利等宪法权利的保障方面,实质平等则主要适用于经济自由以及社会权的保障领域,避免产生过大的贫富差距,保障性别、种族(民族)的平等。② 实质平等的主要目的在于使经济强者与经济弱者之间恢复法律内在地所期待的那种主体之间的对等关系。③ 对此,一方面,立法要承认社会成员一律平等,保障形式平等;另一方面,要使处于最不利地位的人获得尽可能大的利益,包括采取积极行动措施,针对特定群体面临的社会经济弱势或社会排斥的情况予以补救,从而实现实质平等。当然,还应当本着最大限度尊重人的尊严和构建宽容的社会文化的理念,让弱势群体能够实现社会融入,而不是一味地对其施加特别保护。因为这样的制度安排既容易强化社会对弱势群体的歧视,又容易滋生逆向歧视,形成对强势群体的新的歧视。(2)对特定的具有歧视性的社会制度予以审查或者修改。如针对社会就业中的"用人自主权"和"平等就业权"之间的权利矛盾,立法虽然应当保护企业的"用人自主权",但是相比较而言,公民的"平等就业权"是宪法确立的更为基本的权利。因而,当为了保障"用人自主权"的法律制度侵犯公民的"平等就业权"的时候,立法就可以通过修改、完善相应的制度,强化用人单位的法律责任,对用人单位进行更多的过程监督,以保障公民的平等就业权。如立法者可以通

---

① 参见朱应平《论平等权的宪法保护》,北京大学出版社2004年版,第261页。
② 参见林来梵《宪法学讲义》(第三版),清华大学出版社2018年版,第379—383页。
③ 参见林来梵《从宪法规范到规范宪法:规范宪法学的一种前言》,法律出版社2001年版,第107页。

过制定统一的行业用工标准等就业规则来统一招工标准,规范用人单位的招录行为,以促进平等就业的实现。

二 提高制度政策设计与实施的合理化程度

权利的实现需要制度的保障,而对侵犯权利的制度进行变革以及对制度性歧视的治理与破解,最终仍然要靠制度。对于已经根植在现行制度中的歧视问题,要对造成该种歧视的制度因素进行全面改革,[①] 即以制度的形式来重新确认法律上对权利的平等保护,以制度的形式来重新构建公平合理的权利救济机制,从而从根本上遏制制度中的不平等或歧视性的安排。制度性歧视是一种体系性的、系统性的歧视类型,往往是诸多因素综合作用的结果。制度改革是治理制度性歧视的落脚点,要统筹各项因素、平衡各种利益,持续推进制度改革,合理化制度设计与实施,从而实现对制度性歧视的系统治理。

(一) 建立合理的资源调配制度,应对资源配置失衡下的制度性歧视

资源调配制度主要是对社会资源进行再分配,对社会利益冲突进行再调整。在市场经济下,市场拥有了更大的自主权,但是,对于市场衍生的歧视性问题,则需要以法治的方式来加以矫治。为了弥补和矫正市场导致的社会权利失衡问题,立法者或者政策制定者可通过实施配额制等纠偏措施,优化教育和医疗等资源的城乡分配,为特定群体提供专门的保护,以矫正资源配置的失衡问题,实现社会资源分配的基本公正。如政府可以依法在某些公职或公有制经济中为女性保留适当的岗位配额。当然,资源调配等暂行特别措施要适度,以免因过度而形成逆向歧视。

(二) 完善奖惩制度,应对理性人选择下的制度性歧视

一定的奖惩制度可以起到相应的激励和约束作用,让守法者因守法而获得利益,让违法者因违法而受到惩罚,从而将利益激励和违法惩罚

---

① 参见宋晓梧主编《不平等挑战中国:收入分配的思考与讨论》,社会科学文献出版社2013年版,第3页。

相结合，共同治理与破解制度性歧视问题。具体而言：（1）可以利用奖励制度来矫正各组织、机构实施的制度性歧视。既然自由市场无法完全保障平等，那便需要政府辅之以相应的促进措施来保障平等。如政府可以通过税收优惠等手段来保障弱势群体平等就业，针对用人单位为女性或健康弱势群体等群体提供一定就业岗位的情况给予税收方面的优惠或奖励，从而鼓励企业录用女性职工或健康弱势群体等，而不是一味地要求企业做到非歧视招录。毕竟企业是以盈利为目的的，会以最低成本来获取最大利润，因此，税收优惠的方式对于企业而言还是能够起到非常重要的激励作用。（2）采用通报批评、罚款、责令改正、取消享受相关优厚政策资格等方式来矫正制度性歧视。相比于税收优惠等积极鼓励型的方式，通报批评、罚款等则是一种消极惩罚型的方式。慑于法律的惩罚性后果，用人单位在员工招聘中，会在一定程度上做到自我制约。因为当立法设定的违法成本高于可获利益时，一种制度便会对一些为追逐利益而以身试法的人起到一定的制约作用。如制度既可以直接对排斥弱势群体或实施歧视规则的用人单位作出相应的惩罚，也可以设定政府在政府采购活动中，应对合同相对方提出反就业歧视的相关要求，如果企业没有达到相关标准，政府采购中将不再与不达标的企业签订合同，或继续履行其与政府签订的商业合同，以此来督促用人单位遵守反歧视的制度规定。[1] 国家公权力单位和社会公权力组织还可以进一步加大惩罚力度，除了让违反反歧视制度者承担民事责任以外，还可以对企业领导人员及直接责任人员设置相应的行政责任。[2]

（三）构建制度政策的审查评估机制，应对制度在实现特定目标时的副作用

制度性歧视的治理与破解是一项系统化的治理工程，需要通过构建

---

[1] 参见艾琳《老龄化背景下反就业年龄歧视的法律规制》，《吉林大学社会科学学报》2021年第4期。

[2] 参见杨世建《反就业残障歧视应从消除其制度本源入手》，刘小楠主编《反歧视评论》（第1辑），法律出版社2014年版，第94页。

相应的制度政策审查评估机制来实现对制度性歧视的风险监控和管理,避免制度所生成的歧视问题长期困扰社会。可建立制度制定前、实施中、实施后的评估或监测制度,对制度分别进行事前评估、事后监督,包括在制度实施中推行定期或随机审查、决策结果审查等,以实现对制度政策影响的动态评估和监测。为推动性别平等,近年来我国很多省、市探索并建立了政策法规性别平等咨询评估机制,该机制即从审查评估政策法规制定和执行中的合法性、合理性、科学性以及实效性等层面,来促进和保障性别平等。[①] 在经过审查评估后,制度制定者可及时调整不合时宜的制度,从而避免制度生成的社会歧视。如对于制度性的户籍歧视的治理,就需要对户籍制度进行相应的审查评估,及时发现其在实践中产生的副作用,并从制度根源入手,持续不断地对户籍制度进行改革,将各项福利政策从户籍制度中剥离出来,回归户籍制度原本的人口登记和管理功能,从而实现公民的身份平等、权利平等,做到权利义务对等。

实践中的很多制度都是要在实际运行后才能知晓最终的实施效果的。如地方性法规中关于老年人陪护假及工资福利待遇的规定,虽然可能会对独生子女或病残老年人子女的平等就业权造成侵犯,形成制度性歧视,但是全国人大常委会法制工作委员会法规备案审查室在综合考虑后,还是认为该项制度应当在实践中实施,并观察实施效果,再根据实际运行来调整。[②] 这其实也涉及目标选择和价值取向的问题。当一种制度的实行所带来的效益高于制度的副作用时,制度设定者往往会选择"摸着石头过河"的方式,通过较为长期的制度效果观察和评估,再进行针对性的制度调整。

三 完善和落实法律制定与实施监督制度

制度并不能完全保证其过去、现在和未来都是平等而公正、合理而

[①] 参见李英桃、王海媚《性别平等的可持续发展》,社会科学文献出版社2016年版,第148页。

[②] 参见全国人大常委会法制工作委员会法规备案审查室编著《规范性文件备案审查案例选编》,中国民主法制出版社2020年版,第39—42页。

正当的，因为随着经济社会的发展，制度所依赖的环境会发生变化，而且，一个社会关于平等与歧视的判断标准也会发生变化；过去是平等的制度安排，可能会在现在或未来变成歧视性的安排。因此，在一定意义上来说，制度性歧视是难以完全地彻底根除的，而只能通过建立制度性歧视的预防和纠正机制对特定社会的法律和相关制度不断完善，以最大限度地减少制度性问题。相关预防和纠正机制可包括：（1）完善代议制民主制度，实现对制度性歧视的源头治理；（2）落实法律实施监督制度，纠正制度性歧视等。

（一）完善代议制民主制度

对于代议制民主制度完善的问题，我们可以从代表结构的合理性方面来调整。通过提高代表的充分性、广泛性，选出更宽领域、更多层次的、能够广泛代表民意的代表，以此来保护人民利益。如我国在对代表结构进行调整的时候，要充分保障工人、农民、党政干部、知识分子、民主党派、无党派人士、归侨群体的代表名额，并及时将新兴的职业代表纳入代表比例当中，让他们能够在立法或制度政策的制定中切实表达和维护自身利益。习近平总书记在强调科学立法时指出，"要完善立法工作机制和程序，扩大公众的有序参与，充分听取各方面意见，使法律准确反映经济社会发展要求，更好协调利益关系，发挥立法的引领和推动作用"，[①] 立法或制度政策的制定与出台是利益博弈和价值分配后的结果，而为了避免立法或制度政策制定中的歧视和不平等，就需要在立法或制度决策的制定和执行中，让不同的利益相关者，尤其是弱势群体能够有机会、有渠道和路径对自身利益进行表达，从而在立法或制度政策的制定、修改和废止时能够充分考量到各群体的需求，提高立法的科学性和决策质量。

（二）落实合宪性审查与备案审查制度

"一种理论，无论它多么精致和简洁，只要它不真实，就必须加以拒

[①] 习近平：《论坚持全面依法治国》，中央文献出版社2020年版，第20页。

绝和修正；同样，某些法律和制度，不管它们如何有效率和安排有序，只要它们不正义，就必须加以改造和废除。"① 法律和制度本身往往是利益衡量和博弈的结果，其制定主体难免会有利益倾向性或受到特定利益集团的影响。制度性歧视主要是基于某种现行的法律和制度安排而产生的，"根植于现行制度中的不平等只有通过对造成这种不平等的各种制度因素进行大胆而全面彻底的改革才能得到遏制"。② 因此，矫正制度性歧视问题，就需要对该法律和制度的"合宪性""合法性"进行深入审查。也就是说，要对制度规范进行合宪性审查和备案审查，及时修改、废止相关歧视性条款，从而在制度根源上进行改革，实现对该种歧视的法治化治理与破解。

1. 落实合宪性审查制度，纠正不符合宪法平等权的规范性文件

为了加强宪法的实施、监督，切实维护宪法权威，2017年10月党的十九大报告首次明确提出了"合宪性审查"的工作机制，2019年党的十九届四中全会审议并通过的《中共中央关于坚持和完善中国特色社会主义制度 推进国家治理体系和治理能力现代化若干重大问题的决定》进一步指出，"加强宪法实施和监督，落实宪法解释程序机制，推进合宪性审查工作，加强备案审查制度和能力建设，依法撤销和纠正违宪违法的规范性文件"。③ "立法监督是一个行为体系，立法监督的法律依据是一个国家自上而下自成一体形成的法律体系，在这个法律体系的顶端是作为根本法的宪法。"④ 合宪性审查也是立法监督的一部分，是消极意义上的宪法实施，是对基本权利限制的限制。它有助于维护宪法权威，落实宪法中的各项规定，加强宪法监督，消除与宪

---

① ［美］约翰·罗尔斯：《正义论》（修订版），何怀宏等译，中国社会科学出版社2009年版，第3页。

② 宋晓梧等主编：《不平等挑战中国：收入分配的思考与讨论》，社会科学文献出版社2013年版，第3页。

③ 《中共中央关于坚持和完善中国特色社会主义制度 推进国家治理体系和治理能力现代化若干重大问题的决定》，中国政府网，http://www.gov.cn/zhengce/2019—11/05/content_5449023.htm?ivk_sa=1024320u，2022年3月1日。

④ 莫纪宏：《依宪立法原则与合宪性审查》，《中国社会科学》2020年第11期。

法规定不相一致的规范性文件或行为。

第一，合宪性审查对消除歧视具有独特作用。这种独特作用具体体现在以下方面。(1) 以法律评价的方式，否定歧视性立法的合宪性。合宪性审查是一种法律评价制度，即由特定的审查机关依据宪法来对特定宪法行为（包括立法行为和具体行为）作出合宪性与否的法律评价。[①] 宪法是法律体系中的根本性规范，具有最高法律效力，是一切法律法规和规范性文件的评价标准。对制度性歧视的合宪性评价，势必也要以宪法为标准。因此，合宪性审查对消除歧视的独特作用首先体现在以最高法律效力的宪法来对某一立法或者制度作出是否合宪的法律评价，从根本上对某项立法或者制度作出是否合宪的定性判断。为了防止一项法律或者制度违宪，制度设定者除了应在制定立法时保证所制定的法律或制度符合宪法以外，还应借助后续的合宪性审查机制，矫治立法或者制度设定时所没有发现的法律制度可能暗含的制度歧视性问题，以防止随着社会时代的发展变化以及审查标准的更新而出现制度性歧视，动态化地维护宪法权威和国家法制统一。如立法时的两个本质上不同的群体随着社会发展而变得相同，如果此时仍然按照从前的标准作出法律上的区别对待，将会形成新的违反宪法平等权的歧视，因此，特定的法律制度或社会制度，应随着社会时代的发展变化，自我更新审查标准，对制度进行动态化的审查。[②] (2) 以立法监督的方式，保障平等、非歧视的基本权利。从现代法治理念来看，形式法治通过立法机关制定实证法来保障公民基本权利不受国家行为的侵害，但是却无法避免公民基本权利被实证法本身侵害。而实质法治则进一步对此提出要求，通过宪法审查这种立法监督的方式，来保障公民基本权利不受实证法本身的侵害。宪法规定的基本权利具有统率性，合宪性审查的一项重要作用就是让基本权利

[①] 参见胡锦光《合宪性审查》，江苏人民出版社2018年版，第24页。
[②] 参见陈征《浅析我国宪法中的平等权条款》，刘小楠主编《反就业歧视的理论与实践》，法律出版社2012年版，第58页。

成为统合整个法治体系的根本规范。① 合宪性审查具有权利保障的重要功能，对公民基本权利的保障是贯彻以人民为中心的基本要求，也是合宪性审查的重要出发点。由此可见，合宪性审查可以以立法监督的方式，保障公民平等、非歧视的基本权利。（3）以公法救济的方式，纠正歧视性立法。一般而言，立法应当秉持平等、非歧视的宪法原则。而制度性歧视则主要是由于立法或制度安排违反了平等、非歧视的宪法原则，作出了含有歧视性的规定，给予特定群体不合理的区别对待或歧视性待遇。合宪性审查可以说是法律体系内部的一种自我纠正机制。从法律责任的承担上看，对立法的合宪性审查不论是给出合宪还是不合宪的结论，都很少涉及对个人的制裁，而更多体现为有关国家机关增加更多的宪法义务。② 也就是说，合宪性审查是通过不予批准、责令修改、撤销、改变或废止违反宪法平等权的规范性文件等的公法救济的方式，来纠正不合宪的歧视性立法，"把宪法蕴含的先进理念以更为明确具体的方式'嵌入'到法律规则之中"，③ 从而维护法律体系的合宪性，营造平等、非歧视的社会发展环境。

第二，合宪性审查的预防和纠错机制体现在事前审查（Ex Ante Review）和事后审查（Ex Post Review）上。（1）作为预防性的事前审查，主要体现在立法生效前的批准阶段。对于我国来说，在法律草案通过前的审议阶段，即可以采取主动或被动的方式对该法律草案进行合宪性审查，并依据宪法作出调整和修改，从而提高法律生效后的合宪性水平以及实践执行力，减少对规则的事后审查的繁重工作压力。④ 如《中华人民共和国妇女权益保障法修正案（草案）》曾经在审议的过程中，即有关于"男女平等是国家基本国策"是否写入草案的两种

---

① 参见翟国强《我国合宪性审查制度的双重功能》，《法学杂志》2021年第5期。
② 参见翟国强《我国合宪性审查制度的双重功能》，《法学杂志》2021年第5期。
③ 魏健馨：《合宪性审查从制度到机制：合目的性、范围及主体》，《政法论坛》2020年第2期。
④ 参见魏健馨《合宪性审查从制度到机制：合目的性、范围及主体》，《政法论坛》2020年第2期。

不同意见，后经反复研究讨论，立法机关决定将其肯定下来，并按逻辑对草案进行调整修改，为妇女权益保障提供基本的反性别歧视的价值遵循，保障合宪性。① （2）作为纠错性的事后审查，主要是对已通过的法律进行的合宪性审查。事后审查是最普遍的审查方式，因为法律的制定和出台可能由于各种因素而导致其不符合宪法（如违反平等和非歧视原则，或含有歧视性的和侵犯公民基本权利的具体规定），或当时符合宪法，但随着社会经济的发展变化而变得不符合宪法的情况。因此，审查机关可以通过主动或被动的方式，对有关法律规范进行合宪性审查，对不符合宪法的法律进行清理、修改或撤销，以维护宪法权威、维护法制统一、保障公民平等、非歧视的基本权利。

合宪性审查能够通过对规范性文件的合宪性评价，将该法的部分或全部从法律体系中清除出去，维护法律体系的统一性、合宪性与合理性。合宪性审查制度通过对不同的基本权利限制的审查（包括对立法行为以及具体行为的审查）来判断其是否不当侵犯了宪法上某个或某些基本权利，从而客观地保障宪法实施，防止宪法秩序被破坏，也能保护公民的基本权利和自由。如既然男女不同退休年龄的问题已经随着社会时代的发展，演化为一种歧视性的制度安排，那么对此就应当及时进行清理、撤销、修改、废止。针对当前社会情形，既要设置法定退休年龄的强制退休义务，也要允许特定情形下，经由个人申请的提前退休或延迟退休，实行弹性退休制。具体而言，可以通过划定退休年龄区间的方式来让女性待退休人员根据自身的身体情况、家庭情况以及职位发展情况进行灵活、自主选择，比如在 55—60 岁，可以凭意愿自主申报各自的退休年龄，经核准后执行。国家法律制度不应当设定一个男女退休年龄标准不同，并强行要求女性职工提前退休的制度。

第三，"回应型法律改革"是激活合宪性审查的重要途径。一般而

---

① 参见蒋黔贵《全国人大法律委员会关于〈中华人民共和国妇女权益保障法修正案（草案）〉审议结果的报告——2005 年 8 月 23 日在第十届全国人民代表大会常务委员会第十七次会议上》，《中华人民共和国全国人民代表大会常务委员会公报》2005 年第 6 期。

第五章　制度性歧视的法律消解

言,"你愿意为权利奉献多少,权利就回报你多少,这是基本权利发展史上的一个定律。如果大家都默默忍受基本权利遭受侵犯,那么基本权利就会像猫咪一样在睡懒觉"。① 回应型法律改革不同于通常的由官方垄断的法律改革模式,是随着公民社会权利意识的觉醒与提升、法治改革进程的加快而产生的。回应型法律改革以保障宪法权利为基本诉求,力图激活立法与司法机关的合宪性审查机制,并在实践中促成国家机关对相关法律问题的回应,将社会诉求纳入法律改革议程,推动立法机关制定出新的规范性文件。如公民的人身自由权利是宪法规定的公民基本权利,② 但从收容遣送制度、劳动教养制度中可以看出,这些制度都对特定公民的人身自由权利造成了一定的侵犯,违反了宪法的相关规定。在公民守法的情况下,人身自由受到了限制,形成了对公民的制度性歧视。回应型法律改革注重通过社会行动,积极推动制度变革并促成宪法实施,维护公民的宪法权利。③ 公民是立法最直接的作用对象,也是法治实践的亲历者。近年来,我国合宪性审查机关受理的合宪性审查建议案很多来自普通公民。从我国合宪性审查发展的历史上看,"孙志刚案"④ 在一定程度上推动了中国合宪性审查机制的建立,该案即由法学家以中国公

---

① 林来梵:《宪法学讲义》(第三版),清华大学出版社2018年版,第373页。
② 《宪法》第三十七条规定:"公民的人身自由不受侵犯。任何公民,非经人民检察院批准或者决定或者人民法院决定,并由公安机关执行,不受逮捕。"
③ 参见张千帆《宪法实施靠谁?——论公民行宪的主体地位》,《比较法研究》2014年第4期。
④ 该案基本案情为:2003年3月17日晚,在广州某公司工作的湖北籍青年孙志刚(系大学毕业生,而非流浪汉)在前往网吧的路途中,因无广州市的暂住证,且未随身携带身份证,而被广州警方当作"三无"人员(无身份证、无暂居证、无用工证明的外来人员),收容遣送至中转站收容。3月18日,孙志刚被送往一家收容人员救助站,在救助站中孙志刚遭受救助站工作人员和其他收容人员的暴力殴打,并于两日后死亡。同年5月,三名法学博士(俞江、滕彪、许志永)以中国公民的名义,向全国人大常委会上书,建议对《城市流浪乞讨人员收容遣送办法》进行审查,提出该收容遣送办法中对限制人身自由的规定有违宪法和有关法律,对此应予撤销。随后,另外五位法学家(贺卫方、盛洪、沈岿、萧瀚、何海波)也以中国公民的名义,向全国人大常委会上书,提出对孙志刚案及收容遣送制度提请启动特别调查程序。同年6月,广东省高级人民法院作出终审判决:以故意伤害罪,判处被告人乔燕琴(救治站护工)死刑;李海婴(被收容人员)死刑,缓期二年执行;钟辽国(被收容人员)无期徒刑。其他9名被告人也分别被判刑。

民的名义，向全国人大常委会提出反歧视的合宪性审查建议。其后，国务院常务会议通过决议废止了《城市流浪乞讨人员收容遣送办法》，"孙志刚案"也自此告一段落。"孙志刚案"极大提升了公民的权利意识，也打开了公民与国家权力机关之间的互动连接通道，推动静止的立法规定得以在现实中活跃起来。此后，2004年"浙江大学毕业生周一超乙肝歧视案"①，也引发了一系列的立法和规则的变革，如国务院通过出台《公务员录用体检通用标准（试行）》删除了乙肝检测项目，同时也取消了身体、外貌（包括妇科病、色盲等疾病）方面的具体限制，全国人民代表大会在修改《中华人民共和国传染病防治法》时，也将不歧视原则纳入其中，并颁布《中华人民共和国就业促进法》，使得禁止歧视延展到企业等私人部门。②

合宪性审查是一项非常复杂的法治工程，既要有理性的制度机制设计，又要在长期的实践中进行经验积累，立足我国实际情况不断探索。宪法实施的内生动力来自公民发自内心地践行宪法理念，合宪性审查要落到实处，就必须确立公民在宪法实施中的主体地位，从民间社会汲取合宪性审查的力量。其一，可以适当放宽对公民提出审查建议的主体资格的要求。提出合宪性审查建议的主体既可以是寻求权利救济的反歧视诉讼案件的当事人，也可以是为法治信念而建言献策的普通公民，尤其是包括法学家在内的法律职业共同体人士；立法或者政策应鼓励公民通过合宪性审查的方式为建设符合宪法平等和非歧视原则的更高质量的立法出谋划策。其二，合宪性审查机关可以从审查程序和审查环节上为普通公民参与合宪性审查提供强有力的保障。如合宪性审查机关对公民提起的合宪性审查建议要有所回应，向建议人

---

① 该案基本案情为：周一超在当时报考了浙江省嘉兴市某区公务员，在体检阶段因被检查出有乙肝"小三阳"而未被录取，在制度上无法得到妥善解决的情况下，周一超选择了极端道路，向两名招考经办人员行凶，造成一死一伤的惨剧，而周一超也因此被判处死刑。

② 参见阎天《川上行舟——中国平等就业法引论》，中国民主法制出版社2021年版，第230—232页。

提供正式的具有法律效力的审查结论等，同时也要加强对审查工作的社会监督。① 审查机关则要认真对待公民提出的反歧视的合宪性审查建议，积极消除立法歧视，实现规则和制度的公平正义，维护公民平等、非歧视的基本权利。

2. 落实备案审查制度，对包括社会规范在内的各类规范性文件进行备案审查

2004年全国人大常委会法工委增设法规备案审查室，对规范性文件的合法性进行审查，党的十八届四中全会审议并通过的《中共中央关于全面推进依法治国若干重大问题的决定》提出："加强备案审查制度和能力建设，把所有规范性文件纳入备案审查范围，依法撤销和纠正违宪违法的规范性文件，禁止地方制发带有立法性质的文件。"② 学术界对于规范性文件有着不同的理解。本书是从广义上来使用"规范性文件"一词的，既包括与政治权威相关联的机构所制定的规范性文件，又包括人民团体、企事业单位、社会组织、基层组织等制定的规范性文件以及社会规范中的习惯、道德等规范类型。③

一方面，应对法律规范进行备案审查。对法律规范的备案审查是基本的审查内容，主要是通过合法性审查来矫正法律规范中的歧视性规定，从而最大限度地减少一个社会具有歧视性的制度。如2019年海南省某市人大常委会法工委即对《某市公安机关警务辅助人员管理办法（试行）》进行了主动的合法性审查，从而发现该办法存在与上位法相抵触的歧视性规定：该办法第二十一条对新招聘辅警的试用期统一定为6个月；而《中华人民共和国劳动合同法》第十九条对试用期的规定是分劳动期限的，分别有1个月、2个月、6个月的不同期限。该市人大常委会法工委

---

① 参见苗连营《合宪性审查的制度雏形及其展开》，《法学评论》2018年第6期。
② 《中共中央关于全面推进依法治国若干重大问题的决定》，中国政府网，http://www.gov.cn/zhengce/2014—10/28/content_ 2771946. htm，2022年2月21日。
③ 参见刘作翔《论建立分种类、多层级的社会规范备案审查制度》，《中国法学》2021年第5期。

审查后，认定该法存在与上位法相抵触的歧视性规定，并提出了修改建议。又如广东省某市人大常委会曾审查纠正了由广东省某市人大常委会财经工委在开展物价问题专题调研中发现的，某市政府《关于深化屠宰行业改革完善屠宰管理体制机制的实施意见》中对于限制外地经营的畜禽产品参与本地市场竞争的违法性规定，该实施意见第二条规定，"外地肉品进入我市经营的畜禽产品必须实行全程冷链运输、经营"。而国务院《生猪屠宰管理条例》第二十四条则规定不得限制外地生猪定点屠宰厂（场）经检疫和肉品品质检验合格的生猪产品进入本地市场，因此，广东省某市人大常委会最终认定该实施意见存在与上位法相抵触的歧视性的规定（涉嫌含有限制外地产品进入本地市场的内容），且未向市人大常委会报送备案。再如某设区的市颁行的《网络预约出租汽车经营服务管理暂行办法》以本地户籍或是取得居住证为网约车司机职业准入的条件，从而对网约车司机作出了不合理的职业准入限制，该规定实际上违反了宪法规定的平等就业权，也与上位法《中华人民共和国就业促进法》相抵触，构成了歧视性的制度安排，因此在经过备案审查后，要求该市政府对该暂行办法进行修订。

另一方面，是对社会规范的备案审查。2020年12月，中共中央印发了《法治社会建设实施纲要（2020—2025年）》，其中对于社会规范的建设提出了明确要求："促进社会规范建设。充分发挥社会规范在协调社会关系、约束社会行为、维护社会秩序等方面的积极作用。加强居民公约、村规民约、行业规章、社会组织章程等社会规范建设，推动社会成员自我约束、自我管理、自我规范。深化行风建设，规范行业行为。加强对社会规范制订和实施情况的监督，制订自律性社会规范的示范文本，使社会规范制订和实施符合法治原则和精神。"① 广泛存在于社会当中的自治规范往往没能做到完全的规范化和程序化，常

---

① 《中共中央印发〈法治社会建设实施纲要（2020—2025年）〉》，中国政府网，http://www.gov.cn/zhengce/2020—12/07/content_5567791.htm，2022年5月15日。

常会存在某些侵犯平等权利的违法条款，并因此引发社会纠纷，在社会生活中带来不好的影响。而在相应的审查机制建立之前，这些违法条款基本只有当相应的侵权案件或危害事件发生时，才得以显露。也即目前，针对特定社会的自治规范问题的救济方式是以司法救济为主，而司法救济往往是事后救济，对于一些无法弥补的侵权后果会显得非常无力。因此，国家建立和完善对于包括社会规范在内的各种规范开展全方位的审查和清理工作就显得尤为必要。对社会规范审查的重点在于，保障各类社会规范符合宪法和法律的规定，防止社会规范对公民权利进行随意克减或剥削，充分保障公民的平等权等合法权利。对于社会规范的备案审查，可以分领域而展开。

（1）对于村规民约的备案审查。2019年10月29日国新办举行发布会，中央农办副主任、农业农村部副部长韩俊在介绍《关于进一步推进移风易俗建设文明乡风的指导意见》有关情况时指出，村规民约一定要有审查备案程序，及时纠正和废除村规民约中带有歧视性和违法的内容。① 从立法上看，《中华人民共和国村民委员会组织法》第二十七条规定："村民会议可以制定和修改村民自治章程、村规民约，并报乡、民族乡、镇的人民政府备案。村民自治章程、村规民约以及村民会议或者村民代表会议的决定不得与宪法、法律法规和国家的政策相抵触，不得有侵犯村民的人身权利、民主权利和合法财产权利的内容。村民自治章程、村规民约以及村民会议或者村民代表会议的决定违反前款规定的，由乡、民族乡、镇的人民政府责令改正。"因此，对于村民自治章程、村规民约以及村民会议或者村民代表会议的决定的备案审查，可以由乡、民族乡、镇的人民政府承担。此外，对于村规民约中的特定领域的歧视性条款还可以由与该领域相关的机构组织开展清理、修订，如2013年黑龙江省妇联和民政厅就联合在全省开展了

---

① 参见《关于做好村规民约和居民公约工作的指导意见》，中国政府网，http://www.gov.cn/xinwen/2018—12/27/content_ 5352672.htm，2022年5月15日。

以维护妇女权益为重点的村规民约修订工作,对大量性别歧视条款进行了清除,条款数额达到了万余条。① (2) 对习惯规范(包含民族习惯规范)的备案审查。习惯规范具有特殊性,对于成文化的习惯规范可以直接将其纳入备案审查制度当中。对于非成文化的习惯规范通常无法直接进行备案审查,而相关问题可在具体的司法审判、调解中加以审查。按照《中华人民共和国民法典》的规定,民事司法中可以适用习惯,但不得违背公序良俗,这其实就是对习惯设定的一种民事司法审查标准,而具体的审查判断还是要放在审判实践中。(3) 对学校章程、规则的备案审查。2015年12月27日修正的《中华人民共和国高等教育法》第三章"高等学校的设立"第二十七条至第二十九条分别对申请设立高等学校应当向审批机关提交的材料(其中包括章程)、章程规定的事项以及不同层次高校的不同审批机关作出规定。由此可见,高等学校章程是被审查事项,而且在高等学校成立后所颁布出台的规则也要按此接受不同教育行政部门的备案审查。因此,对于高校招聘文件中作出的歧视性规则与要求,同样应接受备案审查。针对具体文件、行为的备案审查,可以及时矫正社会中存在的制度性歧视问题。如针对高校招聘中的"第一学历歧视"、学历性质歧视等问题,备案审查机关可以通过备案审查的方式来加以矫正。而除了高等教育以外,中小学、幼儿园等教育类型的章程及学校成立后制定的规则等也有进行备案审查的必要,以防止其中的制度性歧视。如北京市教委以"资格审查"的方式排斥非京籍学生的做法,其实涉嫌侵犯公民平等受教育的权利的问题,是一种歧视性的制度安排,相关制度应当经过备案审查后,予以废止。(4) 对企业规章制度的备案审查。企业是国家和社会中不可或缺的组织形式,创造了重要的社会财富,也解决了大量人口的就业问题,产生了不可磨灭的社会价值。但同时,很多企业也制造了包括歧视在内一系列的社会问题,需要法律对之进行调整。

---

① 参见郭毅、张冲《黑龙江省废除妇女歧视条款万余条》,《法制日报》2013年1月24日。

具体可以由各级政府主管部门和市场监管部门来承担备案审查任务，以防止隐藏于企业规章制度以及具体的社会运作实践中的诸如学历歧视、地域歧视、健康歧视、性别歧视、残疾歧视等制度性歧视的产生。①

四　健全反制度性歧视法律体系与救济机制

权利救济对于权利的保护至关重要，当权利侵害已成定局，那就要让受到制度性歧视的特定群体能够按照合法合理且程序正当的方式维护自身合法权益。②欲实现这一目标，既要构建反歧视法律体系，对相应的概念认定、判断标准、救济措施等加以规定，又要设置更为具体的救济机制，完善多元化的救济方式，畅通救济途径，降低救济成本，让受到制度性歧视的群体或个人能够获得有效的救济。

（一）健全反制度性歧视法律体系

健全体现权利公平、机会公平和规则公平的法律体系是应对制度性歧视、保护公民平等权利的关键。立法是权利保障的前提条件，是制度变革的法律依据，要重视反歧视法律规则的创设和完善，建立从理论界定到程序设置，再到责任认定的完善的反制度性歧视处理机制与权利救济链条，不断提高权利建设和权利救济的法治化程度。（1）明确制度性歧视的定义以及构成制度性歧视的要素。一方面，立法对"歧视"等基本概念的明确界定是有效的反歧视的法律起点，有助于增强法律的可操作性，也便于执法和司法。另一方面，立法可对于构成制度性歧视的要素，采取合理的界定标准。国际劳工组织《关于就业及职业的歧视公约》中规定了种族、肤色、性别、宗教、政治见解、民族血统、社会出身等要素，《中华人民共和国劳动法》第十二条规定了民族、种族、性

---

① 参见刘作翔《构建分种类、多层级社会规范备案审查的具体机制》，《法学论坛》2022年第2期。
② 参见者荣娜《不受歧视权司法保障的现状、困境与对策》，刘小楠、王理万主编《反歧视评论》（第8辑），社会科学文献出版社2021年版，第174页。

别、宗教信仰的要素。而未被法律规定在内的还有年龄、健康状况等要素。上述相关要素，都应当被囊括在构成制度性歧视的判断要素中。立法还可通过在法律条文中以开放式的表述结尾，即在规定禁止区分事由时使用"等"字结尾，作为不完全列举的开放性条款，以确保法律制度能够跟上我国社会实际需要和时代的发展变迁，将更多的要素或理由纳入反歧视的范围。(2) 明确反制度性歧视的治理对象。由于制度性歧视较为广泛地存在于机关、企业、事业单位、集体经济组织、个体经济组织、社会团体、民办非企业单位等诸多主体中，因此反制度性歧视的治理对象也应具有广泛性，以尽可能广泛地保护各类群体。(3) 确立制度性歧视的判断标准。立法可以从正、反两面，分别对构成和不构成制度性歧视的情形作出规定，在对构成制度性歧视的判断的基础上，将一些具有正当性抗辩的情形排除出去，从而让执法和司法实践能够获得更进一步的实操标准。(4) 明确纠纷处理机制和法律责任等。第一，对受到制度性歧视的公民提供有效的投诉和救济渠道。第二，采用举证责任倒置的方式来保障受到制度性歧视的群体能够得到有力救济。即受到制度性歧视的群体只需要提供自身受到不平等对待的基本的和初步的证据，而具体的举证责任则可由涉嫌实施制度性歧视的一方来承担。第三，设立反歧视的专门执行机构，强化政府部门反制度性歧视的责任，包括设立相配套的工作机构，制定明确的目标策略、经费预算，并进行年度的状况评估和公示等。第四，明确诉后补偿与惩罚措施，包括经济补偿、赔偿、精神损害赔偿等。

(二) 健全反制度性歧视的救济机制

目前，对于反制度性歧视的救济主要有司法、仲裁或行政复议、信访等途径。即符合司法诉讼程序的纠纷，权利人可以通过司法诉讼的方式获得司法救济；符合仲裁或行政复议条件的，权利人可以通过仲裁或复议的方式获得行政救济；当权利、义务不够清晰明确的情形下，权利人则可以通过信访的方式来获得相应的救济。如2013年"安徽师范大学法学院毕业生江某诉某市人力资源和社会保障局户籍歧视案",先后经历了仲裁和行政诉讼,最终原、被告双方达成了赔偿的调解协议,纠纷最终被有效化解。① 当然,本书主要从反制度性歧视的司法救济途径和降低受歧视群体维权的成本出发,提出健全反制度性歧视的权利救济机制的方案。

1. 完善反制度性歧视的司法救济机制

制度性歧视的发现与治理要难于一般性社会歧视行为,这更显示出司法矫治制度性歧视的重要意义。实际上,司法在推动制度性歧视的法治化治理方面具有独特的作用——主要通过司法诉讼和司法解释的方式,来实现对公民平等、非歧视权利的司法保护。在此,本书主要讨论司法诉讼在消除制度性歧视中的作用。不同于法律中规定的一般平等,司法诉讼所追求的平等是个案平等,是具体平等,是将法律中的一般平等通过司法审判的方式转化为个案中的具体平等,从而对受到歧视和不平等对待的公民提供直接的、有针对性的法律救济。更进一步讲,针对反歧视诉讼,司法可以通过对实施歧视者的不当行为或制度安排施加否定性的司法评价,对受歧视者提供及时的保护和适当权利救济,从而划定权利的边界,维护公民合法权益以及社会与法律的公平正义,为社会营造公平的制度环境。反歧视诉讼是对受歧视群体的司法保护,是国家以司法手段,调整利益,排除不恰当的资源分配制度,消除自由市场在资源分配中存在的固有缺陷,② 以保障受歧视群体合法权益的一种重要方式。同时,反歧视诉讼也是对国家权力的行使进行合法性审查并保障权力行使的范围和方式合法的重要途径。反歧视诉讼的根本目的正是"通过适度司法干预建立公正的社会资源分配机制,确保市场经济条件下机会平等的真正实现"。③ 为了使受到制度性歧视的群体或个体获得相应的司法

---

① 参见《安徽女生南京求职因户籍遭拒 起诉获赔1.1万》,中新网,https://www.chinanews.com/edu/2014/08—07/6471636.shtml,2022年5月15日。

② 参见李成《平等权的司法保护——基于116件反歧视诉讼裁判文书的评析与总结》,《华东政法大学学报》2013年第4期。

③ 李成:《平等权的司法保护——基于116件反歧视诉讼裁判文书的评析与总结》,《华东政法大学学报》2013年第4期。

救济，司法制度设计可以从民事和行政两方面入手，分别对法律文件中的制度性歧视和社会规范中的制度性歧视进行相应的法治化治理与破解，实现对受歧视者的司法救济。

一方面，针对通过行政诉讼来实现反制度性歧视的情形，立法有必要调整行政诉讼受案范围，以合法权益是否被侵犯作为行政诉讼的受案标准。对于一些行政机关所实施的社会规范中的制度性歧视，亦应将其纳入行政诉讼受案范围。如公务员招录中，对学历、健康等方面作出的歧视性的制度安排即应当纳入行政诉讼受案范围，因为其仍然是行政机关通过具体行政行为来实施的，理应通过行政诉讼获得司法救济。(1) 对于法律法规中存在制度性歧视的情形，法院可裁定诉讼中止，并向有法定撤销权的国家权力机关提出建议，由其进行最终审议和决定。也就是说，在行政法规、国务院制定发布的涉嫌具有普遍约束的决定、命令中存在的歧视性制度，不应通过行政诉讼的方式直接进行司法审查，即不能由法院直接对某法律文件作出否定性评价。这一制度的设定就是为了保障国家最高行政机关的地位，避免行政法规陷入既作为法院判案依据，又作为被审查甚至否决对象的尴尬境地。(2) 对于行政规章中存在制度性歧视的情形，法院无撤销或变更权，只可以进行消极审查。行政诉讼法中对规章是"参照"适用的，因此，若行政规章涉嫌存在制度性歧视，行政相对人并不能直接提请法院进行司法审查，而可以由法院裁判"不予适用"，并向特定机关发出司法建议。(3) 对于其他规范性文件中存在制度性歧视的情形，公民可以直接起诉至法院，要求法院直接进行司法审查；法院也可直接对之进行审查并作出撤销规范性文件的裁判结论。

另一方面，对于通过民事诉讼来实现反制度性歧视的情形来说，立法应进一步明确诉讼主体、案由，并对相应的举证责任进行细化规定，以增强司法可操作性。以社会规范中的制度性就业歧视为例，在举证责任方面，如果仍然遵循民事诉讼"谁主张，谁举证"的举证责任分配原则，法律往往难以为受歧视者提供有效救济，因为在雇用关系中，受歧视的雇员往往是弱势群体，很难对雇主的歧视行为进行完全举证，因而也就难以获得有效救济。未来，在针对歧视性制度的举证责任设定中，可以通过举证责任转移、倒置等方式，由被告反向证明其未实施歧视行为。①

实践中，民事司法中对制度性歧视提起诉讼主要是针对《中华人民共和国民法典》人格权编中对民事主体所享有的生命权、身体权、健康权、姓名权、名称权、肖像权、名誉权、隐私权等人格权②以及物权、婚姻自主自由权、继承权、知识产权等的人身财产权益而展开，诉讼权利人常常会要求行为人承担因侵害他人民事权益造成损害的侵权责任。如（2015）顺民初字第03616号"邓某某诉某速递公司、某劳务公司一般人格权纠纷案"③，即以人格权纠纷提起民事诉讼，反对就业中的性别歧视，以维护公民平等、非歧视的就业权利。又如（2021）陕0117民初3838号"江某某与某某重卡专用车有限公司、西安某某某人力资源管理有限公司侵权责任纠纷案"④，即以公司存在传染病病毒携带（乙肝表面抗原携带者）歧视而提起民事侵权诉讼。权益受损者针对制度性歧视提起具体的侵权诉讼，可以让自己获得直接的司法救济，使受损的个人权利得到恢复，实现个案的公平正义。

虽然司法救济实现的是一种个案平等，但是实践中的很多反歧视诉讼案件也在客观上产生了非常深远的影响，成为有影响性的诉讼；反歧视诉讼案件既可以推动司法的进步，又可以推动立法的完善和制度的变革与进步，有效矫正不合理的具有歧视性的法律制度，从而在更广泛的意义上为广大公民提供了更加合理的法律制度环境。如美国典型的反歧视诉讼案例——布朗诉托皮卡教育局案［Brown v. Board of Education of Topeka, 347 U. S. 483（1954）］，即推翻了"隔离但平等"的法律原则，

---

① 参见刘小楠主编《反歧视法讲义 文本与案例》，法律出版社2016年版，第313页。
② 《中华人民共和国民法典》第九百九十条。
③ 参见北京市顺义区人民法院（2015）顺民初字第03616号判决书，中国裁判文书网，https://wenshu.court.gov.cn，2021年9月5日。
④ 参见陕西省西安市高陵区人民法院（2021）陕0117民初3838号判决书，中国裁判文书网，https://wenshu.court.gov.cn，2021年9月5日。

成为后续涉及种族隔离制度的违宪案件的成功先例。这起有影响性的反歧视诉讼也开启美国对一切有关种族隔离措施的废止行动，对美国国家产生了深刻影响，极大地促进了美国的民权运动。我国自20世纪90年代起，有影响性的诉讼开始逐渐从维护消费者权益方面转向教育、就业等公共服务和公共参与上来。2001年，被称为"中国宪法司法适用第一案"的"齐玉苓案"发生了，该案在客观上推动最高人民法院发布了《最高人民法院关于以侵犯姓名权的手段侵犯宪法保护的公民受教育的基本权利是否应承担民事责任的批复》①，深刻体现了影响性诉讼对法律政策和社会发展的促进作用。而在2003年，"孙志刚案"也直接推动了国务院对《城市流浪乞讨人员收容遣送办法》的废止。这些案件的发生与处理，不仅保障了案件当事人的基本权利，还保障了更广泛的公共利益，成为有公共影响性的诉讼。

2. 降低受歧视群体维权的成本

降低受歧视群体维权的成本是使其能够获得有效救济的关键因素。对此，可通过推行和完善公益诉讼制度来帮助受歧视群体维权，实现对歧视的普遍化治理，降低受歧视群体维权的成本。反歧视诉讼不仅仅是一种针对个体的权利救济，还是一种重要的公益诉讼，凡是受到该种侵害的个体均可以加入诉讼，因此，可以成为一种"集体诉讼"。通过公益诉讼的方式推动反歧视法律问题的解决，不仅有助于提高案件的社会关注度，提高司法审判的社会效益，形成典型案例，而且能够起到很好的示范作用，同时还能降低受歧视群体维权的成本。我国早已在一些领域建立了公益诉讼制度。《中华人民共和国民事诉讼法》第五十五条规定了环保和消费者权益保护方面的公益诉讼。针对制度性歧视等问题，立法也可以通过扩大公益诉讼的形式，来为易受制度歧视的不特定群体或利害关系人提供有效的司法救济；将"不受歧视权"纳入反歧视公益诉讼体系中，有助于及时回应公共诉求，有效维护公共利益，切实保障

---

① 该批复废止于2008年。

和落实宪法平等权,维护不特定群体的基本权利。① 毕竟公益诉讼要比个体维权拥有更多优势,具有更大的影响范围、更高的社会关注度,更小的维权成本,也具有较强示范意义,便于歧视纠纷的解决和受歧视者权益的保护,提升司法的社会效果。

2020年1月,最高人民检察院与全国妇联联合下发的《关于建立共同推动保护妇女儿童权益工作合作机制的通知》规定,对于国家机关、事业单位招聘工作中涉嫌就业性别歧视的,检察机关可以发出检察建议,或者提起公益诉讼。实际上,除了检察机关作为提起公益诉讼的主体以外,未来的立法还可以确定专门的机构来负责推进平等、消除歧视的社会公益诉讼。这样,专业机构可以凭借强大的社会资源、行政背景、资深的专业实力、单纯的公益性来为受歧视者和整个社会营造公平和正义,②为受到制度性歧视的群体或个体提供低成本的救济途径。实际上,2021年9月发布的《中国妇女发展纲要(2021—2030)》已经明确规定要促进开展妇女权益保障领域的公益诉讼。2021年9月,浙江省办理了首例妇女权益保护公益诉讼案。该案起因于在浙江省杭州市钱塘区某街道村级后备干部公开招考的公告中,作出了"只招考男性"的歧视性制度安排;杭州市妇女联合会"益心为公"志愿者向杭州市人民检察院移送了该条就业歧视线索;随后,杭州市人民检察院向杭州市钱塘区某街道制发公益诉讼诉前检察建议,要求对该招考公告中所涉的限制岗位性别等的不当信息及时进行处理,从而维护了男女平等的就业权,规范了招考工作。③

制度性歧视法律消解的核心方式主要应当是"制度化"的,即立法和制度的设计与法律监督,是最为有效的化解制度性歧视的方式。

---

① 参见者荣娜《不受歧视权司法保障的现状、困境与对策》,刘小楠、王理万主编《反歧视评论》(第8辑),社会科学文献出版社2021年版,第176页。
② 参见孙萌、封婷婷《美国平等就业机会委员会对就业歧视的救济》,刘小楠、王理万主编《反歧视评论》(第6辑),社会科学文献出版社2019年版,第106页。
③ 参见梁爽、魏鑫《公益诉讼向就业歧视"亮剑"》,《西部法制报》2022年3月8日第6版。

（1）立法设计的一个优势就是可以从总体上衡量平等的多元目标，协调平等与自由的关系；合理的立法和制度设计，可以提高制度政策的正当性，提升实施的合理化程度。（2）立法还能够完善和落实法律制定与实施的监督制度，包括落实合宪性审查和备案审查制度等。（3）通过立法，可以建立健全反制度性歧视法律体系与救济机制，实现对制度性歧视的矫正，真正做到规则之治、良法之治，实现国家治理现代化。也就是说，相较于执法和司法，立法其实是消除制度性歧视最为有效的、效率最高的制度方式。

制度性歧视是在特定社会经济背景下的社会现实的产物，并且也可能在特定的社会经济背景下发挥了一定的社会积极作用，但是这也不能成为歧视性的制度存在的理由，更不能成为国家、社会和企业运作中歧视存在的理由。因为以制度的形式进行的歧视，对整个国家的政治体制和国民心态都会产生严重的伤害。歧视性的制度强化了社会的歧视和不平等，甚至在很大程度上来看，歧视性的社会制度都是一个社会观念上歧视的再生源。因为当政府在暗示或鼓励某种社会不平等对待时，民众便会将这种不平等对待视作理所应当的事情。可见，歧视性的社会制度会强化不平等对待，甚至营造出更强的歧视文化和社会氛围，让歧视具有更强的"合法性"或"正当性"的基础，从长远的角度来看，十分不利于社会的健康发展。因此，不论是法律文件中的制度性歧视，还是社会规范中的制度性歧视，一个社会都应对其进行法治化治理，从制度性歧视产生的制度根源入手，通过相应的法律监督和救济机制，推动社会制度变革，消除社会歧视的制度根源。

第六章

歧视的法治化治理的理念、制度与省思

歧视是复杂的，治理歧视是困难的，歧视的法治化治理更是一个漫长的过程。

歧视本身是一个实践问题，学术界对于歧视和反歧视的研究也是在出现歧视的法律实践后才开始的。从歧视的法治化治理实践的效果上看，还有着很大的发展和进步空间，尤其在是否树立了正确的歧视的法治化治理的基本理念，是否构造了完善的歧视的法治化治理的制度等方面，整个社会都还有进行深度的省思的必要性。一个社会对于歧视的法治化治理，需要从理论中探究治理原理、从实践中汲取好的理念和制度，梳理歧视的法治化治理的理念，完善歧视的法治化治理的制度再造。这样，才能够为未来的反歧视提供合理的法律理论指导，为法律实践提供良好的制度支持。也就是说，反歧视法治化，既需要推动从实践到理论的提升，也需要推动反歧视从理论到制度完善和制度的严格实践。而这一过程，可能是一个不断循环往复的过程。

第一节 歧视的法治化治理的基本理念

理念等价值性的事物是指导事物或制度发展、演变和实施的出发点和落脚点，它决定着为什么要对歧视进行法治化治理，引导着反歧视法律制度的建构与完善，也是检验歧视的法治化治理效果的参照标准。本节将在前文对歧视的基本理论和实践的探究基础上，对理论与实践中运用的反歧视理念进行省思,以期作出相应的理念再造,为后续的歧视的法治化治理的制度再造起到引领和促进作用。总体而言,理论界对于平等与反歧视问题有着不同的见解,但是从既有的实践经验中,我们可以总结出歧视的法治化治理所应秉持的基本理念,即首先要秉持立法衡平的理念,包括平等与自由的衡平、效率与公平的衡平、科技与法律的衡平;其次是要维护人的尊严;最后则以反歧视制度的社会融入为最终目标。

一 立法衡平

衡平的理念是一个重要的社会科学理念,法学视域内,法律规范和法律实践中也必须体现价值衡平。对于歧视的法治化治理而言,首先要秉持的更是一种衡平的基本理念,包括平等和自由的衡平;效率和公平的衡平;科技与法律的衡平。

(一) 平等和自由的衡平

"平等"是人权的基本要求,也是社会公平正义的基本保障。同时,平等还是"社会主义法律的基本属性,是社会主义法治的基本要求"。[①]中国的反歧视话语体系,总体上也是建立在人的"平等"就业权与发展权的基础上的。长期以来,平等都是反歧视的理论基石,更是反歧视的价值正当性基础。随着社会的发展进步和人类认知水平的不断提升,平等也被赋予了新的内涵,获得了更多意义的社会正当性。当然,平等同时也与自由等价值存在一定的矛盾冲突。

关于平等和自由的关系,不同学者提出了不同的观点,其中罗尔斯、德沃金、诺齐克的思想理论最具代表性。首先,作为新自由主义的代表,罗尔斯站在最少受惠者的立场,提出了公平正义理论,想要通过一定的补偿机制或是再分配来实现社会成员的平等。罗尔斯认为正义包含平等,并提出两个正义原则。(1) 适用于"政治权利"方面的第一正义原则,即

---

① 中共中央宣传部编:《习近平新时代中国特色社会主义思想学习纲要》,学习出版社、人民出版社 2019 年版,第 99 页。

第六章 歧视的法治化治理的理念、制度与省思

"平等自由原则"。该原则认为,"每个人对与其他人所拥有的最广泛的平等基本自由体系相容的类似自由体系都应有一种平等的权利"。① (2) 适用于社会和经济利益方面的第二正义原则,即"公平的机会均等原则""差别原则"。罗尔斯正义论的本质主要体现在分配方式上。在罗尔斯看来,"善"是一种理性欲望的满足,"基本善"就是那些作为理性的人希望得到的东西,同时也是社会的善,如权利、自由、财富等。罗尔斯提出,正义与否是判断制度在处理不公平的资源资质分布时的方式,②并提出对不正义的矫正需要改变相应的社会结构,不再只强调社会效率或是"专家治国"。总之,罗尔斯的"公平的正义论"是一种极为重视平等的正义论,作为自由主义者,罗尔斯强调在社会平等的基础上享有自由并实现利益,认为个人权利是最高的,"对功利主义的正义观进行了严厉的批评,指出'最大多数人的最大幸福'是一种谬论,很容易牺牲社会中少数人,尤其是最无能为力者的利益"。③罗尔斯的理论强调了对最少受惠者的偏爱,想要通过一定的补偿机制或是再分配来实现社会成员的平等。当然,他所主张的差别原则,不同于补偿原则,并不是要求社会为那些天赋较低或出生时处于不利社会地位的人们做出补偿性的倾斜照顾,而只是为了达到补偿原则的某种目的。

其次,德沃金从伦理学的角度论述了平等问题,认为"至上的美德"即平等,并将平等和自由相结合,把平等分为两类:受到平等对待的权利(平等地分配机会与义务,如平等选举权,一人一票);作为平等的个体受到对待的权利,强调和突出的是人本身的平等,要求每个人都能受到同样充分的尊重和关心。④德沃金认为虽然人人都有受到平等

---

① [美] 约翰·罗尔斯:《正义论》(修订版),何怀宏等译,中国社会科学出版社2009年版,第47页。
② 参见 [美] 约翰·罗尔斯《正义论》(修订版),何怀宏等译,中国社会科学出版社2009年版,第78页。
③ 李子瑾:《禁止歧视:理念、制度和实践》,北京大学出版社2018年版,第218页。
④ 参见 [美] 罗纳德·德沃金《认真对待权利》,信春鹰、吴玉章译,中国大百科全书出版社1998年版,第300页。

对待的资格和权利，但并非主张绝对而无差别的平等，因为这样的平等根本无价值，不能用辛勤劳动的人的劳动成果去奖励那些游手好闲的人，这也不是平等所要真正追求和实现的目标。对此，德沃金提出了"资源平等理论"，主张以下几点：（1）"重要性平等原则。"德沃金肯定了人与人之间的差异性，同时认为平等应该关注的是不论种族、阶级、性别或经济背景，人与人都应受到平等的关心和尊重，不得有差别对待。也即政治共同体不得对公民施予不平等的区别对待，而应提供正常生活的资源，完成初始的资源分配。（2）"特别的责任原则。"德沃金认为，在政府提供初始的资源分配后，则由个人按照个人自由将这种资源转化为个人福利；同时，个人应自行承担对因个人自由选择而产生的不平等的结果。政府则有责任去对非因个人因素或自由选择的偶然性因素所导致的歧视进行矫正，实现平等待人。而平等待人的检验标准是，"一个分配方案在人们中间分配或转移资源，直到再也无法使他们在总体资源份额上更加平等，这时这个分配方案就做到了平等待人"。① 德沃金的资源平等理念可以说是充分尊重了公民实际作出的或在适当条件下以负责的态度可能作出的有关需求和价值的个人判断。②

最后，诺齐克站在社会中既得利益群体的角度，秉持"自由至上理论"与"最弱意义的国家"理念，提出了"持有正义"理论。诺齐克是第二次世界大战后最重要的古典自由主义者，他认为正义就是要对个人权利予以充分保护，当个人权利不受侵犯时，社会就是正义的。对于是否该对制度性歧视进行国家层面的干预，他提出那些天赋类的偶然性因素并不能作为判定公平与否的依据，在遵循洛克自然法、自然权利、自然状态的基础上，提出最弱意义的国家是自然产生的而且是合乎道德的；他反对福利国家，认为国家应该当好"守夜人"，不宜做出过多干涉，

---

① ［美］罗纳德·德沃金：《至上的美德：平等的理论与实践》，冯克利译，江苏人民出版社2012年版，第4页。
② 参见［美］罗纳德·德沃金《至上的美德：平等的理论与实践》，冯克利译，江苏人民出版社2012年版，第336页。

第六章 歧视的法治化治理的理念、制度与省思

也不应以平等为由对那些因先天不幸而处于弱势群体地位的人通过国家再分配来予以平衡或弥补，而应自然地交给市场进行抉择，因为强、弱势力双方虽然对资源的占有不同，但各自也都属于有权占有，并不存在侵害对方的情况；个人是目的，是神圣不可侵犯的，如果不是个人自愿的话，社会是不能牺牲个人来达到其他目的的。① 由此可见，诺齐克将平等与自由进行了对立，主张依靠市场自主调配资源，并完成分配正义，而个人也享有自主的资源转让与选择权，并达到正义，认为国家的干预或再分配会造成对公民权利或个人所占有的资源和财产的侵犯，在此，诺齐克只提出了机会平等的重要性，而忽略了制度不平等的问题。

总之，关于平等与自由的关系，罗尔斯主张的是一种公平的正义论，强调每个人都应享有平等的自由权利，社会分配也应当具有合理性；德沃金主张平等与自由是一种内在和谐的关系，自由可以通过平等实现；诺齐克则认为平等与自由是对立的，自由应当占绝对优势。实际上，平等与自由应当以衡平为目标，既要保障个体的自由，又要通过适当的制度政策来对资源进行调整和再分配，以保障弱势群体的平等权利，妥善处理歧视和不平等问题，维护社会的和谐稳定。

（二）效率和公平的衡平

效率与公平是处理歧视问题的又一大关键要素。"公平正义是我们党追求的一个非常崇高的价值，全心全意为人民服务的宗旨决定了我们必须追求公平正义，保护人民权益、伸张正义。"② 反歧视或歧视的法治化治理追求的正是社会平等与公平正义，而在现实社会中，经济效率也是社会现实的需要。追求平等与公平正义是有代价的，这个代价通常会反映在经济效率上，形成两者之间的矛盾冲突。因此，反歧视或歧视的法治化治理需要处理好效率与公平的关系。一方面，应当提高效率，"让市

---

① 参见 [美] 罗伯特·诺齐克《无政府、国家与乌托邦》，何怀宏等译，中国社会科学出版社1991年版，第39页。
② 中共中央宣传部编：《习近平新时代中国特色社会主义思想学习纲要》，学习出版社、人民出版社2019年版，第103页。

场在所有能够发挥作用的领域都充分发挥作用，推动资源配置实现效益最大化和效率最优化，让企业和个人有更多活力和更大空间去发展经济、创造财富"，① 从而促进经济发展。另一方面，要促进公平，发挥政府作用，尽可能地缩小差距。政府要"加强和优化公共服务，保障公平竞争，加强市场监管，维护市场秩序，推动可持续发展，促进共同富裕，弥补市场失灵"，② 从而让有效市场和有为政府更好结合，同时，要注重发挥好分配的功能和作用，构建初次分配、再分配、三次分配协调配套的基础性制度安排，③ 把追求效率同实现公平有机统一起来，实现效率与公平之间的衡平，做到均衡整合。在具体实施相应的反歧视制度时，采取衡平歧视受害者和实施者之间利益的灵活方案。也即秉持实用主义思路，用最小的社会成本换取人们可接受的社会正义，而非为了实现平等贸然牺牲个人和社会的经济效率。④

以就业歧视为例，反就业歧视与保障效率其实并不必然冲突。国际劳工大会2007年第96届会议报告《工作中的平等：应对挑战》指出，容忍工作中的歧视现象会产生经济、社会和政治代价，而包容性的工作场所产生的收益要比容忍歧视造成的代价高。因为基于歧视而剥夺特定群体的就业机会或平等的就业权利会破坏就业关系中原本的衡平，长此以往，会对社会经济产生不利后果，导致效率低下，经济发展缓慢甚至停滞。⑤ 我国改革开放实践和所取得的发展成就也显示出消除歧视、实现平等对于促进效率的重要意义。因为歧视的存在会不断滋生社会的排斥和对立，形成社会当中的不和谐因素，引发一系列社会问题，从而直接影响效率的提升和经济的发展。因此，努力实现效率与公平的衡平，

---

① 中共中央宣传部编：《习近平新时代中国特色社会主义思想学习纲要》，学习出版社、人民出版社2019年版，第115页。
② 中共中央宣传部编：《习近平新时代中国特色社会主义思想学习纲要》，学习出版社、人民出版社2019年版，第115页。
③ 参见习近平《习近平谈治国理政》第四卷，外文出版社2022年版，第210页。
④ 参见李子瑾《禁止歧视：理念、制度和实践》，北京大学出版社2018年版，第82页。
⑤ 参见李子瑾《禁止歧视：理念、制度和实践》，北京大学出版社2018年版，第253页。

在反歧视中具有重大的意义。

(三) 科技与法律的衡平

科技与法律的关系是复杂的,当前以信息科技和生命科技为代表的新一轮前沿科技,在促进人类的发展进步、推动伦理和法治现代化的同时,也引发了社会异化风险,带来伦理和法治方面的新的挑战。① 包括在更深层次侵犯着人的基本权利,引发了更严重的社会歧视和不平等。如生命科技中的基因编辑技术可能会人为地让后代在智力、体能、寿命等方面形成差异,加剧后代的不平等,出现具有更高道德地位的后人类,从而引发以歧视为主要表现形态的代际伦理困境与法律难题,侵犯人之为人的基本尊严、突破既有的法律治理框架。② 又如信息科技中的算法技术的广泛应用使其逐渐成为一种新型社会权力,算法技术在复杂的算法应用场景中掌握着资源再分配的权力,可能造成突破物理世界的歧视和不平等,既造成伦理失范,③ 又对现行法律制度和法律体系带来极大挑战,引发新的法律治理难题,导致法律功能的危机和异化。通常我们将禁止歧视的理论基础建立在对平等的追求上,禁止歧视也是为了获得法律的平等保护,而禁止基于技术引发的歧视,除了要实现法律意义上的平等保护,还要避免对技术的发展造成阻碍。要实现科技发展与法律规制的衡平,既要充分尊重和保障合理的市场自由竞争,保障技术的发展和应用,又要充分发挥法律功能,构造适应技术发展的法理和制度,健全法律问责机制,强化法律的约束和监管功能,以实现法律对技术歧视的深度治理。

二 维护人的尊严

当受歧视群体基于身份而承受了刻板印象、耻辱、暴力等损害人的

---

① 参见张吉豫《认真对待科技伦理和法理》,《法制与社会发展》2020 年第 3 期。
② 参见郑玉双《生命科技与人类命运:基因编辑的法理反思》,《法制与社会发展》2019 年第 4 期。
③ 参见张欣、宋雨鑫《人工智能时代算法性别歧视的类型界分与公平治理》,《妇女研究论丛》2022 年第 3 期。

尊严与社会价值的言语行为侵害时，这个社会即违背了平等的伦理准则——人的尊严保护。尊严是人格平等的伦理基础，是法律上人人拥有同等身份的法律前提，作为一种具有根本性的伦理准则，它还是现代法律的伦理总纲。①

（一）尊严是人性固有的心理追求，人理应受到社会的平等对待

从人性本身来看，尊严是人性固有的心理追求，理应受到社会的平等对待和尊重。马克思认为尊严的实现，"一方面为了使人的感觉成为人的，另一方面为了创造同人的本质和自然界的本质的全部丰富性相适应的人的感觉"。②尊严主要包含两方面的内容，一是作为个人自我发展的个体性，即可以进行合理选择的能力并且按照个人意愿自主进行选择的能力；③二是人的目的性，即人自身是目的，而非工具。④实际上，人性本身就体现为一种尊严，人的尊严是人与生俱来的不受侵犯和剥夺的基本权利，是人之为人的本性所在。因此，所有人的尊严和价值都不应受到任何鄙视、侮辱或不公正的区别对待，而应该获得平等的尊重，也即"之所以人人平等不是因为他们的价值、理性、国籍或者群体归属性相同，而是人性使然"。⑤每个人都应拥有平等的、不可缺少的道德价值，不管其有什么社会功用、有多少社会功用；不管其是什么人、身处何处，都拥有固有的尊严与价值，每个人也都有权利得到同等的关心与尊重。⑥人的固有价值体现在人人平等地、普遍地享有人权，并在符合人的尊严基础上进行相关利益分配。因此，如

---

① 参见胡玉鸿《弱者权利保护基础理论研究》，商务印书馆2021年版，第232—233页。
② 《马克思恩格斯文集》第一卷，人民出版社2009年版，第192页。
③ 参见曲相霏《论人的尊严权》，徐显明主编《人权研究》第三卷，山东人民出版社2003年版。
④ 参见［德］康德《康德著作全集》第4卷，李秋零主编，中国人民大学出版社2005年版，第437页。
⑤ ［南非］桑德拉·弗里德曼：《反歧视法》（第二版），杨雅云译，中国法制出版社2019年版，第26页。
⑥ 参见［美］杰克·唐纳利《普遍人权的理论与实践》，王浦劬等译，中国社会科学出版社2001年版，第75页。

第六章　歧视的法治化治理的理念、制度与省思

果某种区别对待使得人感受到了羞耻和个人价值的贬低，或者没能得到关怀和尊重，那可能就造成了对尊严的侵犯，这种区别对待也会是一种歧视。① 这也表明，人的主体地位与人的目的性不可被否定或被贬低的基本特性。也即，尊严是人性固有的心灵深处的追求，每个人都理应受到社会平等对待。

（二）维护人的尊严，是歧视的法治化治理理念的应有之义

从理念上看，维护人的尊严是歧视的法治化治理理念的应有之义，也是反歧视的必然要求。尊严作为一种道德价值与精神体验，往往作为伦理禁忌而存在，在一定意义上也构成了某种社会秩序与法律准则。从歧视的后果上看，歧视不仅侵害个体的尊严和价值，还会造成集体利益的损害。因为个体是依赖于群体的，对他人价值的贬低最终是作用于整个群体的。以个体特征而划分群体界限是歧视的常见表现，如历史上，南非规定只有具备南非国籍的公民才有资格领取儿童津贴、养老金，从而将南非的永久居民排除在外；社会援助措施的非中立性，使得南非的永久居民产生了强烈的耻辱感；南非的永久居民因此被剥夺了本应享有的《南非宪法》中的基本权利，成为社会的边缘群体。② 通过侮辱或羞辱的方式否定人的基本道德价值，往往会造成群体性的、族群性的、阶层性的人格尊严的损害。也就是说，这种人格尊严的损害并不仅仅是个体性的，而具有相当强的广泛性。可以看到，在户籍制度下的农民工群体也遭受了不一般的歧视待遇或不合理限制，这实际是制度性地剥夺了该群体作为人的基本尊严。③ 因此，不论是从个体还是集体来看，一个社会的法律制度都应当切实维护人的尊严，实现歧视的法治化治理。换句话说，维护人的尊严，是歧视的法治化治理理念的应有之义。

---

① 参见李薇薇《平等原则在反歧视法中的适用和发展——兼谈我国的反歧视立法》，《政法论坛》2009年第1期。
② See Khosa and Mahlaule v. Minister for Social Development 2004 (6) BCLR 569 (South African Constitutional Court), para77.
③ 参见蔡定剑《反就业歧视综合研究报告》，蔡定剑主编《中国就业歧视现状及反歧视对策》，中国社会科学出版社2007年版，第16页。

(三) 维护人的尊严，是歧视的法治化治理的根本遵循

反歧视的目标是实现以尊严为基础的实质平等，防止歧视带给人的羞辱感和对自由的侵犯。维护人的尊严，要求充分尊重人的价值和理性能力，充分保障人的基本权利，避免人在社会生活中因被贬低、忽视或标签化而受到伤害，这是歧视的法治化治理的根本遵循。正如奥哈勒·达贝（L'Heureux-Dubé）法官所指出的，如果法律或制度上的某种区分使得特定的个体或群体感到他们作为人的价值没有得到充分承认和尊重，则可认定他们遭受了歧视，[①] 法律对此应予以调整和治理。

如果当歧视逐渐演变为社会机制与社会实践中的一部分，那么受歧视者将会很难摆脱掉歧视带来的危害，其导致的不仅是人际间的伤害，还会导致在公共生活中对制度的漠视。受歧视群体因被剥夺了平等享有公共资源和平等进行公共交往的权利而沦为社会弱势群体，使得尊严遭受严重的侵犯。对此，一个文明发达的国家，一个理性成熟的法律，必须通过完善的社会法律机制，对弱势群体的尊严与权利进行合理配置，营造出相互尊重，互不歧视的社会环境。如欧盟《就业框架指令》指出，当行为旨在损害个人尊严和制造胁迫、羞辱等的环境时，骚扰即应被视作歧视的形式之一。《中华人民共和国民法典》也对预防和处置性骚扰的行为作出了相应的规定。法官的首要使命也是帮助所有人确信其作为人应当获得的关心关注与尊重在法律层面是受到同等认可的。在就业和移民部长案［*Law v. Canada*（Minister of Employment and Immigration）］中，加拿大联邦最高法院就专门以侵害人格尊严作为认定歧视的重要标准，并将其纳入《加拿大权利和自由宪章》规定的平等权的解释当中。[②] 法律要维护人的尊严，一方面，应重视对尊严的保护，通过反歧视法律法规来唤起民众的人权与平等权利意识；另一方面，应具体地

---

① See Egan v. Canada (1995) 2 SCR 513 at 545 (para 39); Vriend v. Alberta (1998) 1 SCR 493, 156 DLR (4th) 385, (1998) 4 BHRC 140 at 185 (para 182).

② See Claire Truesdale, "Section 15 and the Oakes Test: The Slippery Slope of Contextual Analysis", *Ottawa Law Review*, Vol. 43, No. 3, 2012.

建构和完善维护人的尊严的权利保障措施，如对适足生活水准权、隐私权、受教育权的保障等，以实现人格平等。

三 以社会融入为最终目标

平等不仅仅指代物质资料或社会福利的平等分配，而且要求所有人的社会参与权的平等享有。歧视往往无法给人以平等参与、平等进入、平等对待的机会，而让社会资源集中在少数人手中，形成社会分化，并不断拉大贫富差距，离间了社会各个群体，这非常不利于平等法律制度的实施和完善，也减损了民众的幸福感、获得感、安全感，不利于实现人的全面发展。这与习近平总书记指出的，"在发展中保障和改善民生，保护和促进人权，做到发展为了人民、发展依靠人民、发展成果由人民共享，不断增强民众的幸福感、获得感、安全感，实现人的全面发展"[1] 的理念相悖。这种通过权力关系的建构而对具有某种特定身份的个体或群体所施加的限制与约束，使人无法真正进行自我的价值选择。实际上，在对制度的评判标准当中，平等是制度制定的首要道德标准——一个社会的法律制度对社会资源的分配，应能够一视同仁地对待所有参与社会分配活动的社会成员，保障他们选择的自由。[2] 而平等的法律价值，其实内含着消除社会参与障碍的要求。对此，要尽可能地改变制度环境，理顺社会分配机制，推动边缘群体或弱势群体融入主流社会，避免社会分裂与对立，实现社会融入。[3]

社会融入原则其实是平等原则的扩展和具体化，可以有效促进反歧视等平等目标的实现。[4] 社会融入的出发点不仅在于保障生存和发展机会的公平、平等，更在于减轻或消除社会排斥的结果，以增强社会凝聚力；社会融入原则主张一切公民应当能够参与工作、加入政府和公民社会的其他机构，实现机会平等和结果平等，主要关注的也是救

---

[1] 习近平：《习近平重要讲话单行本》（2021年合订本），人民出版社2022年版，第113页。
[2] 参见向玉乔《论分配正义》，《湖南师范大学社会科学学报》2013年第3期。
[3] 参见刘小楠主编《反歧视法讲义 文本与案例》，法律出版社2016年版，第39页。
[4] 参见李薇薇《反歧视法原理》，法律出版社2012年版，第91—93页。

济那些未能实现核心福利要素的群体。① 利己主义是人性中较为本质的特性，而利他主义却需要极大的道德理念支撑，况且在社会物质资源相对有限甚至稀缺的情况下，人与人之间对利益的竞争和对资源占有的冲突便在所难免。平等法律价值要求全体社会成员能够平等地参与社会生活，尤其是要保障残疾人、妇女等社会弱势群体的平等参与权，让其不因出生等先赋因素所形成的个体差异而受到不合理的区别对待，同时也不能减损其在道德价值上的平等与受到平等对待的权利，更不能因此而剥夺其参与社会、经济、政治活动时所需要的资源，从而被排斥于就业岗位或收入保障制度之外，成为社会边缘群体。相比经受歧视而导致的社会排斥，社会融入原则主张，所有的社会群体都应获得必要的社会机会与资源。落实社会融入原则，就应当不断矫正社会中的不平等，在适时情境下采取必要的暂行特别措施，给予弱势群体以同等的物质发展环境和精神尊重，帮助弱势群体消除因社会排斥而产生的困境，并消除公民在平等参与社会利益分配时的障碍，使所有公民都能够有效参与到政治、经济和社会发展中，以增强社会凝聚力，积极促进社会融入。如为实现城乡一体化发展，我国需要为农村居民创造相应的物质发展环境，提高其教育文化程度以及技能、资历等实质竞争力，给予其充分的尊重，从而积极推动农村居民实现充分的社会融入，获得公平的发展机会。

第二节 歧视的法治化治理的制度再造

在不同的反歧视的法治化理念的指导下，世界各国反歧视实践或歧视的法治化治理实践采取了不同的制度来治理或破解歧视，推动了歧视的法治化治理获得了不同程度的发展。就我国现阶段存在的有违公平正

---

① 参见阎天编译《反就业歧视法国际前沿读本》，北京大学出版社2009年版，第287—290页。

义的现象,习近平总书记指出,"许多是发展中的问题,是能够通过不断发展,通过制度安排、法律规范、政策支持加以解决的。"① 歧视的法治化治理是实现平等权的必经之路,而只有完善的、合理的、具备可操作性的、细致化的制度设计才能有效推进反歧视事业,实现社会的公平正义,因为制度的构造与实施是歧视的法治化治理的制度保障。对歧视的法治化治理的制度再造,包括但不限于加强法律介入与审查、推动制度的完善、有机结合官方与非官方行动等。

一 加强法律介入与审查

通常认为,"法律在性质上具有滞后性、普适性,只有当一种纠纷严重到成为社会普遍问题的时候,法律才有介入的必要"。② 当前的歧视问题中,既有随着文化的发展和时代的变迁而演化出来的各种新型歧视类型,如算法歧视;也有存在于法律规范、政策文件等各类法律文件以及诸如村规民约、企事业单位规章制度、社会实践的实际运作等的社会规范当中的制度性歧视。可见,歧视问题已然成为社会普遍问题,并且也已然从一个社会问题转变成一个法律问题,需要通过法律的介入来实现针对歧视的有效治理。换言之,法律是消除歧视、实现平等的重要手段,也是基本手段。它能够为反歧视提供基本的制度保障,作出基本的规范性安排。一方面,歧视的法治化治理关键要靠法律来提供基本的法制支撑,作为反歧视的法律依据,并用法律来推动反歧视的法治实践。另一方面,法律中也可能存在一些歧视性规定或做法,引发制度性歧视,对这些隐形的制度歧视问题,应通过合宪性审查、合法性审查予以逐个消除。也即消除现行法律中的歧视性规定或做法,是歧视的法治化治理的非常重要的组成部分。对于歧视的

---

① 《习近平法治思想概论》编写组:《习近平法治思想概论》,高等教育出版社2021年版,第107页。

② 赵则:《消除就业年龄歧视研究——以歧视认定的法律介入为重心》,刘小楠主编《反就业歧视的策略与方法》,法律出版社2011年版,第124页。

法治化治理，既要有法律介入，也要有法律审查，其中法律介入是基本的治理起点，法律审查是重要的治理环节。

（一）以法律介入作为基本的治理起点

习近平总书记指出："治理一个国家、一个社会，关键是要立规矩、讲规矩、守规矩。法律是治国理政最大最重要的规矩"，[①]同时强调，要"依照人民代表大会及其常委会制定的法律法规来开展和推进国家各项事业和各项工作，保证人民平等参与、平等发展权利，维护社会公平正义，尊重和保障人权，实现国家各项工作法治化"。[②]法律介入是有效发挥法律在反对和消除歧视方面作用的基本途径，也是维护社会公平正义，尊重和保障人权的必然要求。从世界范围来看，越来越多的国家将反对歧视、实现平等纳入本国的政策和法律当中，其中既有制定强制执行禁止歧视的消极义务的法律，也有规定防止歧视并促进平等的积极义务的法律。对于我国而言，实现歧视的法治化治理也要充分发挥法律的作用，制定和完善相关的反歧视法律制度，对歧视的基本问题作出明确规定。国家立法既要作出确认歧视违法性的规定，又要作出针对歧视的法律救济路径；既要作出原则性规定，又要出台相关的具体性规范，明晰法律介入歧视治理问题的方式和方法。

从理想状态来看，立法者应在法律制度设计中对歧视的基本概念、歧视的法律判断标准（含正当抗辩事由）、现实表现（类型）、实施与承受主体、歧视的举证责任分配、反歧视的专门机构、歧视的法律救济措施、歧视的法律责任及量化标准等作出明确规定，从而使受歧视者在主张权利、寻求救济时能够有法可依。同时，法律制度要尽可能广泛地覆盖现实生活中存在的多种多样的歧视现象，既要覆盖行为性歧视，又要覆盖制度性歧视；既要对传统歧视类型，如性别歧视、年龄歧视等作出

[①] 中共中央文献研究室编：《习近平关于全面依法治国论述摘编》，中央文献出版社2015年版，第12页。

[②] 中共中央宣传部、中央全面依法治国委员会办公室编：《习近平法治思想学习纲要》，人民出版社、学习出版社2021年版，第18页。

系统规定，又要对新型歧视类型，如算法歧视、基因歧视等进行有效治理。这样，立法才能够实现对各类基于生理特征或状况的歧视、基于经济与科技的歧视、基于身份的歧视、基于制度的歧视、基于宗教信仰的歧视、基于国际社会差异的国际歧视等歧视类型的有效规制。

（二）以法律审查作为重要的治理环节

在消除歧视，实现平等的过程中，国家既应当加快反歧视立法的进程，完善社会平等法律制度建设，让反歧视有法可依，也要通过法律审查，对国家权力的行使进行监督，对既有的法律文件进行合宪性审查、合法性审查，进而废除不符合宪法平等和非歧视原则的法律文件。立法机关对与宪法或上位法相抵触的法律文件进行有计划、有步骤的清理、废止，有助于及时发现立法冲突，从源头上防止各种引发制度性歧视的因素的出现，[①] 避免国家在行使立法权、行政权以及司法权的过程中作出歧视性的制度安排，对公民享有法律权利和承担法律义务进行不合理的差别对待，[②] 侵犯公民平等的基本权利。

反歧视作为实现平等权的组成部分，对国家权力的行使提出了要求，并作出了限制。我们可以从立法权力、行政权力以及司法权力的行使当中来观察。（1）在立法权的行使方面，反歧视原则要求立法机关在立法时严格以宪法为依据，做到所有法律法规和其他规范性文件不与宪法相抵触，[③] 不在立法过程中对公民的权利和义务作出不合理的区别对待。（2）在行政权力的行使方面，反歧视原则禁止行政机关在制定规范性文件和具体行政行为中，对公民的权利和义务作出不合理的区别对待。行政机关"要以建设法治政府为目标，建立行政机关内部重大决策合法性审查机制"，[④] 确保能够公正、有效、非歧视地实施法律。（3）在司法权力的行使方面，反歧

---

① 参见林燕玲、魏炜炜《以第111号公约审视中国反歧视的制度建设》，刘小楠主编《反就业歧视的策略与方法》，法律出版社2011年版，第229页。
② 参见周伟《论禁止歧视》，《现代法学》2006年第5期。
③ 参见胡锦光、韩大元《中国宪法》，法律出版社2004年版，第229页。
④ 习近平：《习近平谈治国理政》第二卷，外文出版社2017年版，第121页。

视原则禁止司法机关在司法活动中,尤其是在制定、发布司法解释时对公民的权利和义务作出不合理的区别对待。对于司法机关而言,要不断"健全司法权力分工负责、相互配合、相互制约的制度安排",① 筑牢社会公平正义的最后一道防线。总之,法律审查有助于实现对国家权力行使的合宪性、合法性约束,矫正歧视性的立法制度、社会制度,从制度上更好地保障公民的基本权利,维护法治的尊严和权威。

二 推动制度的完善

"一个社会虽然不可能完全消除性别歧视的观念,但是,一个现代的、健康的社会至少要在制度和政策方面尽可能地消除或减少歧视现象。"② 立法或政策的作用主要就是对资源进行分配、对社会关系进行合理的调节。而歧视的产生往往源于立法中资源分配的不公平、不合理以及社会关系的不协调。因此,要实现歧视的法治化治理,很重要的一个方面是推动法律制度的完善。对此,习近平总书记指出,"要把促进社会公平正义、增进人民福祉作为一面镜子,审视我们各方面体制机制和政策规定……创新制度安排,努力克服人为因素造成的有违社会公平正义的现象,保证人民平等参与、平等发展权利",③ 从制度涉及的源头实现资源的公平、合理分配以及社会关系的协调。

"坚持从我国实际出发,不等于关起门来搞法治。法治是人类文明的重要成果之一,法治的精髓和要旨对于各国国家治理和社会治理具有普遍意义,我们要学习借鉴世界上优秀的法治文明成果。"④ 对于矫正社会歧视来说,一个非常重要的法律制度就是,运用暂行特别措施来促进实质平等。暂行特别措施最早出现于1961年美国总统约翰·肯尼迪签署的

---

① 习近平:《习近平谈治国理政》第二卷,外文出版社2017年版,第121页。
② 张抗私:《劳动力市场性别歧视与社会性别排斥》,科学出版社2010年版,第228页。
③ 中共中央宣传部编:《习近平新时代中国特色社会主义思想学习纲要》,学习出版社、人民出版社2019年版,第85页。
④ 中共中央文献研究室编:《习近平关于全面依法治国论述摘编》,中央文献出版社2015年版,第32页。

第六章 歧视的法治化治理的理念、制度与省思

第10925号行政命令中,该行政命令明确要求建立总统公平就业机会委员会,并要求联邦政府实施"积极平权措施"。作为一种法律制度,暂行特别措施并不满足于防止与惩处歧视行为,而是要求相关的社会组织与社会机构采取积极举措,为易受歧视的弱势群体或少数族裔施予临时性的优惠照顾,担当起解构制度性或结构性障碍的责任,[①] 以扭转被边缘化的群体社会地位,实现事实上的平等。暂行特别措施在许多国际公约中亦有体现,如《消除一切形式种族歧视国际公约》第1条第4款就专门为需要保护的种族或民族团体或个人实施特别措施作出了规定。《消除对妇女一切形式歧视公约》第4条也规定了实施暂行特别措施,促进男女事实平等。暂行特别措施具有预防性和主动性,其目标在于"即使歧视受害人没有起诉的情形下,也要查明并纠正相应的非法歧视行为",[②] 从而能够消除歧视背后所包含的诸如权力支配关系、社会不平等结构以及偏见等。相较于一般的基于个人提起的反歧视诉讼这种救济方式来说,暂行特别措施能让更多的人受到保护,对各领域中发生的和可能发生的歧视进行补救,如在劳动就业、教育等领域,为少数种族、民族、妇女、残障人士等弱势群体排除就业障碍,提供平等的就业机会,从而有效作用于制度性歧视。

暂行特别措施要求:(1)实施以社会正义为导向的制度政策和行政决策。在政府和其他各类公共机构的工作实践中,要以保障机会平等为基本原则,将对平等问题的考量充分融入政策、决策,以主动的态势积极促进各项平等的政策、决策措施,预防歧视的发生。[③](2)通过"配额制"的形式,对特定主体施加相应的暂行特别措施的要求。如北爱尔兰就曾为消除就业歧视而专门颁布过针对雇主施加暂行特别措施的要求

[①] See Aileen Mcharg, Donald Nicolson, "Justifying affirmative action: Perception and reality", *Journal of Law and Society*, Vol. 33, No. 1, 2006.

[②] [南非]桑德拉·弗里德曼:《反歧视法》(第二版),杨雅云译,中国法制出版社2019年版,第285页。

[③] See Fiona MacKay and Kate Bilton, "Learning From Experience: Lessons in Mainstreaming Equal Opportunities", *Scottish Executive Social Research*, 2003, p. 1.

的立法（Fair Employment Act 1989），规定雇主要采取特别措施，包括定期审查员工的构成情况和招聘惯例，以保障新教徒和罗马天主教徒能够在劳动力市场上得到公平就业，享受公平就业的权利。印度也曾使用过配额制来作为消除种姓制度所产生的恶劣歧视后果的手段，要求政府和公共部门必须雇用一定数量的弱势员工，为这些弱势群体预留用工指标。① 又如20世纪60年代，美国"以总统行政命令的形式颁布了一系列旨在保障黑人等少数族裔在就业、升学等方面享受优惠照顾的政府政策"，② 包括在入学方面的种族配额、在选举方面的性别配额等，通过对黑人施行暂行特别措施，提高黑人的文化程度和受教育水平，在一定程度上促进了黑人的就业，改善了黑人的生活质量，对种族歧视起到了一定的规避作用。我国在一定程度上也可以通过配额制或其他倾斜照顾措施来保障特定群体，尤其是弱势群体的基本权利，推动实现社会公平正义。正如习近平总书记所指出的，"要自觉主动解决地区差距、城乡差距、收入差距等问题，坚持在发展中保障和改善民生，统筹做好就业、收入分配、教育、社保、医疗、住房、养老、扶幼等各方面工作，更加注重向农村、基层、欠发达地区倾斜，向困难群众倾斜，促进社会公平正义，让发展成果更多更公平惠及全体人民"。③

当然，需要注意的是，暂行特别措施还可能因对弱势群体或少数族裔实施过度保护，而对相对方（强势群体）造成不合理的区别对待，进而形成逆向歧视。当一个国家在运用暂行特别措施时，要注意合理性、必要性与正当性，充分考虑"个体所需"，明确暂行特别措施是为了提供合理便利的区别对待，而非以施舍同情为基础的福利对待；要做到对市场自由竞争的最大限度的尊重，看到暂行特别措施的"一体两面"，

---

① 参见李薇薇、Lisa Stearns 主编《禁止就业歧视：国际标准和国内实践》，法律出版社2006年版，第53页。
② 袁兆霆、徐荣：《种族歧视对美国国家认同的影响》，中国社会科学出版社2019年版，第123页。
③ 习近平：《论把握新发展阶段、贯彻新发展理念、构建新发展格局》，中央文献出版社2021年版，第502—503页。

第六章 歧视的法治化治理的理念、制度与省思

既不对其进行极端化推崇，亦不对其进行极端化排斥，在暂行特别措施达到国家所规定的比例时，要停止执行暂行措施，防止针对歧视的矫治，出现矫枉过正现象。总之，"不论处在什么发展水平上，制度都是社会公平正义的重要保障。我们要通过创新制度安排，努力克服人为因素造成的有违公平正义的现象，保证人民平等参与、平等发展权利"。[①] 创新制度安排，一项较为重要的环节，就是审视和合理借鉴域外制度，"坚持以我为主，为我所用，认真鉴别、合理吸收"，[②] 不断健全和完善我国反歧视法律制度，在此基础上逐步形成中国特色的制度安排，"使我们的制度安排更好体现社会主义公平正义原则，更加有利于实现好、维护好、发展好最广大人民根本利益"。[③]

三 有机结合官方与非官方行动

歧视的法治化治理目标需要多元主体相互配合才能完成，从国际经验来看，推动非政府组织、个人等的非官方层面的行动与立法、行政、司法等官方层面的行动的有机结合，是最为重要的实践行动。

从国家层面来看，"要切实尊重和保障人权，依法保障全体公民享有广泛的权利，保障公民的人身权、财产权、基本政治权利等各项权利不受侵犯，保障公民的经济、文化、社会等各方面权利得到落实，努力维护最广大人民根本利益，保障人民群众对美好生活的向往和追求"。[④] "要把平等保护贯彻到立法、执法、司法、守法等各个环节，依法平等保护各类市场主体产权和合法权益。"[⑤] 具体应当做到：（1）国家应通过立法方式，制定反歧视的法律法规，作为反歧视最为基础法制保障；立法

---

① 中共中央党史和文献研究院编：《习近平关于尊重和保障人权论述摘编》，中央文献出版社2021年版，第33页。

② 习近平：《论坚持全面依法治国》，中央文献出版社2020年版，第111页。

③ 中共中央党史和文献研究院编：《习近平关于尊重和保障人权论述摘编》，中央文献出版社2021年版，第33页。

④ 中共中央宣传部、中央全面依法治国委员会办公室编：《习近平法治思想学习纲要》，人民出版社、学习出版社2021年版，第34页。

⑤ 习近平：《论坚持全面依法治国》，中央文献出版社2020年版，第254页。

者还应当"抓住提高立法质量这个关键,推进科学立法、民主立法、依法立法,努力使每一项立法都符合宪法精神、反映人民意愿、得到人民拥护,以良法促进发展、保障善治",① 根据法律实践的发展变化,对相关立法进行修改和调整,以实现对现有反歧视立法的整合,实现法律统一。(2)国家还应通过设置专门的反歧视机构来实施行政行为,落实反歧视法律法规,包括推行相关的暂行特别措施或积极行动,为受歧视者提供帮助等。制度的生命力在于执行,在执法方面,相关反歧视机构要完善权责清单制度,推进机构、职能、权限、程序、责任法定化,切实做到严格规范公正文明执法。② (3)司法应通过更加主动的行动为受歧视者提供救济,做到公正司法。"司法公正对社会公正具有重要引领作用……推进公正司法,要坚持司法为民,维护人民权益",③ 积极将反歧视立法转化为司法实践中的公民的平等权利。

而非官方层面的行动,则可以起到对官方层面行动的助推或催化作用,通过非政府组织、专家学者、法律工作者,甚至是个人的行动,来促进平等,实现反歧视。社会机构可以在理论研究、实际援助、宣传教育、监督法律的执行、推动政府立法、与国际人权机构沟通等方面实施相应的消除歧视的基础性工作。如北京益仁平中心作为我国近年来影响最大的非官方反歧视机构,就常年致力于开展疾病防治健康教育、病患者救助以及消除歧视等的公益工作;牵头组织完成《反就业歧视法》专家建议稿;协助乙肝携带者、艾滋病感染者、残疾人、糖尿病患者、抑郁症患者、色盲人士等进行反歧视维权;参与国家的立法修改、完善等的工作中。④ 非官方层面的反歧视行动越来越发挥着重要的作用,国家应出台政策,对其加以鼓励、支持、引导和规范。

---

① 中共中央宣传部、中央全面依法治国委员会办公室编:《习近平法治思想学习纲要》,人民出版社、学习出版社2021年版,第107页。
② 参见《习近平法治思想概论》编写组《习近平法治思想概论》,高等教育出版社2021年版,第199—200页。
③ 中共中央宣传部编:《习近平新时代中国特色社会主义思想学习纲要》,学习出版社、人民出版社2019年版,第104页。
④ 参见刘小楠主编《反就业歧视的策略与方法》,法律出版社2011年版,第219—220页。

第三节　歧视的法治化治理的省思

歧视是一个源自实践，且不断演进的社会现象。随着社会的发展，很多领域出现了越来越多的歧视类型，甚至在旧的歧视未被完全消除的情况下，新的歧视又不断产生。同时，我们还应当清醒地意识到，歧视是一个涉及多学科、多领域的问题，单靠法治化治理是无法彻底消除歧视的，这也正彰显了歧视的复杂性和治理的困难。

一　法律介入歧视的必要性往往源自现实需要

"要把群众合理合法的利益诉求解决好，完善对维护群众切身利益具有重大作用的制度，强化法律在化解矛盾中的权威地位，使群众由衷感到权益受到了公平对待、利益得到了有效维护。"① 当实践中针对群体或个体的固有或特定特征普遍存在不合理的区别对待时，就存在了法律介入歧视的必要性。这种现实需要往往通过司法个案的方式得以体现，也即司法个案是法律介入歧视治理的重要形式，也是法律介入歧视的现实需要的主要来源。歧视通常表现为一种行为或制度安排，并且对于歧视和反歧视问题的研究也是从出现歧视的法律实践开始的，因此司法个案便成为法律介入的重要途径和形式。20 世纪 50 年代以来，世界各国民权运动蓬勃发展，各个国家的人权立法以及司法实践都开始加强对弱者的保护。学界通常认为，我国的反歧视诉讼始于 2001 年底 "蒋韬诉中国人民银行成都分行录用银行职员身高歧视案"②，自此，法律理论界和实

---

① 习近平：《习近平谈治国理政》第一卷，外文出版社 2018 年版，第 148 页。
② 该案基本案情为：2001 年年底，蒋韬在看到中国人民银行成都分行录用启示上提出的男性身高 168 厘米以上，女性身高 155 厘米以上的招录要求后，认为该录用启示构成身高歧视，侵犯了其享有的宪法赋予的平等权，随之诉至法院。中国人民银行成都分行在法院受案后，主动改变了该项身高要求，2002 年该案以不属于人民法院行政诉讼范围、未产生外部影响、未对行为人权利造成损害（招录启示生效前已经撤销了身高要求）为由，驳回起诉。虽然诉讼被驳回了，但该案成功引起了社会对于平等和非歧视权利的关注。自此，也拉开了中国反歧视诉讼之幕。

务界逐渐开始正视反歧视诉讼。2003 年"孙志刚案"的发生,在一定程度上推动了中国合宪性审查机制的建立,极大地提升了公民的权利意识,也打开了公民与权力机关之间的互动连接通道。同年的"张先著诉芜湖市人事局取消公务员录取资格案"①也即"中国乙肝歧视第一案",直接推动了法律制度的变革:2004 年修订后的《中华人民共和国传染病防治法》规定不得歧视传染病病人、病原携带者等。该案的司法实践也为2014 年《中华人民共和国行政诉讼法》将"侵犯其他人身权、财产权等合法权益"纳入兜底性受案范围奠定了基础;该案判决推动了多省市对公务员招考中关于禁止录用乙肝病毒携带者的相关规定的修改,也进一步推动了国家公务员体检录用标准的完善和统一;此后,很多地方在关于公民升学和就业体检的规定中,也不再有关于乙肝检测的规定。2010 年"周某等三人诉广东省佛山市人力资源和社会保障局录用公务员体检检测地中海贫血基因案"②被视为"反基因歧视第一案";该案从侧面推动了反歧视进程,引起社会对乙肝病毒感染者或携带者群体的正当权利的关注。2013 年"安徽师范大学法学院毕业生江某诉某市人力资源和社

---

① 该案基本案情为:2003 年 6 月,张先著参加安徽省公务员考试,以综合成绩排名第一进入体检阶段。在芜湖市人事局指定的铜陵市人民医院体检时,张先著查出患有乙肝,后经解放军第八六医院复检后,指标依然不合格。芜湖市人事局依据《安徽省国家公务员录用体检实施细则(试行)》确定其体检不合格,并作出不予录取的决定。2003 年 10 月 18 日,张先著在接到不予录取的通知后,提出复议,而后对复议结果不服而提起诉讼。法院最终认定芜湖市人事局仅根据医院体检结论而认定体格检查不合格,且不准予张先著进入考核程序的具体行政行为缺乏事实证据。至此,虽然最后由于当年的招考工作已经结束,原招考职位也已经被第二名顶上来,法院未能支持张先著被录用在原职位的请求,但该案是我国首例涉及"乙肝歧视"的案件,具有重要意义。

② 该案基本案情为:2009 年年底,广东省佛山市的周某等人在通过公务员招录笔试、面试之后,进入体检环节,但在初检中被检查出平均红细胞体积偏小,随后被要求对地中海贫血基因进行复检,并被检出携带地中海贫血基因,当地人社局因此而认定其体检不合格,拒绝录用。于是该三位考生将佛山市人力资源和社会保障局(原佛山市人事局)起诉至法院,认为人社局对其进行了基因歧视,且根据《公务员录用体检通用标准(试行)》的规定,其中并未要求进行基因检测,因此,佛山人社局也违反了公务员录用体检标准的相关规定。事实上根据国家《公务员录用体检操作手册(试行)》中对血液病的有关规定,携带地中海贫血基因并不在所列的五种贫血类型之中。因此,在公务员体检中进行基因检测理应受到限制,以保护公民个人隐私。该案最终获得了法院的胜诉判决,自该案胜诉后,广东省也取消了招录公务员时对地中海贫血基因进行检测的有关规定及做法。

第六章 歧视的法治化治理的理念、制度与省思

会保障局户籍歧视案"①,成为全国首例就业户籍歧视案,该案引起了社会对就业户籍歧视问题的重视,也彰显了通过司法推动歧视的法治化治理,保障公民平等、非歧视的基本权利的可行性。

司法具有重要的价值,关涉着对社会制度的评价,影响着当事人及其他社会成员对法律的信仰。以司法的方式来保护受歧视群体的利益已经是必然趋势,是对受歧视者进行救济的最基本途径,也是纠纷解决、权利保障和对歧视的法治化治理的最终途径,具有独特作用。实际上,反歧视司法案例远不止上述类型。经过二十余年的发展,实践中出现了越来越多的歧视类型和案件,很多歧视类型和案件都在以司法诉讼的方式争取着宪法的平等权,推动社会不同层面和领域进行反歧视。很多案件的有效处理,不仅保障了案件当事人的基本权利,而且保障了更广泛的公共利益,成为有公共影响性的司法案件,在一定程度上推动了立法、行政以及司法曾长期空转的"不受歧视权"问题的化解。② 由此可见,司法案件的出现,正反映出反歧视的社会现实需要,也因此而显示出法律介入歧视问题的必要性。

学术研究是实现法律介入的重要途径。学术研究可以分别从法律理论和法律实践的角度,探讨某种区别对待是否具备合法性、合理性,是否具有正当抗辩理由,从而判断法律介入的必要性,即区分出可为法律所干预的歧视和法律不予介入的歧视。学术研究可以以理论研究的方式推动法律介入,推动立法变革和司法改革,从而预防或减少实践中普遍存在的不合理的区别对待,为公民通过法律手段保障自己不受歧视的权利提供充分的法理依据。

---

① 该案基本案情为:安徽师范大学法学院毕业生江某在报考某市人社局下属的某市人力资源和社会保障电话咨询中心时,因非本市户口而被拒。据此,江某对在就业中所遭受的户籍歧视向江苏省人社厅投诉未果后,以该市人社局为被告,向该市某区人民法院提起诉讼。但法院以该案件属于劳动争议纠纷应进行仲裁为由,作出不予受理的裁定。经仲裁之后,江某再次提起行政诉讼,最终双方达成调解协议,江某获得11000元的赔偿。
② 参见周伟《禁止歧视:法理与立法》,法律出版社2020年版,第61页。

二 反歧视法律制度应随着社会文明同步发展

"实践是法律的基础。实践发展永无止境，立法工作也永无止境……法律体系必须随着时代和实践发展而不断发展。"[①] 目前，"要及时跟进研究相关法律制度，加快推进人工智能、基因编辑、医疗诊断、自动驾驶、无人机、服务机器人等新兴领域的立法工作，抓紧补齐法律短板，以良法善治保障新业态新模式健康发展"。[②] 将特定的不受歧视的类型纳入法律保护的范围内是进一步保护公民基本权利，维护社会经济秩序和法律秩序的需要。平等和不歧视是不断发展的概念，推动反歧视法律制度随着社会文明同步发展，能够对公民基本权利予以充分保障，同时也能够促进社会文明的进一步发展。

法律禁止对群体或个体固有特征区别对待的类型，先后经历了初期的禁止针对种族、民族、肤色等群体或个体自然差异特征的不合理的区别对待，到随着经济全球化的发展，开始禁止针对性别、国籍、宗教信仰、社会出身、政治见解、身体残疾等基于生物、环境、政治、社会、信仰等差异的不合理的区别对待，再到随着国际社会人权法律制度的发展，开始禁止针对年龄、性取向、性骚扰等的不合理的区别对待。由此可见，立法对个人生理、心理健康、差异性需求等给予了更多的尊重，更大程度地保护了个人权利。[③] 随着社会文明的不断发展，实践中的歧视类型也在不断更新，而人们的价值观念也在不断进步。社会文明的发展不仅体现在人类认知水平的发展上（如社会对尊重和保障人权的认知发展），还体现在人类科技水平的发展上，因此，反歧视法律制度应随着社会文明同步发展，不断将一些社会新涌现的基于群体或个体特征的不

[①] 《习近平法治思想概论》编写组：《习近平法治思想概论》，高等教育出版社2021年版，第194页。

[②] 《习近平法治思想概论》编写组：《习近平法治思想概论》，高等教育出版社2021年版，第161页。

[③] 参见周伟《禁止歧视：法理与立法》，法律出版社2020年版，第146—147页。

合理的区别对待纳入法律治理范围。如将算法歧视、基因歧视等随着数字技术、医疗技术的发展应用而出现的新兴歧视类型纳入法律治理范围内，将共享经济等新型就业形态中的劳动权益保障歧视纳入法律治理范围，即是例证。

三　承认歧视的法治化治理的不足和综合治理正当性

"党的十八大以来，习近平科学总结新中国成立以来社会治理领域的经验教训，紧密结合新时代社会治理的新形势新任务，提出'系统治理、依法治理、综合治理、源头治理'的社会治理模式。"① 其中，"综合治理"是指"综合运用法律、党内法规、纪律等制度性规则和公共道德、公序良俗等非制度性规则，更好地规范社会行为、调节利益关系、协调社会关系、解决社会问题，使社会既安定有序又充满活力"。② 歧视是一个复杂的问题，牵涉多学科、多领域，因而，一个社会对于歧视的治理、破解与应对，也应涉及制度性规则和非制度性规则，需要从法律、政策、制度和宣传教育等方面进行综合治理。也即歧视的法治化治理只是诸多治理途径中的一种，实践中，单一的法治方式也不可能完全消除歧视。法律不是万能的，因此，我们必须承认歧视的法治化治理途径的不足。一个社会要想更加彻底地解决歧视问题，需要运用多元手段，调动各种社会资源，推动歧视的综合治理。

一方面，许多歧视问题涉及的结构性的矛盾单靠法治化治理无法彻底解决，而必须国家层面的政策调整、制度机制改革，政府层面的反歧视宏观指导工作的强化，社会经济层面的加快发展等的相互配合，才可能化解。如就业中的性别歧视问题往往与劳动力市场供大于求的结构性矛盾密切相关，在供需不平衡的状态下，雇主有了更大的选择

---

① 《习近平法治思想概论》编写组：《习近平法治思想概论》，高等教育出版社2021年版，第186页。
② 《习近平法治思想概论》编写组：《习近平法治思想概论》，高等教育出版社2021年版，第187页。

空间，劳动者自然处于弱势和被动地位，从而在招录中设置各种包括容貌、身高、年龄等的限制条件，作出不合理的区别对待，形成就业歧视。又如性别歧视问题也在很大程度上与社会支持体系密切相关，通常会受到性别平等就业支持体系不平衡、配套措施不足等因素的影响。如托育机构等女性生育的支持配套体系的匮乏等问题就在一定程度上加重了女性的负担，也深刻影响了社会对女性群体的认知，使女性在就业等方面受到歧视。由此可见，性别歧视的破解与应对，除了要推进法治化治理，还要建立和完善相应的社会支持体系，将女性的生育价值补偿从企业中分离出来，让女性的生育成本由社会共同承担。①

另一方面，更深层次、更加长远的歧视破解方案需要从宣传教育入手，改变人们传统的歧视观念和歧视偏见，提升人的认知和文明水平。"反歧视不仅是一项法律工程，更是一项观念改造工程。"②"法律和道德都具有规范社会行为、调节社会关系、维护社会秩序的作用，在国家治理中都有其地位和功能……在新的历史条件下，要把依法治国落实好，把法治中国建设好，必须坚持依法治国和以德治国相结合，把法治建设和道德建设紧密结合起来，把他律和自律紧密结合起来，使法治和德治在国家治理中相互补充、相互促进，推进国家治理体系和治理能力现代化。"③从歧视的历史变迁上看，歧视起始于生存权利上的不平等，这是人的最原始、最正常的生理或心理的本能反应，主要围绕人的自然差异或人先天不同的资源禀赋而产生。如基于原始自然性别、自然种姓、种族的歧视，这些歧视类型甚至蔓延至今，实现着歧视的某种"传承"。从歧视的发生原因来看，先天心理因素是重要的歧视的内在原因，社会

---

① 参见周伟《贯彻男女平等的基本国策，促进性别平等法律的实施——专访四川大学周伟教授》，刘小楠、王理万主编《反歧视评论》（第5辑），法律出版社2018年版，第124页。

② 蔡定剑、张千帆主编：《海外反就业歧视制度与实践》，中国社会科学出版社2007年版，第159页。

③ 中共中央宣传部、中央全面依法治国委员会办公室编：《习近平法治思想学习纲要》，人民出版社、学习出版社2021年版，第40—41页。

刻板印象与偏见、文化教育传递、宗教理念等社会文化层面原因是重要的歧视的外在原因。我国在长期封建社会的影响下，有着较浓厚的等级观念，并因此而塑造出根深蒂固的社会刻板印象，不断经由时代固化、沿袭和传递。如村规民约、企事业单位规章制度等就容易在传统文化观念的影响下，与社会习俗建立某种密切联系，制定出无视或侵害女性平等权益的规定。法律治理作为外部的治理方案，固然能起到对这些歧视行为或制度的抑制作用，但要真正消除歧视，少不了整个国家的反歧视宣传教育，发挥好道德的教化作用，"深入实施公民道德建设工程，深化群众性精神文明创建活动，引导广大人民群众自觉践行社会主义核心价值观，树立良好道德风尚，争做社会主义道德的示范者、良好风尚的维护者"，① 提升全社会道德素质与文明程度。国家的反歧视教育包括定期举办反歧视活动，以官方名义进行荣誉表彰、播放反歧视公益广告，普及反歧视知识等，国家的反歧视教育可以实现对人们深层次的歧视观念的更正、歧视心理的调整以及平等认知和意识的提升，避免或减少歧视的纵向代际传递和横向范围传播。因而，从更加长远的角度来看，观念上的反歧视和制度化的反歧视及二者的结合，是推动整个社会对歧视进行有效治理的非常重要的路径。

总之，"公平正义是我们党追求的一个非常崇高的价值，全心全意为人民服务的宗旨决定了我们必须追求公平正义，保护人民权益、伸张正义"，② 这也决定了我们要以法律手段保障公民不受歧视的权利，并随着社会文明的发展不断更新反歧视法律制度，推动歧视的综合治理，保障和促进社会公平正义。

---

① 《习近平法治思想概论》编写组：《习近平法治思想概论》，高等教育出版社2021年版，第164页。

② 习近平：《习近平谈治国理政》第二卷，外文出版社2017年版，第129页。

结　语

歧视是一个复杂的问题，这种复杂性决定了对歧视进行治理的困难性，反歧视与追求平等既是现代民主法治建设的核心价值，也是社会主义和谐社会中公平正义的具体体现，更是人权保障最为重要的内容之一。本文通过对歧视的法治化治理的研究，得出了以下基本结论。

其一，对歧视的法治化治理首先需要建立起基本的理论体系。本书即建立起了对歧视的法治化治理这一问题研究的基本理论体系，提出了法学视域下的歧视的概念以及系统综合的、具备可实操性的歧视的法律判断标准，即将"规范性判断""理论性判断""排除性判断"以及"相对性判断"四者结合，作为歧视的法律判断标准。首先，按立法文本进行"规范性判断"；其次，当法律无明确规定时，则根据歧视的表现形式划分歧视种类来进行"理论性判断"，包括直接歧视，间接歧视，骚扰、报复性歧视，拒绝提供合理便利的歧视等的不同判断标准；再次，歧视具有相对性，不仅弱势群体会遭受歧视，其相对方的强势群体亦会遭受歧视，因此，需要站在歧视相对方角度上进行"相对性判断"，即如果一种社会制度对弱势群体实施了过度保护，或基于社会地位的不同而对相对方的强势群体分配了非对称、不公平的义务，那还可能会对相对方造成逆向歧视或侧向歧视；最后，还要从"不构成歧视"的角度出发，运用"排除性判断"将具有正当抗辩理由的情形排除掉。

其二，歧视是具有世界性的社会问题，也是一个历史问题，具有多样的现实表现和不同的形成原因。从历史变迁上看，歧视经历了原始时期基于自然性别、种姓、种族等生存权利上不平等,到近代政治国家建立之后的身份和政治权利上的不平等,再到步入现代社会,除了有基于经济社会发展而出现的物质上的不平等,还增加了社会权利和机会上的不平等以及伴随科技的进步,涌现出的诸如基因歧视、"网络数字歧视""电子支付歧视"、算法歧视等新型歧视。从对国内外反歧视典型案例的审视中我们可以看出,公民对自我及社会层面的平等权保护意识在不断觉醒,法院对歧视案件审理的司法实践也经历了从克制到适度干预再到接纳的态度变化。根据实践中歧视的主要现实表现来进行分类,我们可将歧视划分为基于生理特征或状况的歧视、基于经济与科技的歧视、基于身份的歧视、基于制度的歧视、基于宗教信仰的歧视、基于国际社会差异的歧视等类型。各大歧视类型在发生原因上是有一定的交集的,基本都包含着一定的社会性、法治性、国际性、政治性、历史性因素,并且还会受到自然、文化等因素的影响。

其三,当前我国反歧视领域的突出问题,包括对传统歧视问题矫治,更包括对算法歧视和制度性歧视进行法治化治理。我们除了要直面传统歧视问题,还要高度重视算法歧视、制度性歧视这两种歧视现象,其中算法歧视是新技术时代下的歧视问题的最新表现,而制度性歧视则是国家或者社会制度中暗含的较为隐蔽存在的制度化社会歧视问题,它对社会的影响更加深远、复杂。对两者的治理与消解是我国当前应对歧视,实现人权保障的重点任务。首先,对于算法歧视而言,可以通过规则与价值的塑造来影响算法技术、平衡各类价值与权利,从而进一步打破歧视的恶性循环,塑造算法时代的法律秩序,确保人类的安全和发展,实现对算法歧视的法律治理。其次,对于制度性歧视而言,无论是对于国家法律文件中的制度性歧视,还是社会规范中的制度性歧视,我们都应从制度性歧视产生的制度根源入手,推动制度层面的治理和及时变革,建立相应的法律监督和救济机制,提高制度政策设计与实施的合理性,以此来实现对制度性歧视的矫正,真正做到规则之治、良法之治,推动国家治理现代化。

其四，有效应对和破解歧视，需要进行理念和制度的再造。在理念方面，要秉持立法衡平，维护人的尊严，以社会融入为最终目标的基本理念。在制度方面，要加强法律介入与审查，推动制度的完善，有机结合官方与非官方行动。考虑到歧视是一个实践的产物，因此，现实需要决定了法律介入歧视的必要性；歧视也是一个不断发展的事物，人们对于歧视问题的认识也会不断提高和改进，因而，矫正歧视的法律制度，必然也应随着社会文明同步发展；当然，歧视还是一个非常复杂的社会现象，因而，对歧视的治理手段和路径，必然也应是综合性的。反歧视与整个社会文化观念的转变、公民权利与平等意识的提升以及社会价值的进一步整合密切相关。因而，反歧视的法治化，既应当推动相关制度的变革，也应当通过推动整个社会价值观念的进步而展开。

推进良好法律制度的建构与完善，对歧视进行法治化治理，应当是法理研究者的应然目标和价值追求。本书虽然针对歧视问题进行了一定的思考，但是，囿于水平限制，必然存在不足，且反歧视问题是一个高度复杂的法律问题，很多问题依然需要理论界与实务界未来进一步进行探讨。如在对具体的歧视类型的探究和论述方面，本书主要选取了算法歧视和制度性歧视这两种典型类型进行了相对较为系统的探讨，但实际上社会中还存在一些制度关注的其他的歧视类型问题（如基因歧视），限于文章篇幅和时间精力，笔者并未能对该问题进行深入讨论。又如制度性歧视的类型化分析肯定不止本书提出的法律文件中的制度性歧视和社会规范中的制度性歧视，还有很多可以从其他层面进行划分的社会歧视类型，限于笔者文献阅读、深入思考和研究能力等方面的原因，有一些涉及歧视的问题未及思考，因此，未能给予有效的理论回应。综之，上述未能完成的问题，笔者将在未来的法学学术生涯中进一步探索，并力争为问题寻找到合理的答案。

参考文献

一 著作类

《马克思恩格斯文集》第一卷，人民出版社2009年版。

《孙中山选集》，人民出版社2011年版。

《邓小平文选》第三卷，人民出版社1993年版。

习近平：《论把握新发展阶段、贯彻新发展理念、构建新发展格局》，中央文献出版社2021年版。

习近平：《论坚持全面依法治国》，中央文献出版社2020年版。

习近平：《习近平谈治国理政》第一卷，外文出版社2018年版。

习近平：《习近平谈治国理政》第二卷，外文出版社2017年版。

习近平：《习近平谈治国理政》第四卷，外文出版社2022年版。

习近平：《习近平重要讲话单行本》（2021年合订本），人民出版社2022年版。

中共中央党史和文献研究院编：《习近平关于尊重和保障人权论述摘编》，中央文献出版社2021年版。

中共中央文献研究室编：《习近平关于全面依法治国论述摘编》，中央文献出版社2015年版。

中共中央宣传部编：《习近平新时代中国特色社会主义思想学习纲要》，学习出版社、人民出版社2019年版。

中共中央宣传部、中央全面依法治国委员会办公室编：《习近平法治思想学习纲要》，人民出版社、学习出版社2021年版。

《习近平法治思想概论》编写组：《习近平法治思想概论》，高等教育出版社 2021 年版。

北京大学法学院人权与人道法研究中心编：《中国少数者权利状况考察》，内部印行，2009 年。

蔡定剑主编：《中国就业歧视现状及反歧视对策》，中国社会科学出版社 2007 年版。

蔡定剑、刘小楠：《反就业歧视法专家建议稿及海外经验》，社会科学文献出版社 2010 年版。

蔡昉：《中国流动人口问题》，河南人民出版社 2000 年版。

董云虎、刘武萍编著：《世界人权约法总览》，四川人民出版社 1991 年版。

段秋关：《中国现代法治及其历史根基》，商务印书馆 2018 年版。

范进学：《美国司法审查制度》，中国政法大学出版社 2011 年版。

费孝通：《江村经济》，内蒙古人民出版社 2010 年版。

国务院妇女儿童工作委员会办公室：《男女平等基本国策的贯彻与落实》，人民出版社 2016 年版。

韩大元、王建学：《基本权利与宪法判例》，中国人民大学出版社 2013 年版。

韩大元：《宪法学》，高等教育出版社 2006 年版。

何建志：《基因歧视与法律对策之研究》，北京大学出版社 2006 年版。

胡锦光、韩大元：《中国宪法》，法律出版社 2004 年版。

胡锦光：《合宪性审查》，江苏人民出版社 2018 年版。

胡玉鸿：《弱者权利保护基础理论研究》，商务印书馆 2021 年版。

李敏：《制度如何制造不平等——一个北方城市贫困女性社会排斥的制度分析》，中国社会科学出版社 2015 年版。

李薇薇、Lisa Stearns 主编：《禁止就业歧视：国际标准和国内实践》，法律出版社 2006 年版。

李薇薇：《反歧视法原理》，法律出版社 2012 年版。

李英桃、王海媚：《性别平等的可持续发展》，社会科学文献出版社 2016 年版。

李友梅等：《中国社会生活的变迁》，中国大百科全书出版社 2008 年版。

李子瑾：《禁止歧视：理念、制度和实践》，北京大学出版社 2018 年版。

李子瑾：《应对基于健康状况的歧视：理论、经验和挑战》，法律出版社 2019 年版。

林来梵：《从宪法规范到规范宪法：规范宪法学的一种前言》，法律出版社 2001 年版。

林来梵：《宪法学讲义》（第三版），清华大学出版社 2018 年版。

林燕玲、刘小楠、何霞：《反就业歧视的案例与评析——来自亚洲若干国家和地区的歧视》，社会科学文献出版社 2013 年版。

刘翠霄主编：《各国残疾人权益保障比较研究》，中国社会出版社 2002 年版。

刘文静：《〈残疾人权利公约〉研究》，知识产权出版社 2020 年版。

刘小楠主编：《反就业歧视的理论与实践》，法律出版社 2012 年版。

刘小楠主编：《反就业歧视的策略和方法》，法律出版社 2011 年版。

刘小楠主编，王理万副主编：《反就业歧视的机制与原理》，法律出版社 2013 年版。

刘小楠主编：《反歧视法讲义 文本与案例》，法律出版社 2016 年版。

卢杰锋：《美国反就业歧视法律制度研究：原理与案例》，法律出版社 2021 年版。

陆谷孙主编：《英汉大词典》，上海译文出版社 1989 年版。

毛德操：《论平等——观察与思辨》，浙江大学出版社 2012 年版。

齐延平：《社会弱势群体的权利保护》，山东人民出版社 2006 年版。

全国人大常委会法制工作委员会法规备案审查室编著：《规范性文件备案审查案例选编》，中国民主法制出版社 2020 年版。

宋晓梧等主编：《不平等挑战中国：收入分配的思考与讨论》，社会科学文献出版社 2013 年版。

王绍玺：《东方两性论》，辽宁教育出版社 1989 年版。

巫白慧：《印度哲学——吠陀经探义和奥义书解析》，东方出版社 2000 年版。

吴大华、潘志成、王飞：《中国少数民族习惯法通论》，知识产权出版社 2014 年版。

吴延溢：《中国特色合宪性审查的逻辑、规范与经验》，九州出版社 2020 年版。

肖峰：《我国反健康不平等问题的经济学分析》，经济日报出版社 2019 年版。

辛鸣：《制度论——关于制度哲学的理论建构》，人民出版社 2005 年版。

许崇德、张正钊主编：《人权思想与人权立法》，中国人民大学出版社 1992 年版。

薛兆丰：《薛兆丰经济学讲义》，中信出版社 2018 年版。

严存生：《论法与正义》，陕西人民出版社 1997 年版。

阎天编译：《反就业歧视法国际前沿读本》，北京大学出版社 2009 年版。

阎天：《川上行舟——中国平等就业法引论》，中国民主法制出版社 2021 年版。

扬州师范学院中文系编：《洪秀全选集》，中华书局 1976 年版。

余少祥：《弱者的权利——社会弱势群体保护的法理研究》，社会科学文献出版社 2008 年版。

俞国良等：《社会心理学前沿》（第 3 版），北京师范大学出版社 2016 年版。

（汉）董仲舒撰，袁长江主编：《董仲舒集》，学苑出版社 2003 年版。

袁兆霆、徐荣：《种族歧视对美国国家认同的影响》，中国社会科学出版社 2019 年版。

张爱宁：《平等和不歧视：弱势群体人权保护国际标准研究》，世界知识出版社 2021 年版。

张抗私：《劳动力市场性别歧视与社会性别排斥》，科学出版社 2010

年版。

张千帆：《宪法学讲义》，北京大学出版社 2011 年版。

张玉宏：《品味大数据》，北京大学出版社 2016 年版。

中华人民共和国国务院新闻办公室：《平等　发展　共享：新中国 70 年妇女事业的发展与进步》，人民出版社 2019 年版。

中国社会科学院语言研究所词典编辑室编：《现代汉语词典》（第 5 版），商务印书馆 2008 年版。

周伟等编著：《法庭上的宪法：平等、自由与反歧视的公益诉讼》，山东人民出版社 2011 年版。

周伟：《禁止歧视：法理与立法》，法律出版社 2020 年版。

周伟：《宪法基本权利：原理·规范·应用》，法律出版社 2006 年版。

朱应平：《论平等权的宪法保护》，北京大学出版社 2004 年版。

［奥］曼弗雷德·诺瓦克：《国际人权制度导论》，柳华文译，北京大学出版社 2010 年版。

［奥］曼弗雷德·诺瓦克：《民权公约评注：联合国〈公民权利和政治权利国际公约〉》，毕小青、孙世彦等译，生活·读书·新知三联书店 2003 年版。

［德］康德：《康德著作全集》第 4 卷，李秋零主编，中国人民大学出版社 2005 年版。

［德］康拉德·黑塞：《联邦德国宪法纲要》，李辉译，商务印书馆 2007 年版。

［德］柯武刚、史漫飞：《制度经济学：社会秩序与公共政策》，韩朝华译，商务印书馆 2000 年版。

［德］克劳斯·施莱希、斯特凡·科里奥特：《德国联邦宪法法院：地位、程序与裁判》，刘飞译，法律出版社 2007 年版。

［德］马克斯·韦伯：《新教伦理与资本主义精神》，闫克文译，上海人民出版社 2012 年版。

［德］乌尔里希·贝克：《风险社会：新的现代性之路》，张文杰、何博

闻译，译林出版社 2018 年版。

[法] 卢梭：《社会契约论》，何兆武译，商务印书馆 2003 年版。

[法] 皮埃尔 – 安德烈·塔吉耶夫：《种族主义源流》，高凌瀚译，生活·读书·新知三联书店 2005 年版。

[法] 让 – 雅克·卢梭：《论人类不平等的起源和基础》，邓冰艳译，浙江文艺出版社 2015 年版。

[古希腊] 柏拉图：《法律篇》（第二版），张智仁、何勤华译，商务印书馆 2016 年版。

[古希腊] 亚里士多德：《尼各马可伦理学》，廖申白译注，商务印书馆 2003 年版。

[美] 安·韦伯：《社会心理学》，赵居莲译，桂冠图书出版公司（台北）1997 年版。

[英] 鲍勃·赫普尔：《平等法》（第二版），李满奎译，法律出版社 2020 年版。

[美] 戴维·波普诺：《社会学》，李强等译，中国人民大学出版社 2004 年版。

[美] 道格拉斯·C. 诺斯：《经济史中的结构与变迁》，陈郁、罗华平等译，上海人民出版社 1994 年版。

[美] 道格拉斯·C. 诺斯：《制度、制度变迁与经济绩效》，刘守英译，上海三联书店 1994 年版。

[美] E. 博登海默：《法理学——法律哲学与法律方法》，邓正来译，中国政法大学出版社 2017 年版。

[美] 弗吉尼亚·尤班克斯：《自动不平等》，李明倩译，商务印书馆 2021 年版。

[美] 弗兰克·帕斯奎尔：《黑箱社会：控制金钱和信息的数据法则》，赵亚男译，中信出版社 2015 年版。

[美] 戈登·奥尔波特：《偏见的本质》，凌晨译，九州出版社 2020 年版。

[美] 加里·贝克尔：《歧视经济学》，于占杰译，商务印书馆 2019 年版。

[美] 杰克·唐纳利：《普遍人权的理论与实践》，王浦劬等译，中国社会科学出版社 2001 年版。

[美] 卡尔威因 – 帕尔德森：《美国宪法释义》，徐卫东、吴新平译，华夏出版社 1989 年版。

[美] 凯文·凯利：《失控：全人类的最终命运和结局》，陈新武等译，新星出版社 2010 年版。

[美] 理查德·T. 德·乔治：《经济伦理学》，李布译，北京大学出版社 2002 年版。

[美] 理查德·罗斯坦：《法律的颜色：一段被遗忘的美国政府种族隔离史》，王志欣译，上海社会科学院出版社 2019 年版。

[美] 罗伯特·J. 巴罗：《不再神圣的经济学》，苏旭霞、仇焕广译，中信出版社 2013 年版。

[美] 罗伯特·诺齐克：《无政府、国家与乌托邦》，何怀宏等译，中国社会科学出版社 1991 年版。

[美] 罗纳德·德沃金：《法律帝国》，李长青译，中国大百科全书出版社 1996 年版。

[美] 罗纳德·德沃金：《认真对待权利》，信春鹰、吴玉章译，中国大百科全书出版社 1998 年版。

[美] 罗纳德·德沃金：《至上的美德：平等的理论与实践》，冯克利译，江苏人民出版社 2012 年版。

[美] 玛莎·A. 弗里曼等主编：《〈消除对妇女一切形式歧视公约〉评注》（上），戴瑞君译，社会科学文献出版社 2020 年版。

[美] 玛莎·努斯鲍姆：《正义的界限：残障、全球正义与动物正义》，徐子婷等译，韦伯文化国际出版有限公司 2008 年版。

[美] 迈克尔·J. 克拉曼：《平等之路：美国走向种族平等的曲折历程》，石雨晴译，中信出版社 2019 年版。

［美］迈克尔·桑德尔：《公正：该如何是好？》，朱慧玲译，中信出版社 2011 年版。

［美］迈克尔·桑德尔：《自由主义与正义的局限》，万俊人等译，译林出版社 2011 年版。

［美］史蒂夫·兰兹伯格：《反常识经济学 2——为什么不向美丽征税》，王楠崟、徐化译，中信出版社 2018 年版。

［美］托马斯·伯根索尔：《国际人权法概论》，潘维煌等译，中国社会科学出版社 1995 年版。

［美］托马斯·索威尔：《歧视与不平等》，刘军译，中信出版集团 2021 年版。

［美］沃尔特·沙伊德尔：《不平等社会：从石器时代到 21 世纪，人类如何应对不平等》，颜鹏飞、李酣、王今照等译，中信出版社 2019 年版。

［美］伊布拉·肯迪：《生而被标签：美国种族歧视思想的历史溯源》，张玉芬等译，（中国台湾）马可孛罗文化出版社 2019 年版。

［美］伊莎贝尔·威尔克森：《美国不平等的起源》，姚向辉、顾冰珂译，湖南文艺出版社 2021 年版。

［美］约翰·罗尔斯：《正义论》（修订版），何怀宏等译，中国社会科学出版社 2009 年版。

［南非］桑德拉·弗里德曼：《反歧视法》（第二版），杨雅云译，中国法制出版社 2019 年版。

［以色列］尤瓦尔·赫拉利：《未来简史》，林俊宏译，中信出版社 2017 年版。

［印度］阿马蒂亚·森：《再论不平等》，王利文、于占杰译，中国人民大学出版社 2016 年版。

［英］A. S. 霍恩比：《牛津现代高级英汉双解词典》，商务印书馆、牛津大学出版社 1988 年版。

［英］安东尼·吉登斯：《社会的构成：结构化理论大纲》，李康等译，

生活·读书·新知三联书店1998年版。

［英］弗里德里希·奥古斯特·冯·哈耶克：《自由宪章》，杨玉生等译，中国社会科学出版社2012年版。

［英］凯伦·杨、马丁·洛奇编：《驯服算法：数字歧视与算法规制》，林少伟、唐林垚译，上海人民出版社2020年版。

［英］坎迪达·马奇、伊内斯·史密斯、迈阿特伊·穆霍帕德亚：《社会性别分析框架指南》，社会性别意识资源小组译，社会科学文献出版社2004年版。

［英］L. B. 科尔森：《朗文法律词典》（第6版），法律出版社2003年版。

［英］鲁珀特·布朗：《偏见》，张彦彦译，中国人民大学出版社2021年版。

［英］史蒂文·卢克斯：《个人主义》，阎克文译，江苏人民出版社2001年版。

二　论文期刊类

艾琳：《老龄化背景下反就业年龄歧视的法律规制》，《吉林大学社会科学学报》2021年第4期。

陈国光：《印度种姓制度与凉山彝族等级制》，《中央民族大学学报》2003年第3期。

陈建平：《论立法的合宪性审查》，《湖南师范大学社会科学学报》2018年第5期。

陈龙：《人类基因编辑技术的伦理风险之维》，《自然辩证法通讯》2021年第8期。

陈秀红：《"给付"与"规制"——中国社会政策公平性检视及未来建构》，《学习与实践》2018年第6期。

陈宇光：《论制度性弱势群体及其保障》，《学术界》2006年第6期。

崔靖梓：《算法歧视挑战下平等权保护的危机与应对》，《法律科学》

2019 年第 3 期。

翟国强：《我国合宪性审查制度的双重功能》，《法学杂志》2021 年第 5 期。

丁晓东：《论算法的法律规制》，《中国社会科学》2020 年第 12 期。

丁晓华：《论反歧视诉讼对公民平等权的保障》，《上海政法学院学报》（法治论丛）2012 年第 4 期。

窦希铭：《美国对非市场经济国家的反倾销单独税率问题研究——以对华的制度性歧视及应对策略为视角》，《山东社会科学》2010 年第 10 期。

方文：《从本能论到人类习性学——社会行为的生物化解释的逻辑历程》，《社会科学战线》1995 年第 2 期。

关信平：《朝向更加公平、平等和高效的社会政策——对我国社会政策公平性的理论思考》，《广东工业大学学报》（社会科学版）2013 年第 5 期。

郭延军：《就业性别歧视的法律判断标准——基于美国法律实践的考察》，《环球法律评论》2011 年第 6 期。

郭哲：《反思算法权力》，《法学评论》2020 年第 6 期。

韩大元：《当代科技发展的宪法界限》，《法治现代化研究》2018 年第 5 期。

何怀宏：《平等与文明——重温卢梭〈论人类不平等的起源和基础〉》，《山西师范大学学报》（社会科学版）2020 年第 1 期。

洪丹娜：《算法歧视的宪法价值调适：基于人的尊严》，《政治与法律》2020 年第 8 期。

［菲］露茜塔·S. 拉佐：《让法律对社会性别做出回应：东亚和东南亚面临的发展挑战》，《环球法律评论》2005 年第 1 期。

胡锦光：《论法规备案审查与合宪性审查的关系》，《华东政法大学学报》2018 年第 4 期。

胡懋仁：《种族主义源于资本主义的罪恶》，《政治经济学研究》2021 年第 2 期。

胡元聪：《包容性增长理念下经济法治的反思与回应》，《法学论坛》2015年第3期。

黄家亮：《论社会歧视及其治理——一个社会学视角的理论分析》，《华东理工大学学报》（社会科学版）2008年第3期。

贾开：《人工智能与算法治理研究》，《中国行政管理》2019年第1期。

蒋舸：《作为算法的法律》，《清华法学》2019年第1期。

蒋黔贵：《全国人大法律委员会关于〈中华人民共和国妇女权益保障法修正案（草案）〉审议结果的报告——2005年8月23日在第十届全国人民代表大会常务委员会第十七次会议上》，《中华人民共和国全国人民代表大会常务委员会公报》2005年第6期。

卡塔莉娜·托马谢夫斯基：《妇女权利：从禁止歧视到消灭歧视》，黄纪苏译，《国际社会科学杂志》（中文版）1994年第4期。

李成：《平等权的司法保护——基于116件反歧视诉讼裁判文书的评析与总结》，《华东政法大学学报》2013年第4期。

李成：《社会融入：禁止职业歧视的价值基础重构》，《中外法学》2015年第5期。

李成：《我国就业中基因歧视的宪法问题》，《法学》2011年第1期。

李薇薇：《平等原则在反歧视法中的适用和发展——兼谈我国的反歧视立法》，《政法论坛》2009年第1期。

林怀艺、张进军：《当前美国的种族歧视问题探析》，《思想理论教育导刊》2015年第9期。

林来梵：《合宪性审查的宪法政策论思考》，《法律科学》2018年第2期。

刘杰：《〈世界人权宣言〉的产生过程及其意义》，《人权》2018年第5期。

刘作翔：《构建法治主导下的中国社会秩序结构：多元规范和多元秩序的共存共治》，《学术月刊》2020年第5期。

刘作翔：《论建立分种类、多层级的社会规范备案审查制度》，《中国法学》2021年第5期。

毛俊响、郭敏：《针对当代形式种族主义：疫情带来的挑战与各国应对——"全球疫情防控与人权保障"系列国际研讨会第七场会议学术综述》，《人权》2020年第4期。

苗连营：《合宪性审查的制度雏形及其展开》，《法学评论》2018年第6期。

莫炳坤、李资源：《十八大以来党对共同富裕的新探索及十九大的新要求》，《探索》2017年第6期。

莫纪宏：《依宪立法原则与合宪性审查》，《中国社会科学》2020年第11期。

秦建国：《高校青年教师招聘歧视现象调查分析——以2014年北京"211"高校教学科研岗应届毕业生（博士后）招聘为例》，《北京青年研究》2015年第4期。

秦书生、王一：《习近平的平等观探析》，《理论学刊》2017年第1期。

任喜荣、周隆基：《制度性歧视的内涵与辨异》，《北方法学》2014年第2期。

任喜荣：《制度性歧视与平等权利保障机构的功能——以农民权利保障为视角》，《当代法学》2007年第2期。

尚会鹏：《种姓的名称、定义及本质问题》，《南亚研究》1991年第1期。

盛开：《〈残疾人权利公约〉与残疾人保障的"中国经验"》，《人权》2017年第4期。

石颖：《歧视的法律判断标准》，《河南大学学报》（社会科学版）2022年第1期。

宋凌巧、Yann Joly：《重新审视"基因歧视"：关于伦理、法律、社会问题的思考》，《科技与法律》2018年第4期。

孙国平：《性别认同和性别表达歧视之解决——从我国首例跨性别歧视案说起》，《贵州省党校学报》2020年第1期。

孙晓红：《〈消除对妇女一切形式歧视公约〉：保障妇女权利的宪章》，《人权》2016年第2期。

汪习根、周亚婷：《国际法治视野下的疫情歧视剖析》，《国外社会科学》2020 年第 5 期。

王锴：《合宪性审查的中国实践》，《领导科学论坛》2020 年第 11 期。

王锴：《合宪性、合法性、适当性审查的区别与联系》，《中国法学》2019 年第 1 期。

王迁：《论"基因歧视"的概念——"基因歧视"法律问题专题研究之二》，《科技与法律》2003 年第 4 期。

王凤：《人工智能发展中的"算法公开"能否解决"算法歧视"？》，《机器人产业》2019 年第 3 期。

魏健馨：《合宪性审查从制度到机制：合目的性、范围及主体》，《政法论坛》2020 年第 2 期。

吴帆：《中国老年歧视的制度性根源与老年人公共政策的重构》，《社会》2011 年第 5 期。

吴忠民：《歧视与中国现阶段的歧视》，《江海学刊》2003 年第 1 期。

吴忠民：《中国现阶段社会公正问题的逐层递进研究》，《学术界》2009 年第 2 期。

向玉乔：《论分配正义》，《湖南师范大学社会科学学报》2013 年第 3 期。

谢增毅：《美英两国就业歧视构成要件比较——兼论反就业歧视法发展趋势及我国立法选择》，《中外法学》2008 年第 4 期。

徐琳：《人工智能推算技术中的平等权问题之探讨》，《法学评论》2019 年第 3 期。

徐爽、习亚伟：《〈残疾人权利公约〉的"中国转化"——以我国残疾人权利法律保障体系为视域》，《人权》2014 年第 2 期。

薛天涵：《美国堕胎案中司法审查标准的嬗变与前瞻——以"最严反堕胎法案"切入》，《南海法学》2021 年第 1 期。

杨建军、李姝卉：《CRISPR/Cas9 人体基因编辑技术运用的法律规制——以基因编辑婴儿事件为例》，《河北法学》2019 年第 9 期。

余淼杰、曹健：《新发展格局中的共同富裕》，《新疆师范大学学报》（哲学社会科学版）2022 年第 1 期。

张峰：《扎实推动共同富裕的政治经济学分析》，《求索》2022 年第 2 期。

张观发：《维护古代印度种姓制度的〈摩奴法典〉简介》，《中国政法大学学报》1984 年第 4 期。

张吉豫：《认真对待科技伦理和法理》，《法制与社会发展》2020 年第 3 期。

张建飞：《城市化进程中失地农民社会保障机制的法学思考》，《政治与法律》2006 年第 4 期。

张景润：《浅论古代印度种姓等级制度》，《云南师范大学学报》（哲学社会科学版）1987 年第 6 期。

张凌寒：《风险防范下算法的监管路径研究》，《交大法学》2018 年第 4 期。

张婍、冯江平、王二平：《群际威胁的分类及其对群体偏见的影响》，《心理科学进展》2009 年第 2 期。

张文显：《新时代的人权法理》，《人权》2019 年第 3 期。

张欣、宋雨鑫：《人工智能时代算法性别歧视的类型界分与公平治理》，《妇女研究论丛》2022 年第 3 期。

张艳：《反就业歧视及其法律建构》，《西南政法大学学报》2006 年第 1 期。

赵付科：《"政权稳定"概念探讨》，《江西师范大学学报》（哲学社会科学版）2012 年第 3 期。

赵馥洁：《论先秦法家的价值体系》，《法律科学》（西北政法大学学报）2013 年第 4 期。

赵明霞、张晓玲：《〈残疾人权利公约〉框架下我国残疾人权利的保护》，《人权》2018 年第 1 期。

郑戈：《在鼓励创新与保护人权之间——法律如何回应大数据技术革新的挑战》，《探索与争鸣》2016 年第 7 期。

郑智航、徐昭曦：《大数据时代算法歧视的法律规制与司法审查——以美国法律实践为例》，《比较法研究》2019年第4期。

周大鸣、刘朝晖：《制度性歧视与社会公正——以厦门农民工为例》，《西南民族大学学报》（人文社会科学版）2006年第11期。

周伟：《从身高到基因：中国反歧视的法律发展》，《清华法学》2012年第2期。

周伟：《论禁止歧视》，《现代法学》2006年第5期。

朱伟：《中国社会反基因歧视的路径分析——伦理视角与框架》，《伦理学研究》2014年第2期。

朱振：《论人权公约中的禁止歧视》，《当代法学》2005年第4期。

佐斌、温芳芳：《新冠肺炎疫情时期的群际歧视探析》，《华南师范大学学报》2020年第3期。

三 论文集

北京源众性别发展中心：《打破沉默，拒绝妥协——中国防治职场性骚扰法律与司法审判案例研究报告》，刘小楠、王理万主编《反歧视评论》（第5辑），法律出版社2018年版。

蔡定剑：《反就业歧视综合研究报告》，蔡定剑《中国就业歧视现状及反歧视对策》，中国社会科学出版社2007年版。

陈征：《浅析我国宪法中的平等权条款》，刘小楠主编《反就业歧视的理论与实践》，法律出版社2012年版。

冯媛：《性骚扰：从个人好自为之到法律禁止的歧视和暴力——半个世纪改变千年历史》，刘小楠、王理万主编《反歧视评论》（第5辑），法律出版社2018年版。

高文谦：《涉及LGBT的反就业歧视法比较研究》，刘小楠主编《反歧视评论》（第2辑），法律出版社2015年版。

郭彬、黄诗欣、杨琦：《公务员录用体检标准下的制度性歧视》，刘小楠主编《反歧视评论》（第2辑），法律出版社2015年版。

黄裔：《合理便利概念的浅析》，刘小楠主编《反歧视评论》（第1辑），法律出版社 2014 年版。

金韬：《歧视错误的多元理论：评索菲亚·莫罗〈不平等的诸面孔：错误歧视的理论〉》，刘小楠、王理万主编《反歧视评论》（第 8 辑），社会科学文献出版社 2021 年版。

李昊：《美国反歧视法治实践中的社会学理论与方法——兼论反歧视诉讼中的统计证据规则》，刘小楠、王理万主编《反歧视评论》（第 6 辑），社会科学文献出版社 2019 年版。

李敬：《透视〈联合国残疾人权利公约〉中的不歧视原则》，刘小楠主编《反歧视评论》（第 1 辑），法律出版社 2014 年版。

林燕玲、魏炜炜：《以第 111 号公约审视中国反歧视的制度建设》，刘小楠主编《反就业歧视的策略与方法》，法律出版社 2011 年版。

刘畅：《我国消除怀孕歧视的困境及改革路径》，刘小楠、王理万主编《反歧视评论》（第 6 辑），社会科学文献出版社 2019 年版。

刘开明：《制度性歧视导致的工资不平等》，刘小楠主编《反就业歧视的策略与方法》，法律出版社 2011 年版。

刘龙芳：《法院裁判妇女权益案例的分析》，刘小楠、王理万主编《反歧视评论》（第 8 辑），社会科学文献出版社 2021 年版。

刘明珂：《就业中的性别认同歧视域外案例研究及启示》，刘小楠、王理万主编《反歧视评论》（第 4 辑），法律出版社 2017 年版。

卢杰锋：《反就业歧视法的保护群体：美国经验及对我国相关立法的再思考》，刘小楠主编，王理万副主编《反歧视评论》（第 3 辑），法律出版社 2016 年版。

马腾、蔡聪：《刑法中特定残障人刑事责任从宽原则的反思——综合刑法与国际人权法的视角》，刘小楠主编，王理万副主编《反歧视评论》（第 3 辑），法律出版社 2016 年版。

曲相霏：《论人的尊严权》，徐显明主编《人权研究》第三卷，山东人民出版社 2003 年版。

任喜荣、周隆基：《制度性歧视的类型化研究》，孙笑侠主编《复旦大学法律评论》（第五辑），法律出版社 2017 年版。

孙萌、封婷婷：《美国平等就业机会委员会对就业歧视的救济》，刘小楠、王理万主编《反歧视评论》（第 6 辑），社会科学文献出版社 2019 年版。

王彬：《有前科的公民公务员资格之比较研究》，刘小楠主编《反就业歧视的理论与实践》，法律出版社 2012 年版。

王春光：《海外反就业歧视专门机构研究》，蔡定剑、刘小楠主编《反就业歧视法专家建议稿及海外经验》，社会科学文献出版社 2010 年版。

王理万，韩明生：《中央国家机关公务员招考就业歧视的十年观察》，刘小楠主编，王理万副主编《反歧视评论》（第 3 辑），法律出版社 2016 年版。

王理万：《反对就业歧视需要回归常识》，刘小楠主编《反就业歧视的理论与实践》，法律出版社 2012 年版。

杨世建：《反就业残障歧视应从消除其制度本源入手》，刘小楠主编《反歧视评论》（第 1 辑），法律出版社 2014 年版。

于明潇：《社会公共领域歧视研究报告》，蔡定剑《中国就业歧视现状及反歧视对策》，中国社会科学出版社 2007 年版。

张玉娥：《对少数民族歧视的法律标准界定研究》，刘小楠主编，王理万副主编《反歧视评论》（第 3 辑），法律出版社 2016 年版。

章安邦：《疫情防控中健康码应用的权利隐忧》，徐显明主编，郑智航执行主编《人权研究》（第二十四卷），社会科学文献出版社 2021 年版。

赵则：《消除就业年龄歧视研究——以歧视认定的法律介入为重心》，刘小楠主编《反就业歧视的策略与方法》，法律出版社 2011 年版。

者荣娜：《不受歧视权司法保障的现状、困境与对策》，刘小楠、王理万主编《反歧视评论》（第 8 辑），社会科学文献出版社 2021 年版。

周伟：《贯彻男女平等的基本国策，促进性别平等法律的实施》，刘小楠、王理万主编《反歧视评论》（第 5 辑），法律出版社 2018 年版。

周贤日：《推进平等保障权与消除歧视关系论纲》，刘小楠主编《反就业歧视的理论与实践》，法律出版社2012年版。

［澳］罗斯玛丽·卡耶斯、菲利普·弗兰奇：《走出黑暗 迎接光明：〈残疾人权利公约〉》，［爱尔兰］杰拉德·奎因、李敬《〈残疾人权利公约研究〉：海外视角（2014）》，陈博等译，人民出版社2015年版。

［美］何宜伦、刘超：《美国就业歧视法律制度简介》，刘小楠、王理万主编《反歧视评论》（第6辑），社会科学文献出版社2019年版。

［美］罗纳德·德沃金：《正义与生活价值》，张明仓译，欧阳康《当代英美著名哲学家学术自述》，人民出版社2005年版。

《就业性别歧视的制度根源及其破解之道——专访西北工业大学郭慧敏教授》，刘小楠、王理万主编《反歧视评论》（第5辑），法律出版社2018年版。

Robert D. Dinerstein：《实施〈残疾人权利公约〉第12条中的"法律能力"——从监护制度到协助决策制度的艰难转型》，陈博译，刘小楠主编《反歧视评论》（第1辑），法律出版社2014年版。

四 报纸类

公丕祥：《能动司法是对人民法院司法理念的进一步发展》，《光明日报》2010年5月13日第9版。

郭毅、张冲：《黑龙江省废除妇女歧视条款万余条》，《法制日报》2013年1月24日。

何勇海：《告别"同命不同价"应成统一动作》，《检察日报》2019年12月25日第6版。

梁爽、魏鑫：《公益诉讼向就业歧视"亮剑"》，《西部法制报》2022年3月8日第6版。

五 学位论文类

林善栋：《公务员招录歧视行为的法律规制探析》，硕士学位论文，福州大学，2017年。

王璐：《就业性别歧视的法律判断标准研究》，硕士学位论文，西南政法大学，2015年。

张晓洁：《就业歧视判断标准的研究》，硕士学位论文，北京化工大学，2016年。

周隆基：《制度性歧视的法律规制研究》，博士学位论文，吉林大学，2014年。

六 英文文献

（1）著作类

Aristotle, *The Complete Works of Aristotle* (*the Revised Oxford Translation*), Vol. 2, Princeton University Press, 1991.

Claire H. Liachowitz, *Disabilities as Asocial Construct: Legislative Roots*, Pennsylvania: University of Pennsylvania Press, 1988.

Deborah Hellman, *When is Discrimination Wrong?* Cambridge, MA: Harvard University Press, 2008.

Ethan Katsh, Orna Rabinovich-Einy, *Digital Justice: Technology and the Internet of Disputes*, Oxford University Press, 2017.

George Eaton Simpson and J. Milton Yinger, *Racial and Cultural Minorities: An Analysis of Prejudice and Discrimination* (5th Edition), Plenum Press, 1985.

Henry Campbell Black, *Black Law Dictionary*, 6th ed.

Milton Freidmen, *Capitalism and Freedom*, Chicago: University of Chicago Press, 1962.

Paul R. Cohen & Edward A. Feigenbaum eds., *The Handbook of Artificial Intelligence*, *Volume III*, William Kaufmann & HeurisTech Press, 1982.

Richard A. Epstein, *Forbidden Ground: The Case Against Employment Discrimination Laws*, Cambridge: Harvard University, 1992.

Warnock, M., *Utilitarianism and On Liberty, Including Mills "Essay on Bentham" and Selection from the Writings of Jeremy Bentham and John Austin, 2nd edition, New Jersey: Blackwell Publishing, 2003.

(2) 论文类

"'Trading Action For Access': The Myth of Meritocracy and The Failure to Remedy Structural Discrimination", *Harvard Law Review*, Vol. 121, 2008.

Aileen Mcharg, Donald Nicolson, "Justifying affirmative action: Perception and reality", *Journal of Law and Society*, Vol. 33, No. 1, 2006.

Cass R. Sunstein, "The Anticaste Principle", *Michigan Law Review*, Vol. 92, Issue 8, 1994.

Claire Truesdale, "Section 15 and the Oakes Test: The Slippery Slope of Contextual Analysis", *Ottawa Law Review*, Vol. 43, No. 3, 2012.

Fiona MacKay and Kate Bilton, "Learning From Experience: Lessons in Mainstreaming Equal Opportunities", *Scottish Executive Social Research*, 2003.

Frej klem Thomsen, "Stealing Bread and Sleeping Beneath Bridges – Indirect Discrimination as Disadvantageous Equal Treatment", *Moral Philosophy and Politics*, Vol. 2, 2015.

George Rutherglen, "Disparate Impact Under Title VII: An Objective Theory of Discrimination", *Virginia Law Review*, Vol. 73, No. 7, 1987.

Jenna Burrell, "How the Machine 'Thinks': Understanding Opacity in Machine Learning Algorithms", *Big Data & Society*, No. 1, 2016.

Jonathan C. Drimmer, "Cripples, Overcomers, and Civil Rights: Tracing the Evolution of Federal Legislation and Social Policy for People with Disabilities", *UCLA Law Review*, Vol. 40, No. 5, 1993.

Jonathan Swift, "Justifying Age Discrimination", *Industrial Law Journal*, Vol. 35, 2006.

Kingsley Davis、Wilbert E. Moore, "Some Principles of Stratification", *American Sociological Review*, Vol. 10, No. 2, 1944 Annual Meeting Papers (Apr., 1945).

Larsa K. Ramsini, "The Unwelcome Requirement in Sexual Harassment: Choosing a Perspective and Incorporating the Effect of Supervisor-Subordinate Relations", *William & Mary Law Review*, Vol. 55, 2014.

Laura Carmichael, Sophie Stalla, Steffen Stab, "Data Mining and Automated Discrimination: A Mixed Legal/Technical Perspective", *IEEE Intelligent Systems*, Vol. 31, No. 6, 2016.

Link B. G., Phelan J. C., "Conceptualizing stigma", *Annual Review of Sociology*, Vol. 27, 2001.

Matt Zwolinski, "Why Not Regulate Private Discrimination?", *San Diego Law Review*, Vol. 43, 2006.

Philippa Foot, "The Problem of Abortion and the Doctrine of the Double Effect", *Oxford Review*, No. 5, 1967.

Robin Stryker, "Disparate Impact and the Quota Debates: Law, Labor market Sociology, and Equal Employment Policies", *The Sociological Quarterly*, Vol. 42, No. 1, Winter 2001.

Samuel Bagenstos, "The Stuctural Turn and the Limits of Antidiscrimination Law", *California Law Review*, Vol. 94, No. 1, 2006.

Fiona MacKay and Kate Bilton, "Learning From Experience: Lessons in Mainstreaming Equal Opportunities", *Scottish Executive Social Research*, 2003.

Turing A. M. I., "Computing Machinery and Intelligence", *Mind*, Vol. 59, 1950.

William A. Barnard & Mark S. Benn, "Belief Congruence and Prejudice Reduction in an Interracial Contact Setting", *Journal of Social Psychology*, Vol. 128, No. 1, 1988.

（3）案件类

Egan v. Canada (1995) 2 SCR 513 at 545 (para39); Vriend v. Alberta

(1998) 1 SCR 493, 156 DLR (4th) 385, (1998) 4 BHRC 140 at 185 (para182).

Griggs v. Duke Power Co. 401 U.S. 424 (1971).

Law v. Canada [1999] I SCR497 (Canada Supreme Court), para 51.

United States v. Carolene Products Company 304. U.S. 144 (1938) at 152 n4 (per Stone J).

(4) 法案类

Khosa and Mahlaule v. Minister for Social Development 2004 (6) BCLR 569 (South African Constitutional Court), Para 77.

后　记

本研究是在我博士学位论文的基础上修改完成的。在西北政法大学攻读博士学位期间，我得到了单位领导、老师和同事们的大力支持。本书的出版离不开我的博导杨建军教授的悉心教导，杨老师认真的治学态度，严谨的学术精神，宽厚仁慈的处事风格，积极进取的工作作风，着实让我敬佩，也都深深影响着我，成为我终身学习的范例。同时，也要感谢杨宗科老师、汪世荣老师、陈玺老师、褚宸舸老师，以及穆兴天老师、马治选老师、任瑞兴老师、杨在平老师等诸位老师。老师们学术精湛，治学有道，分别在不同阶段给予我重要的指导和帮助，为我提出了诸多宝贵的学术意见和建议，所有的这些我都会谨记于心，感念于心。而自我到陕西省委党校工作以来，单位对我的学业和工作提供了莫大的支持，几任部门领导和前辈们都在学术和思想上给予了我充分的关心、关怀，并且为我提供了诸多便利和支持，在此表示诚挚的谢意。最后，我还要感谢家人的倾心奉献，感谢他们挺在我身前，为我遮风挡雨；感谢他们退在我身后，让我无所畏惧，去做我热爱的事，去走我想走的路。他们永远是我坚强的后盾，也是我前行的动力，是他们的陪伴与爱支撑我度过每一个难熬但关键的人生阶段。

转眼间，我已经在古城西安度过了九年。回首往昔，一切好似历历在目，不禁湿润了眼眶。岁月总能让苦涩化为一壶浓郁的美酒，无论是在家中书房挑灯夜战的日子，还是在办公室倚桌深思的场景，都将美化成婆娑树荫下书生吟读的风景。学术之路并不容易走，尤其是对于女性而言，未来需要兼顾和平衡包括事业和家庭等在内的诸多方面的事情，永远是"做"比"想"更难。好在有好多榜样在我身边，比如我的领导和同事，她们从来没有因为性别而贩卖焦虑，也没有用性别差异来营销自己，而是用实力和能力在解决问题，证明自己。希望自己能像她们一样，在经过不断的体验、感知和平衡后让自己获得锤炼，磨炼出自信，锻造出钢铁般的意志但又不失柔软坚韧的内心。愿未来自己能够始终保持警醒，保持初心，保持对学术的热爱，以智慧、沉静、理智、平和来处事和应变。多年后再回首，也许物是人非，但终将会是一片赤诚之心亘古不变。

石 颖

2023 年 12 月